中国私募股权投资基金行业发展报告 | 2021

Annual Industry Development Report of Private Equity Investment Fund in China（2021）

 中国证券投资基金业协会 / 编著
Asset Management Association of China

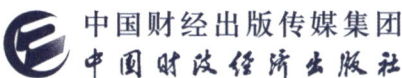

图书在版编目（CIP）数据

中国私募股权投资基金行业发展报告.2021／中国证券投资基金业协会编著.--北京：中国财政经济出版社，2021.12

ISBN 978－7－5223－0872－2

Ⅰ.①中… Ⅱ.①中… Ⅲ.①股权－投资基金业－研究报告－中国－2021 Ⅳ.①F832.51

中国版本图书馆 CIP 数据核字（2021）第 217387 号

责任编辑：胡 懿　　　封面设计：王 颖
责任校对：胡永立　　　责任印制：党 辉

ZHONGGUO SIMU GUQUAN TOUZI JIJIN HANGYE FAZHAN BAOGAO 2021

中国财政经济出版社 出版

URL：http：//www.cfeph.cn

E－mail：cfeph@cfeph.cn

（版权所有　翻印必究）

社址：北京市海淀区阜成路甲 28 号　邮政编码：100142
营销中心电话：010－88191537
天猫网店：中国财政经济出版社旗舰店
网址：https://zgczjjcbs.tmall.com
北京时捷印刷有限公司印刷　各地新华书店经销
成品尺寸：185mm×260mm　16 开　14.25 印张　218 000 字
2021 年 12 月第 1 版　2021 年 12 月北京第 1 次印刷
定价：79.00 元
ISBN 978－7－5223－0872－2
（图书出现印装问题，本社负责调换）
本社质量投诉电话：010－88190744
打击盗版举报热线：010－88191661　QQ：2242791300

编委会成员

主　编：何艳春

副主编：吴　萌　彭　晶　陈春艳　高天红　黄丽萍

委　员：

协会私募股权及并购基金专业委员会

赵令欢　吴尚志　张懿宸　王宏霞　安红军　邓　爽
胡章宏　厉　伟　梁信军　刘海峰　刘乐飞　王　巍
王晓波　熊晓鸽　杨向东　张日忠　张　维

协会创业投资基金专业委员会

靳海涛　沈南鹏　汪潮涌　倪泽望　阎　焱　陈　浩
何小锋　林向红　刘廷儒　应文禄　郑伟鹤　朱　敏
卓福民　邝子平　宗佩民　王一军

协会母基金专业委员会

王忠民　邓　爽　殷　哲　张小艾　赵及峰　沈正宁
单丽红　姜明明　刘澄伟　倪泽望　盛　今　唐　宁
王锦虹　唐雪峰　肖　枫　张永忠　周成跃　王雪松

编写组：

协会部门

私募服务部：蒋海军　王　强　费文颖　张志杰　段龙耀
　　　　　　刘益果　谭　浩

信息科技部：丁伯轩　张　勇　贾少伟

研究与统计专项小组：张宣传　师　潭　杜祖磊

承研机构：

高瓴投资：李 艳　马圣杰　陈 亮　马连鹏
投中研究院：刘璟琨　吴 浠　张 淳　王 涛
中关村并购研究院：王雪松　贾 婧
中金启元：黄 博　杨 真　申 琦
波士顿咨询：刘冰冰　郑音楠　刘 意

前　言

为了全面反映上一年度私募股权投资基金行业发展状况及阶段性特点，为监管部门和市场机构提供参考，中国证券投资基金业协会（以下简称"协会"）自2018年起已连续4年组织行业力量，以协会资产管理业务综合报送平台（AM-BERS系统）数据为基础，综合行业问卷调查数据及行业专家观点，统筹编撰形成《中国私募股权投资基金行业发展报告》（以下简称《报告》）。2021年的《报告》延续往年的基本框架，对私募股权投资基金继续采用广义口径，统计范围包括协会备案的创业投资类基金、私募股权类投资基金以及相应FOF（含母基金和单一资管计划）基金，并在往年基础上进一步拓展研究视角，增加了全球母基金市场发展趋势及中外对比分析，进一步拓展了研究深度，对私募股权投资基金行业问卷调研数据进行了更为深入的分析，同时积极吸收了业内专家的行业洞察及研究建议。

2020年度，资本市场改革开放持续深化、私募股权投资基金行业继续砥砺前行。2019年12月修订的《中华人民共和国证券法》（以下简称"新《证券法》"）正式实施，注册制改革推进，QDLP、QFLP试点进一步扩大以及国内国际双循环新发展格局的构建，都对私募股权投资基金行业发展产生了深远影响。《报告》显示，2020年尽管受到新冠肺炎疫情等不利因素影响，私募股权投资基金行业仍保持平稳增长，管理人结构有所优化、行业集中度进一步提升、对战略新兴领域和中部地区的投资力度明显加大、退出形势总体向好。《报告》展望，投资端将继续聚焦战略性新兴产业投资，对环境、社会、公司治理（ESG）理念的重视程度也持续提升；头部管理人的募资前景相对乐观；私募股权投资项目退出形势有望继续向好。

2021年的《报告》由协会在开展私募股权投资基金行业各细分领域课题研究工作成果基础之上进一步统稿编撰完成。其中，私募股权投资基金、创业投资基金、并购基金、母基金4项2020年私募行业发展情况课题分别委托高瓴投资、投中信息、中关村并购研究院、中金启元等机构开展研究，并由协会根据研究成果编撰形成精华版于2021年9月在协会官网、官微予以先行发布，现统稿形成完整版《报告》予以出版发行。在课题研究和报告编撰工作中，协会专委会委员单位启明创投、毅达资本、险峰长青、宏瓴资本、凯雷投资、招商局资本、基石资本、开元国创资本、歌斐资产、盛世投资、亦庄产投、波士顿咨询（BCG）、北极光创投、清控银杏、高精尖基金、中国电子工业科学技术交流中心、LP智库、Preqin等机构代表（排名不分先后），清华大学、北京大学等高校的学者给予了大力支持，在此一并表示感谢。

中国证券投资基金业协会

2021年10月

《中国私募股权投资基金行业发展报告（2021）》基本概念内涵及其相互关系、数据统计口径说明

在协会 AMBERS 系统进行登记备案管理实际工作中，创业投资基金与私募股权投资基金（含并购基金、上市公司定增基金、房地产基金、基础设施基金和其他基金等）是两个并列关系的概念；而在本《报告》中，私募股权投资基金作为更上位的概念使用，与私募证券投资基金相对应，采用了更广义的内涵，其中除了包含并购基金、上市公司定增基金、房地产基金、基础设施基金以及其他私募股权投资类基金外，还明确把创业投资基金包括在内，这样，各细分种类私募股权投资基金的数据统计仍然与目前协会 AMBERS 系统统计口径范围保持一致。

1. 私募投资基金，指根据《中华人民共和国证券投资基金法》（以下简称《基金法》）等相关法律法规规定，通过非公开方式面向特定合格投资人募集资金而设立，由基金管理人管理，为投资人利益进行投资活动的投资基金。按照投资标的主要在一级市场，还是主要在二级市场，可分为私募股权投资基金和私募证券投资基金。

私募股权投资基金，指主要投资于证券一级市场的私募投资基金。统计范围包含了协会备案的创业投资类基金、私募股权投资类基金及相应 FOF（含母基金和单一资管计划）。为了突出体现其中创业投资基金、并购投资基金和母基金的发展状况与特点及对实体经济的重要作用，本《报告》设专章分别进行重点分析。其中，主要基金概念及统计口径如下：

（1）创业投资基金，指向处于创建或重建过程中的未上市成长型企业进行股权投资，通过股权转让获得资本增值收益的私募股权投资基金。统计范围包括截至统计时点在协会备案的产品类型为创业投资基金或者创业投资类 FOF 的私募基金。

（2）并购基金，指主要对企业进行财务性并购投资的股权投资基金。统计范围包括截至统计时点在协会备案的产品类型为并购基金的私募基金。

（3）私募股权投资母基金，指主要投资于私募股权投资基金的基金。统计范围包括截至统计时点在协会备案的产品类型为私募股权投资类 FOF、创业投资类 FOF（不含单一资管计划）的私募基金。

2. 私募投资基金管理人，指根据《基金法》《私募投资基金监督管理暂行办法》等法律法规在中国证券投资基金业协会登记的管理运作私募基金的投资机构。

私募股权投资基金管理人，指主要运作协会已备案的创业投资类基金、私募股权投资类基金以及相应 FOF 的管理人。统计范围覆盖协会登记的私募股权、创业投资基金管理人。

因报告研究分析需要，在私募股权投资基金管理人的统计范围里，又增加了关于创业投资基金管理人、并购基金管理人和母基金管理人的分类统计，这三类管理人在协会登记备案工作体系中并未体现，均是在已有管理人数据基础上设定了一些限定性条件而产生。具体统计口径如下：

（1）创业投资基金管理人，指截至统计时点协会登记的管理正在运作创业投资基金（含 FOF）的私募股权、创业投资基金管理人，不含未确认机构类型的管理人。

（2）并购基金管理人，指截至统计时点协会登记的管理正在运作并购基金的私募股权、创业投资基金管理人，不含未确认机构类型的管理人。

（3）私募股权母基金管理人，指截至统计时点协会登记的管理正在运作私募股权投资类 FOF 和创业投资类 FOF（不含单一资管计划）的私募股权、创业投资基金管理人，不含未确认机构类型的管理人。

需要说明的是，本《报告》数据主要来源于中国证券投资基金业协会，引用的第三方数据均已在报告中标明。涉及问卷数据主要来自在协会登记的相关私募投资基金管理人，其中针对私募股权投资全行业、创业投资基金、并购基金、私募股权投资母基金的调研分别收集有效问卷 2 097 份、1 016 份、158 份、194 份。

目 录

1 行业发展环境 ·· **1**
   1.1 行业监管环境 ·· 3
   1.2 行业自律环境 ·· 5
   1.3 支持行业发展的政策环境 ·· 7

2 私募股权投资基金行业发展整体情况 ································ **11**
   2.1 行业发展规模及整体情况 ·· 13
   2.2 管理人情况分析 ·· 19
   2.3 基金从业人员情况分析 ··· 24
   2.4 募资情况分析 ·· 27
   2.5 投资情况分析 ·· 32
   2.6 投后管理情况分析 ·· 41
   2.7 退出情况分析 ·· 44

3 创业投资基金发展情况 ··· **51**
   3.1 管理人情况分析 ·· 53
   3.2 基金募资情况分析 ·· 56
   3.3 基金投资情况分析 ·· 63
   3.4 基金投后管理情况分析 ··· 75
   3.5 基金退出情况分析 ·· 79

4 并购基金发展情况 ··· **89**
   4.1 管理人情况分析 ·· 91
   4.2 募资情况分析 ·· 95
   4.3 投资情况分析 ·· 100

4.4　投后管理情况分析 …………………………………………… 109
　　4.5　退出情况分析 ………………………………………………… 111

5　私募股权母基金发展情况 ………………………………………… 117
　　5.1　母基金管理人情况分析 ……………………………………… 119
　　5.2　募资情况分析 ………………………………………………… 122
　　5.3　投资情况分析 ………………………………………………… 129
　　5.4　投后管理情况分析 …………………………………………… 138
　　5.5　退出情况分析 ………………………………………………… 140
　　5.6　政府引导基金发展情况 ……………………………………… 145

6　我国私募股权基金总体发展趋势 ………………………………… 153
　　6.1　行业分工更加精细化，提升专业化水平成为重中之重 …… 155
　　6.2　随着 QFLP 制度不断完善，行业国际化程度不断提升 …… 157
　　6.3　出资人多元化将带来资金多元化需求 ……………………… 159
　　6.4　投资行业聚焦科技、碳中和和医疗，ESG 理念得到强化 … 160
　　6.5　投后管理进入"下半场"，投后赋能能力更加显性化 …… 162
　　6.6　公开市场退出渠道更加重要，PE 二级市场交易机会频现 … 163

附　录 ………………………………………………………………… 165
　　附录 1　全球母基金发展特征及中外比较 ……………………… 167
　　附录 2　中国私募股权投资基金行业发展情况调查问卷 ……… 172
　　附录 3　中国私募股权投资母基金发展情况调查问卷 ………… 201

后　记 ………………………………………………………………… 217

1 行业发展环境

2020年，新冠肺炎疫情给全球经济带来巨大冲击，主要经济体普遍面临经济下行压力，相继推出稳经济政策。中国则因疫情防控得力，率先实现复工复产，成为全球主要经济体中唯一实现经济正增长的国家。伴随国内经济稳步回升，私募股权基金行业也取得了平稳发展，在监管体系日趋完善，政策环境日益优化等有利因素的推动下，为服务经济社会高质量发展持续贡献积极力量。

1.1 行业监管环境

1.1.1 行业监管法律法规规章日益完善

1.1.1.1 新《证券法》实施

2020年3月1日，新《证券法》正式实施，全面推行证券发行注册制度，显著提高证券投资违法违规成本，完善投资者保护制度，进一步强化信息披露要求，完善证券交易制度，压实中介机构市场"看门人"法律职责，建立健全多层次资本市场体系，强化监管执法和风险防控等。

1.1.1.2 私募基金相关法规或计划出台

近年来，私募投资基金行业在发展过程中逐步暴露出一些问题，如公开或者变相公开募集资金、规避合格投资者要求、不履行登记备案义务等。2020年7月，国务院办公厅发布《关于印发国务院2020年立法工作计划的通知》，将"私募投资基金管理暂行条例"再次列入国务院立法工作计划。未来，该"条例"的出台可在法律监管层面"破局"私募基金面临的诸多困境，对促进行业规范发展将起到至关重要的作用。

2020年9月11日，中国证券监督管理委员会（以下简称"证监会"）发布《关于加强私募投资基金监管的若干规定（征求意见稿）》（以下简称《规定》），并于2021年1月8日出台正式稿。《规定》共十四条，形成了私募基金管理人及从业人员等主体的"十不得"禁止性要求。主要内容包括：第一，规范私募基金管理人名称、经营范围,并实行新老划断;第二,优化对集团化私募基金管理人的监管,实现扶优限劣;第三,重申私募基金应当向合格投资者非公开募集;第四,明确私募基金财产投资要求;第五,强化私募基金管理人及从业人员等主体规范要求,规范开展关联交易;第六,明确法律责任和过渡期安排。《规定》是贯彻落实有关防范化解私募基金行业风险要求的重要举措之一,将进一步引导私募基金行业树立底线意识、合规意识,对于优化私募基金行业生态也具有积极意义。

1.1.1.3 资管新规延长至2021年底

2020年7月31日,央行发布公告,考虑到新冠肺炎疫情对经济金融带来的冲击,金融机构资产管理业务规范转型面临较大压力。为平稳推动资管新规实施和资管业务规范转型,经国务院同意,人民银行会同发展改革委、财政部、银保监会、证监会、外汇局等部门审慎研究决定,资管新规过渡期延长至2021年底。

1.1.1.4 行业退出生态进一步优化

2020年3月,证监会修订并发布《上市公司创业投资基金股东减持股份的特别规定》,上海证券交易所(以下简称"上交所")、深圳证券交易所(以下简称"深交所")同步修订实施细则,3月31日正式实施。《上市公司创业投资基金股东减持股份的特别规定》对创投基金反向挂钩政策进行了简化优化,增加私募股权投资基金参照执行条款,仅要求申请反向挂钩的项目在投资时满足为"早期企业""中小企业""高新技术企业"三者之一即可,并删除基金层面"对早期中小企业和高新技术企业的合计投资金额占比50%以上"的要求;取消大宗交易方式下,减持受让方的锁定期限制;取消投资期限在5年以上的创业投资基金减持限制等。该完善举措有利于解决行业的募资难、退出难问题,进而鼓励引导长期资本入场,从而促进中国创新创业事业发展。

1.1.2 行业监管执法情况[①]

2020年,证监会提请中央深改委审议通过关于依法从严打击证券违法活动

---

① 资料来源:《中国证监会2020年法治政府建设情况》,2021年4月16日。

的意见，围绕夯实资本市场法治和诚信基础，建立健全证券执法司法体制机制，强化重大违法案件惩治和重点领域执法，加强跨境监管执法司法协作等方面，做了系统性、有针对性的部署安排。坚持"零容忍"，打击资本市场违法活动，针对债券交易、股票质押、私募资管业务等高风险领域的违法违规行为，加大线索核查和违规查处力度，同时严肃落实责任人员追责制。加强证券基金经营机构监管，全年对证券基金经营机构采取行政监管措施267家次，对责任人员采取行政监管措施282人次，对私募机构采取行政监管措施144家次。

1.2 行业自律环境

1.2.1 行业自律规则体系不断完善

2020年以来，协会推出了一系列改革措施，逐步提升私募基金管理人与私募产品的登记备案效率，提高工作透明度，优化各项信息填报质量，推动行业的健康发展。

2019年12月23日，协会发布新版《私募投资基金备案须知》，并于2020年3月31日发布《关于配套AMBERS系统功能上线的通知》，至此协会完成了从私募备案制度到配套系统的全面升级，为私募基金备案以及持续合规运作提供了良好的平台。此外，特别是在2020年年初疫情暴发时，协会接连发布优化备案流程的政策性文件，为私募机构产品备案打开绿色通道。

2020年2月7日正式上线私募股权、创业投资基金管理人会员信用信息报告，进一步落实市场化信用约束机制，提升私募基金行业整体信用水平，树立行业社会公信力。在协会登记并已成为协会会员的私募股权、创业投资基金管理人日后可查询其"信用报告"，并可向合作机构展示。

2020年2月7日起，协会对持续合规运行、信用状况良好的私募基金管理人，试行采取"分道制+抽查制"方式办理私募基金产品备案，即通过资产管理业务综合报送平台（https：//ambers.amac.org.cn）提交私募基金备案申请后，次日可在协会官网以公示该私募基金基本情况的方式完成该基金备案；日后若抽查中发现该基金存在不符合法律法规和自律规则的情形，协会将要求管理人进行整改。

2020年3月，协会官网增设"私募基金管理人登记办理流程公示"界面并增加私募基金管理人公示信息，增强办理私募基金管理人登记申请工作的公开透明度。

2020年3月，协会发布《关于进一步规范异常经营专项法律意见书出具行为的通知》，并发布《异常经营专项法律意见书出具指引》，从异常经营专项法律意见书不予接受的情形、补充出具异常经营专项法律意见书的情形、异常经营专项法律意见书的处理、律师事务所及签字律师公示通报制度等四个方面，对私募基金管理人异常经营专项法律意见书的出具行为予以进一步规范。

2020年3月12日，为指导基金经营机构贯彻落实证监会发布的《证券期货经营机构及其工作人员廉洁从业规定》，协会研究制订了《基金经营机构及其工作人员廉洁从业实施细则》。

1.2.2 行业自律执纪情况

协会对私募基金行业实施自律管理，包括准入管理和持续管理。准入管理主要指管理人登记和基金备案；持续管理包括对私募基金的行为进行持续性的要求和监督，保护投资者合法权益，促进行业稳定健康发展。协会构建了较为完善的自律管理执法体系，建立了投资者投诉处理机制和纠纷调解机制，制定了《自律检查规则（试行）》《纪律处分实施办法（试行）》，对私募基金进行自律检查并相应实施纪律处分。

截至2020年末，协会共办理16 690家私募基金管理人的注销手续，其中，主动申请注销的私募基金管理人3 173家，未按照《关于进一步规范私募基金管理人登记若干事项的公告》（以下简称"二五公告"）要求完成第一只私募基金产品备案被注销的私募基金管理人12 217家，因违反协会自律规则被注销的私募基金管理人1 300家。其中，2020年协会办理1 057家私募基金管理人的注销手续，包括主动申请注销的私募基金管理人431家，未按照"二五公告"要求完成第一只私募基金产品备案被注销的私募基金管理人18家，因违反协会自律规则被注销的私募基金管理人608家。

按照《关于私募基金管理人在异常经营情形下提交专项法律意见书的公告》相关要求，截至2020年末，因异常经营被注销的私募基金管理人516家。其中，

2020 年因异常经营被注销的私募基金管理人 284 家。

按照《关于建立"失联（异常）"私募机构公示制度的通知》及优化失联私募基金管理人自律机制相关公告要求，截至 2020 年末，协会已对外公告 37 批疑似失联私募机构，涉及私募基金管理人 1 271 家，因失联被注销的私募基金管理人 735 家。其中，2020 年共对外公告 5 批失联机构，涉及私募基金管理人 204 家，因失联被注销的私募基金管理人 318 家。

截至 2020 年末，累计中止办理 812 家相关机构的私募基金管理人登记申请。其中，2020 年中止办理 266 家机构的私募基金管理人登记申请。

1.3 支持行业发展的政策环境

1.3.1 营商环境不断优化

2019 年 10 月 23 日，国务院通过了《优化营商环境条例》，并于 2020 年 1 月 1 日起实行。2020 年，已有近 20 个省（自治区、直辖市）出台优化营商环境地方性法规或政府规章，各地持续发布新一轮优化营商环境政策措施。中国营商环境评价体系持续完善，首部《中国营商环境报告》正式发布，2020 年中国营商环境评价在全国 80 个城市和 18 个国家级新区开展。根据世界银行发布的《全球营商环境报告》，中国营商环境自 2019 年的第 46 位上升到 2020 年的第 31 位，并且连续两年被评为全球营商环境改善幅度最大的经济体之一。

1.3.2 长期资金政策利好

2020 年 11 月 13 日，银保监会发布《中国银保监会取消保险资金开展财务性股权投资行业限制》，明确保险机构及其关联方对所投资企业不构成控制或共同控制的，即为财务性股权投资。取消财务性股权投资行业限于保险类企业、非保险类金融企业和与保险业务相关的养老和医疗等特定企业要求，允许保险机构自主选择投资行业范围，扩大保险资金股权投资选择面，有利于推动保险资金进入私募股权投资行业。

1.3.3 资本市场注册制改革不断深化

2018年11月5日，伴随科创板设立并试点注册制启动，注册制改革同步取得实质进展。试点注册制近两年来，已经形成从科创板到创业板、再到全市场的"三步走"改革节奏。

2020年4月27日，中央全面深化改革委员会第十三次会议审议通过《创业板改革并试点注册制总体实施方案》。此次创业板试点注册制改革坚持"一条主线三个统筹"，存量投资者适当性要求基本保持不变。涉及四方面制度安排：一是板块的改革安排，优化发行上市条件，由深交所制定具体条件，支持红筹结构等企业上市；二是制度方面的安排，和科创板试点注册制制度安排相一致，注册程序分为交易所审核和证监会注册两个环节；三是完善基础制度；四是配套改革的制度安排，继续推动中长期资金入市。

2020年6月12日，《创业板首次公开发行股票注册管理办法（试行）》等四部规章出台。深交所同步发布创业板改革并试点注册制相关业务规则及配套安排，共计8项主要业务规则及18项配套细则、指引和通知。调整包括：设置行业负面清单；修改完善审核时限要求，明确"3个月"的时限要求；允许亏损企业上市；明确日涨跌幅限制将改为20%；同步放宽相关基金涨跌幅至20%；完善红筹企业上市及退市条件等。

1.3.4 金融开放程度不断提高

2020年4月24日，中国人民银行、中国银行保险监督管理委员会、中国证券监督管理委员会、国家外汇管理局联合发布《关于金融支持粤港澳大湾区建设的意见》（银发〔2020〕95号），允许港澳机构投资者通过合格境外有限合伙人（QFLP）参与投资粤港澳大湾区内地私募股权投资基金和创业投资企业（基金）。共有15个地区（含4个直辖市、广州、深圳、青岛、珠海、厦门、贵州、广西南宁自贸区、苏州工业园区、福建平潭、海南和河北雄安新区等）发布了关于QFLP试点的相关政策文件，且多数地区在2020—2021年对相关QFLP文件进行了修订完善，标志着我国金融开放程度有序提高。

2020年9月25日，经国务院批准，中国证监会、中国人民银行、国家外汇管理局发布《合格境外机构投资者和人民币合格境外机构投资者境内证券期货投资管理办法》，中国证监会同步发布配套规则《关于实施〈合格境外机构投资者和人民币合格境外机构投资者境内证券期货投资管理办法〉有关问题的规定》。合格境外机构投资者（QFII）、人民币合格境外机构投资者（RQFII）相关管理办法及配套规则自2020年11月1日起施行，其修订内容主要涉及：第一，降低准入门槛，便利投资运作。第二，稳步有序扩大投资范围。第三，加强持续监管。

2 私募股权投资基金行业发展整体情况

协会 AMBERS 系统数据显示，2020 年私募股权基金管理人数量和存续在管基金规模增速保持平稳，行业结构有所优化；整体上募资状况未明显好转，但从基金类型看，创投基金的募资相对乐观，从投资者结构看，个人新增出资规模占比上升；投资端回暖较快，新增投资项目数量和金额创近年来新高，且投早、投小、投科技趋势进一步延续；受益于注册制改革等不断深化，通过上市退出的案例数量和实际退出金额增长最快。

2.1 行业发展规模及整体情况

2.1.1 私募股权投资基金行业 2020 年度关键数据

2020 年，尽管受到新冠肺炎疫情等不利因素影响，行业整体规模仍保持增长，截至 2020 年末，在协会登记注册的私募股权基金管理机构数量达到 14 986 家，在管基金规模约 11.64 万亿元，较 2019 年末分别增长 0.70%、15.52%。募资端降温趋势未明显改变，2020 年新备案基金 6 483 只、规模 6 393.36 亿元，数量同比增长 10.01%，规模同比下降 11.10%。投资端和退出端均有大幅增长，新增投资案例[①] 21 630 个、投资金额[②] 14 510.00 亿元，分别同比增长 22.86%、12.85%；退出案例 9 753 个、实际退出总额 7 505.19 亿元，分别同比增长 18.84%、39.21%（见图 2.1.1）。

2.1.2 私募股权基金数量及规模保持平稳增长

2020 年，私募股权基金数量及管理规模仍保持增长。协会数据显示，截至 2020 年末，已备案私募股权基金 39 800 只，较 2019 年末增加 3 345 只，同比增长 9.18%，增速较 2019 年增加 0.96 个百分点。私募股权基金产品总规模达到

[①] 投资案例数量按照私募股权基金管理人填报 AMBERS 系统的投资项目数计算，即多家私募股权基金投资同一项目按多个案例数计算，前述交易量按照企业融资案例数计算，即企业单次融资按 1 次计算。

[②] 投资金额指当期（如某一年或某一季度）所管基金新增加的项目投资本金。

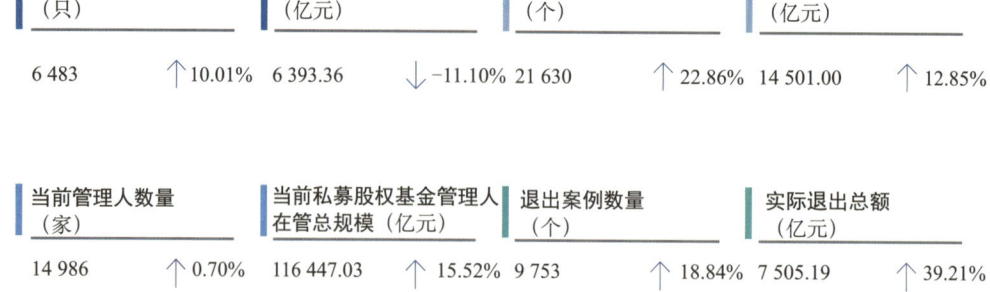

图 2.1.1　中国私募股权基金行业 2020 年度关键数据

资料来源：中国证券投资基金业协会 AMBERS 系统。

11.56 万亿元，较 2019 年末增加 1.48 万亿元，同比增长 14.70%，增速较 2019 年下降 1.02 个百分点。按季度来看，资管新规发布以来，基金备案数量和备案规模环比增幅均在 5% 以下，与此前 10% 以上的增幅相比有明显下降（见图 2.1.2 与图 2.1.3）。

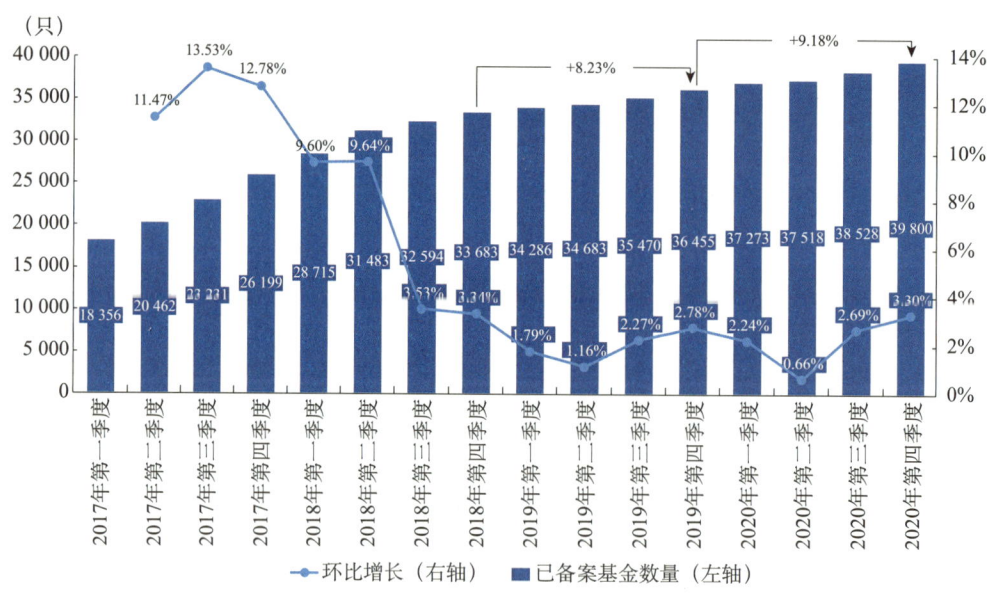

图 2.1.2　2017—2020 年中国私募股权基金备案数量

资料来源：中国证券投资基金业协会 AMBERS 系统。

从平均管理规模来看，截至 2020 年末，已备案私募股权基金平均管理规模为 2.91 亿元，较 2019 年末增加 0.14 亿元，同比增长 5.05%，增速较 2019 年下降 1.90 个百分点。

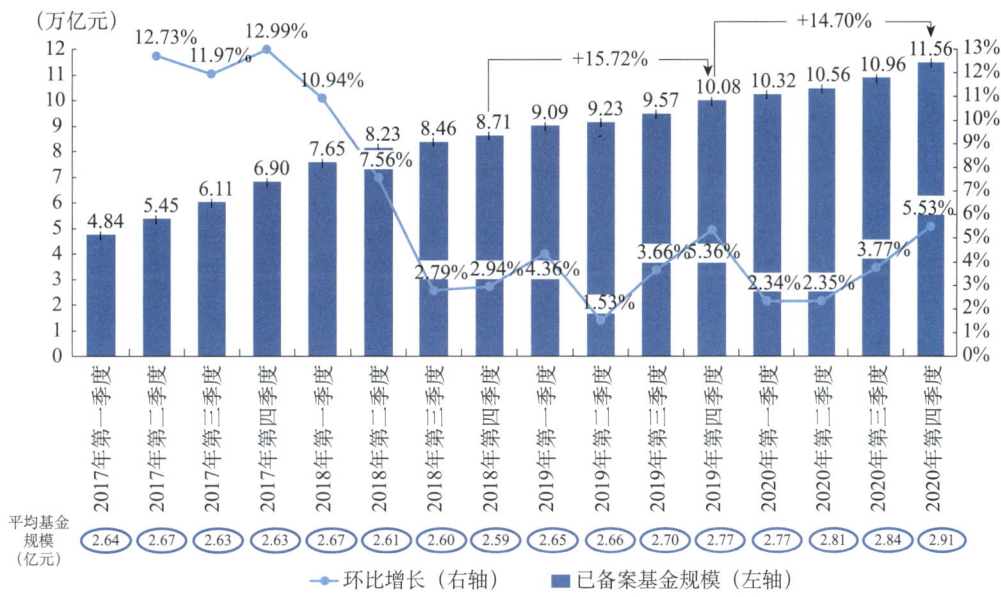

图 2.1.3 2017—2020 年中国私募股权基金备案规模

资料来源：中国证券投资基金业协会 AMBERS 系统。

2.1.3 私募股权基金社会资产管理规模占比持续上升

从社会资产管理规模占比来看，伴随资产管理行业的平稳发展，不同类别的资产管理机构管理规模①均保持一定增长，其中私募股权基金社会资产管理规模占比持续上升。截至 2020 年末，中国资产管理总规模达到 105.14 万亿元，其中私募股权基金占比达 10.99%，较 2019 年末的 10.25% 增加 0.74 个百分点，占比持续上升（见图 2.1.4）。

2.1.4 创投基金加速发展

从内部结构来看，截至 2020 年末，创业投资基金（不含创投 FOF）规模约 1.45 万亿元，占全部私募股权基金总规模的 12.55%，较 2019 年增加 2.24%，2017—2020 年复合增长率为 38.15%，增速排名第一；一般私募股权基金规模约

---

① 2020 年资管规模告采用了新统计口径，并对 2019 年数据和 2018 年数据进行了追溯调整。我国资管数据包括中国信托业协会发布的信托公司主要业务数据、银行业理财登记托管中心的商业银行非保本理财产品数据、中国证券投资基金业协会发布的证券基金业资管数据，并对其简单加总，未剔除重复部分。

图 2.1.4　2018—2020 年中国全社会资产管理规模、构成及私募股权基金占比

资料来源：Wind，中国证券投资基金业协会 AMBERS 系统。

4.84 万亿元，占比 41.84%，较 2019 年占比上升 0.79 个百分点，2017—2020 年复合增长率为 20.41%，增速排名第三；并购基金规模约 1.81 万亿元，占比 15.67%，较 2018 年降低 1.31%，2017—2020 年复合增长率为 13.90%；私募股权及创投类 FOF（含母基金）规模约 1.61 万亿元，占比 13.96%，较 2018 年降低 0.20%，2017—2020 年复合增长率为 24.91%，增速排名第二；定增基金管理规模约 1 380 亿元，占比 1.19%，较 2019 年降低 0.06 个百分点，2017—2020 年复合增长率为 -0.44%（见图 2.1.5）。对比看，创业投资基金增速明显高于行业平均增速，并购基金、一般私募股权基金增速较行业平均增幅也有所提升。

从不同产品数量、规模占比近年情况来看，一般私募股权基金（含扩张期、不含母基金）在数量及规模上自 2017 年以来均占据半壁江山。2016 年国务院颁布《关于促进创业投资持续健康发展的若干意见》，推动创投基金行业发展进入快车道。截至 2020 年末，规模占比由 2017 年的 9.07% 稳步提升至 2020 年的 14.59%，年化增速远超行业平均水平，保持加速上升的趋势。此外，基础设施基金和上市公司定增基金规模占比连续 4 年下降。

2.1.5　私募股权基金行业集中度继续提升

伴随市场的不断分化和加速出清，私募股权基金行业集中度进一步提升。

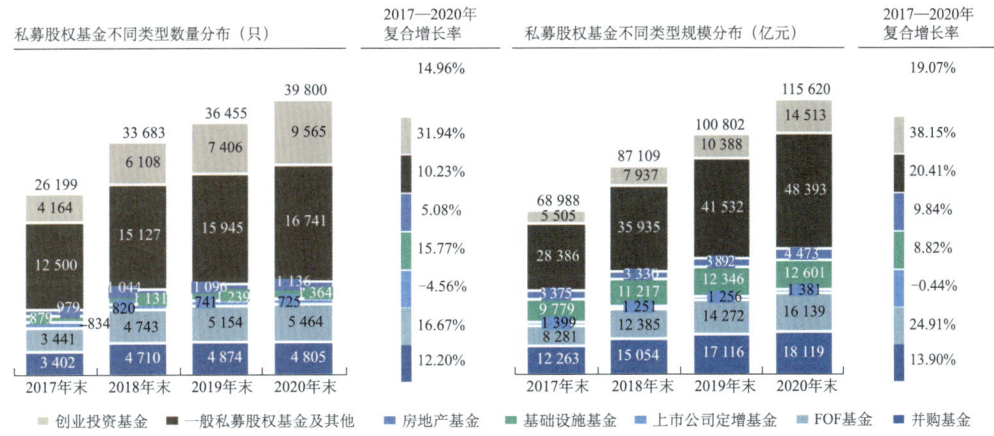

图 2.1.5　2017—2020 年中国私募股权基金不同类型数量分布和规模分布

资料来源：中国证券投资基金业协会 AMBERS 系统。

从私募股权基金管理规模的分布来看，剔除掉管理规模为零的 2 181 家私募股权基金管理人，有在管存续产品的 12 805 家私募股权基金，管理规模在 1 亿元以下的机构 6 627 家，占比 51.75%，管理规模在 1 亿元以上的机构 6 178 家，占比 48.25%，呈现机构数量"五五分"结构态势。管理规模在 100 亿元以上的机构总规模占比 46.07%，管理规模在 100 亿元以下的机构总规模占比 53.93%，也呈"五五分"结构态势。

行业呈现向头部机构、大型私募股权基金管理人集中的趋势。2020 年，5 000 万元以下管理规模的管理人数量占 40.21%，占比最高，但比例已经连续两年下滑。10 亿元以上管理规模的管理人数量逐渐增多，占比达 14.07%，该比例近 3 年持续上升；总管理规模达 9.92 万亿元，占比 85.22%，比例近两年小幅上升（见图 2.1.6）。其中，管理规模最大的前 10 名管理人管理基金规模占比为 8.47%，与管理规模在 5 亿元以下的 12 175 家管理人管理基金规模之和的 8.61% 相当，管理规模排名前 15% 的管理人在管理规模超过 85% 的基金，头部效应更加明显。

内资和外资管理人平均管理规模差距缩小。2020 年，内资管理人平均管理规模达 7.65 亿元，同比增长 13.33%，增速较 2019 年继续提高，呈现加速上升的趋势（见图 2.1.7）。中外合资管理人平均管理规模持续下降，外资管理人平均规模在下降后小幅上升。随着我国私募股权行业日益成熟，内资背景管理人经过长久发展，积累了丰富的管理经验和行业生态资源，对本土机构的洞察和理解也非常深刻，与外资管理人管理规模差距不断缩小。

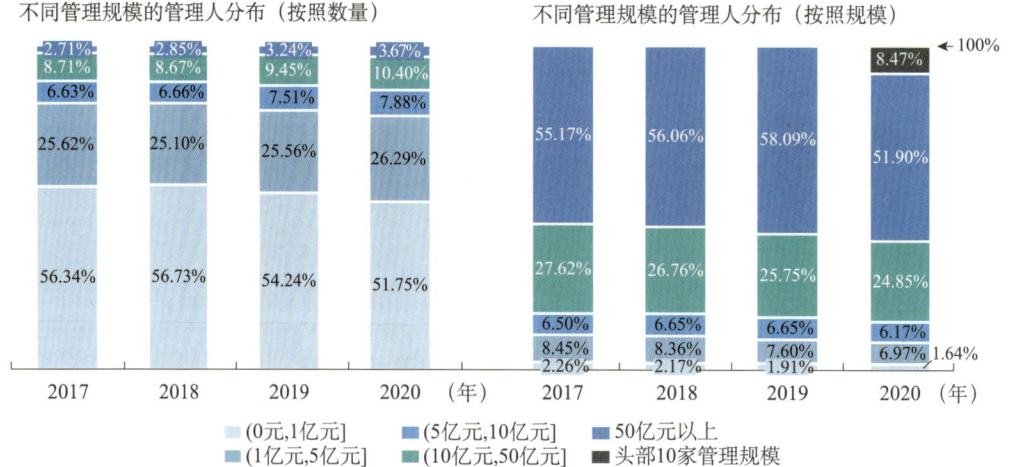

图 2.1.6　2017—2020 年中国私募股权基金管理人数量占比和对应管理规模占比[①]

资料来源：中国证券投资基金业协会 AMBERS 系统。

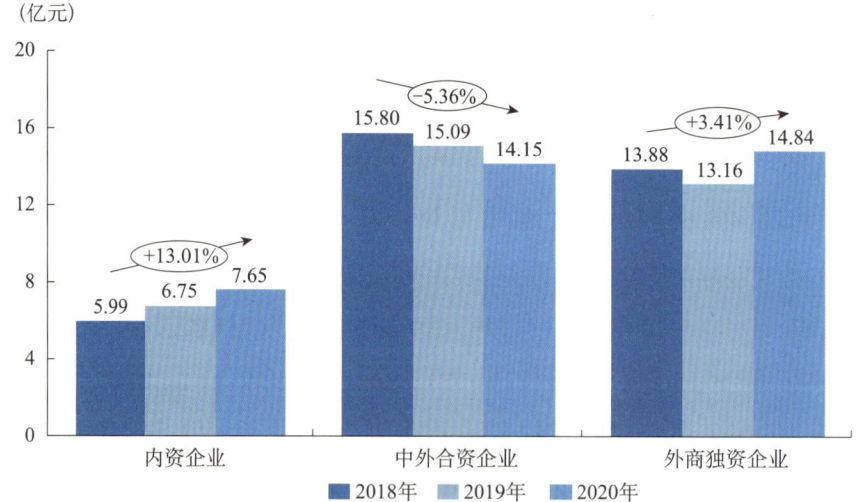

图 2.1.7　2018—2019 年中国私募股权基金管理人股权中外性质平均管理规模分布

资料来源：中国证券投资基金业协会 AMBERS 系统。

---

①　在图 2.1.6 的右图，2020 年管理规模在 50 亿元以上的已经剔除了管理规模最大的前 10 家。

2.2 管理人情况分析

2.2.1 管理人数量保持平稳，存续在管基金规模增速保持平稳

截至 2020 年末，协会已登记私募股权基金管理人[①] 14 986 家，同比增长 0.70%，但增速下降 0.66%，增速进一步放缓。管理基金规模达到约 11.64 万亿元[②]，同比增长 15.52%，增速提高 3.36%（见图 2.2.1）。2020 年度，新登记私募股权基金管理人 709 家，较 2019 年减少 99 家，下降幅度为 12.25%，私募股权基金管理人数量增长进入平稳期，行业发展趋于稳定。

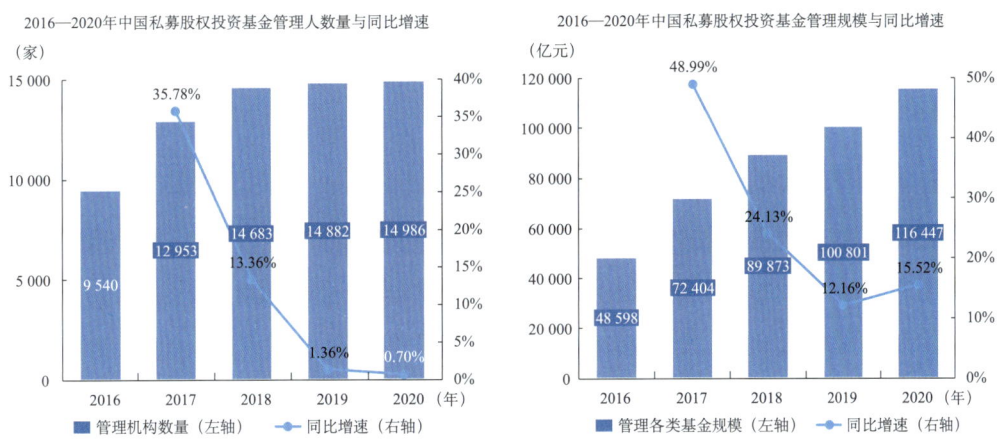

图 2.2.1　2016—2020 年中国私募股权基金管理人数量及管理规模

资料来源：中国证券投资基金业协会 AMBERS 系统。

大部分私募股权基金管理人所管理的基金数量集中在 4 只及以下。截至 2020 年末，管理基金在 4 只及以下的私募股权基金管理人为 12 973 家，占比 86.57%，所占比例较 2019 年略有下降。管理基金在 5 只及以上的管理人为 2 013 家，占比 13.43%。其中，管理基金在 10 只及以上的私募股权基金管理人

---

① 私募股权基金管理人是指截至统计时点在协会登记的管理人类型为私募股权、创业投资基金管理人的管理人，包括截至 2020 年 12 月末，未确定自身机构类型，但在原登记备案系统中主要业务类型为私募股权投资基金或创业投资基金的管理人。

② 私募股权基金管理人管理基金规模是指管理正在运作的各类私募基金的净资产之和，包括私募股权基金管理人管理的其他类型基金规模，因此与前述私募股权基金产品总规模存在差异。

达到 678 家，2017—2020 年平均增幅为 16.67%，远超同期 4.98% 的行业整体年均增幅（见图 2.2.2）。总体看，管理多只基金产品的大型私募股权基金管理人数量稳步增长。

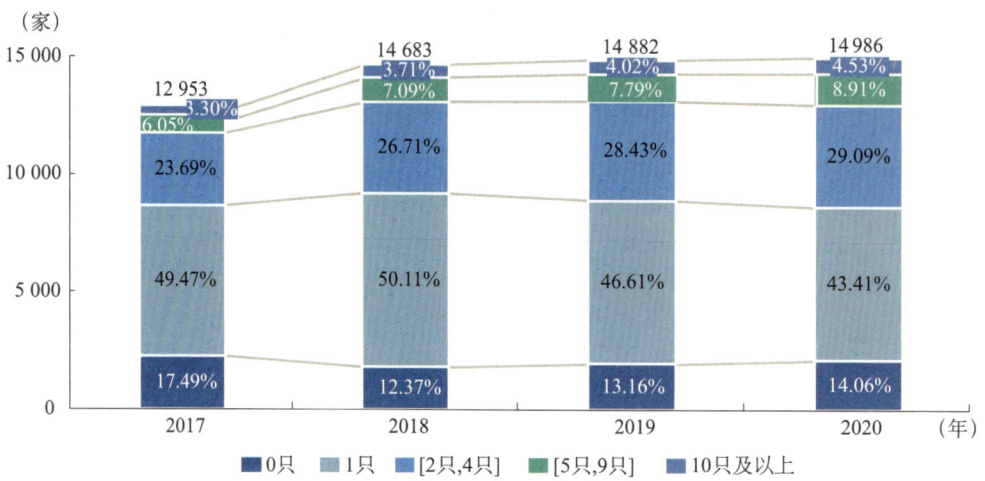

图 2.2.2　2017—2020 年各年末中国私募股权基金管理人管理基金数量分布

资料来源：中国证券投资基金业协会 AMBERS 系统。

管理规模较大的私募股权基金管理人数量持续提升。截至 2020 年末，在所有已登记私募股权基金管理人中，管理规模在 1 亿元及以下（含管理规模为 0）的管理人数量合计 8 808 家，占比 58.77%，较 2019 年下降 1.67 个百分点；管理规模在 1 亿—10 亿元（含）的，数量合计 4 376 家，占比 29.20%，较 2019 年增加 0.6%；管理规模在 10 亿—100 亿元（含）的，数量合计 1 570 家，占比 10.48%，较 2019 年下降 0.82%；管理规模在 100 亿元以上的，数量合计 232 家，占比 1.55%，较 2019 年增加 0.25%（见图 2.2.3）。

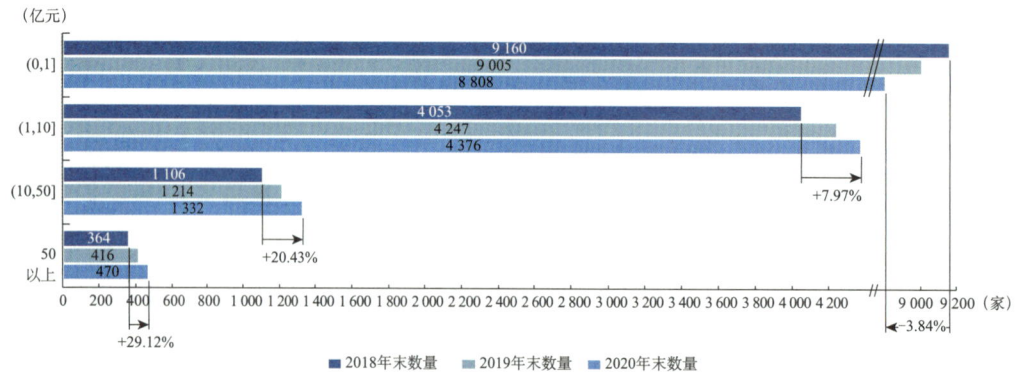

图 2.2.3　2018—2020 年各年末中国私募股权基金管理人管理规模分布

资料来源：中国证券投资基金业协会 AMBERS 系统。

2.2.2 内资和民营性质私募股权基金管理人数量及管理规模占比较高

内资私募股权基金管理人平均管理规模增幅明显。按照管理人股权中外性质划分，私募股权基金管理人主要分为内资企业、中外合资企业、外商独资企业。截至2020年末，已登记私募股权基金管理人中，内资企业14 728家，占总体的98.28%；中外合资企业96家，占0.64%；外商独资企业160家，占1.07%，中外合作/政府机构2家，占0.01%。管理基金规模方面，内资企业管理规模11.27万亿元，占96.79%；中外合资企业管理规模0.14万亿元，占1.17%；外商独资企业管理规模0.24万亿元，占2.04%。从平均管理规模方面来看，内资和外资管理人管理规模差距迅速缩小，表明内资管理人管理能力有一定提升。

图 2.2.4　2017—2020 年中国私募股权基金管理人股权中外性质数量及规模分布

资料来源：中国证券投资基金业协会 AMBERS 系统。

私募股权基金管理人以民营为主，但平均管理规模小。从不同控股类型的机构数量上看，截至2020年末，已登记的私募股权基金管理人以自然人及其所控制民营企业控股为主，数量为11 741家，占总体的78.35%，较2019年末占比下降0.68%。在其他控股主体中，国有控股2 066家，占13.77%，社团集体控股67家，占0.45%，外商控股293家，占1.96%。从管理基金规模来看，自然人及其所控制民营企业控股的私募股权基金管理人管理规模最大，为5.66万亿元，占行业总规模的48.64%，较2019年末占比下降0.91%；在其他控股主体中，国有控股的私募股权基金管理人管理各类基金规模较大，为4.14万亿元，占比35.58%，较2019年末占比上升1.16%（见图2.2.5）。

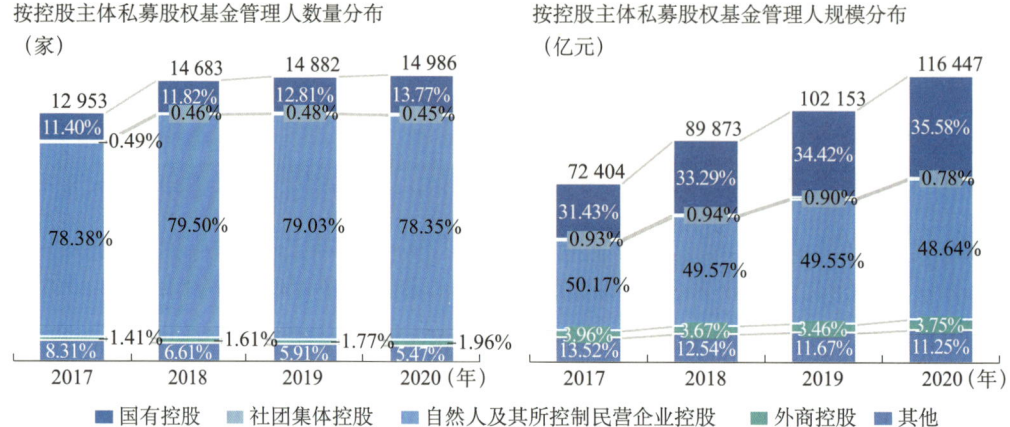

图2.2.5　2017—2020年各年末中国私募股权基金管理人股权经济性质数量及规模分布

注："其他"项里包括"控股主体性质不明或无控股主体"以及截至统计时点未确认"控股类型"信息的管理人数据。

资料来源：中国证券投资基金业协会AMBERS系统。

从平均管理规模来看，截至2020年末，协会已登记民营背景的私募股权基金管理人平均管理规模4.82亿元，国有背景的私募股权基金管理人平均管理规模达到20.06亿元，社团集体控股的私募股权基金管理人平均管理规模13.50亿元，外商控股的私募股权基金管理规模14.89亿元（见图2.2.6）。民营背景管理人数量较多，但平均管理规模较小，与国有、社团集体、外商等控股的管理人平均管理规模差距较大，2018—2020年该差距绝对值有逐渐拉大的趋势。

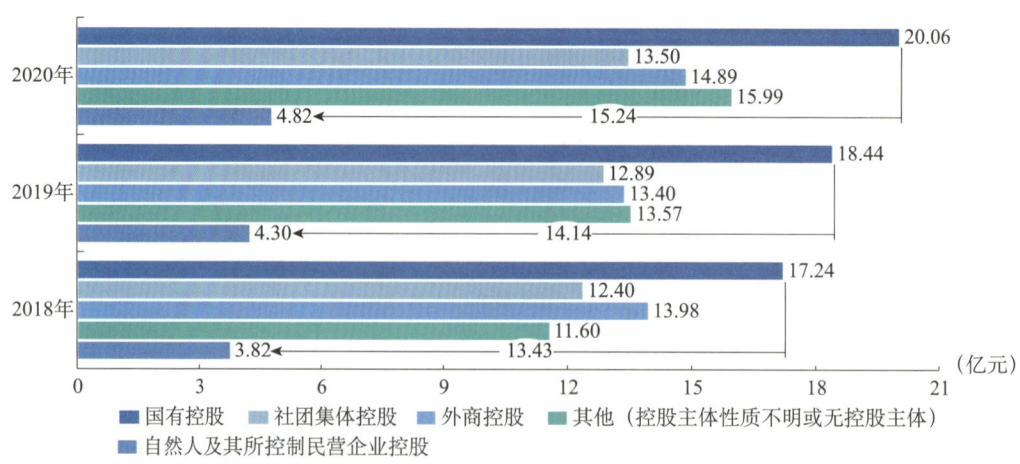

图2.2.6　2018—2020年中国私募股权基金管理人控股主体平均管理规模分布

资料来源：中国证券投资基金业协会AMBERS系统。

2.2.3 管理人注册区域分布集中在东部省市，集中度较2019年有所下降

截至2020年末，已登记私募股权基金管理人中，注册地在北京、深圳、上海的分别为2 824家、2 399家、2 288家，合计占比50.13%，3个地区基金管理规模分别为29 214.91亿元、14 561.11亿元、18 452.82亿元，合计占比53.44%，管理基金数量分别为7 957只、6 555只、6 953只，合计占比53.32%（见图2.2.7）。总体来看，2020年管理人地域分布集中度较2019年略微下降（见图2.2.8）。

#1北京|2 824家	#6天津|365家
29 214.91亿元|7 957只	5 522.19亿元|1 192只

#2上海|2 288家	#7浙江|1 258家
18 452.82亿元|6 953只	5 407.13亿元|3 357只

#3深圳|2 399家	#8宁波|587家
14 561.11亿元|6 555只	3 185.69亿元|1 470只

#4江苏|894家	#9西藏|149家
7 782.48亿元|2 558只	2 706.53亿元|730只

#5广东|957家	#10安徽|169家
7 543.86亿元|2 695只	2 216.11亿元|610只

图2.2.7 中国私募股权基金管理人管理基金数量及规模分布（按管理基金规模前十大区域）

注：广东的基金管理数量和规模不含深圳市，浙江的基金管理数量和规模不含宁波市。

资料来源：中国证券投资基金业协会AMBERS系统。

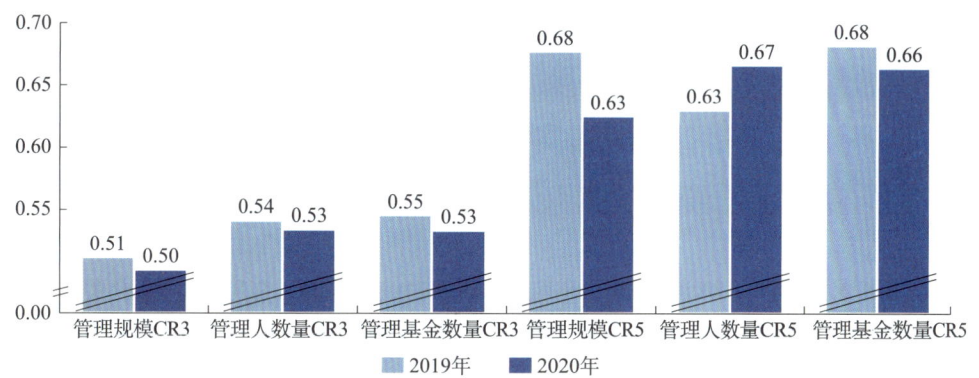

图2.2.8 2019—2020年中国私募股权基金管理人地域集中度

注：集中度（Concentration Rate，CR）为选取排名前3（CR3）或前5（CR5）的指标，占全样本指标的相应比例。排名前3的地域在2020年和2019年都是北京、上海、深圳，排名前5的地域在2020年和2019年都是北京、上海、深圳、江苏、广东。

资料来源：中国证券投资基金业协会AMBERS系统。

2.3 基金从业人员情况分析

2.3.1 高管学历水平逐年提升

随着行业的进一步规范发展，私募股权基金管理人不断提高内部管理水平，高管人员专业化程度也得到提升。截至 2020 年末，已在协会系统登记的私募股权基金管理人从业人员数量为 141 322 人[①]，与 2019 年人数基本持平。协会系统中从业人员中具有基金从业资格的人员数量占 91.92%。

从业人员中，高管人员 38 948 人，占总从业人数的 27.56%，且 92.28% 的高管人员拥有大学本科及以上学历，48.94% 的高管人员拥有硕士研究生及以上学历。从管理规模分布看，管理规模在 5 亿元及以下的高管人员大学本科学历占比最高，达 45.59%；管理规模在 5 亿元及以上的，硕士研究生学历占比最高，且呈现管理规模越大，高管人员中硕士研究生及以上学历者占比越高的特点，凸显行业的专业性和高门槛（见图 2.3.1）。

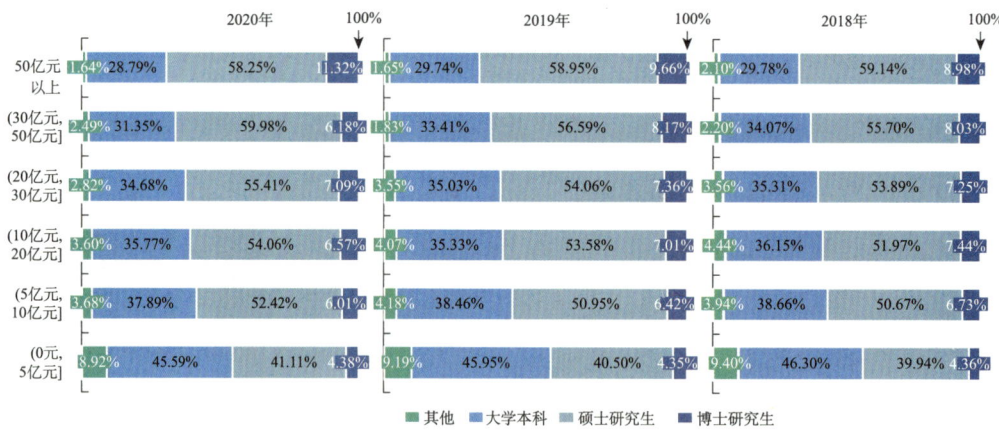

图 2.3.1　2018—2020 年各年末不同规模私募股权基金管理人高管人员学历分布

注："其他"项里数据包括未披露学历信息和学历低于大学本科的情况；另外，当一家机构同一人兼任多于一个高管职务时，只取其一。

资料来源：中国证券投资基金业协会 AMBERS 系统。

---

① Ambers 系统中数据与人员系统数据有偏差。

管理规模 50 亿元以上的管理人高管最高学历为博士研究生的人员占比逐年提升明显。截至 2020 年末，管理规模 50 亿元以上的管理人高管具有博士研究生学历的比例较 2019 年末增加 1.66%，远超行业整体 0.03% 的增幅水平，反映出管理规模较大的管理人对于专业化背景人员需求较高（见图 2.3.2）。

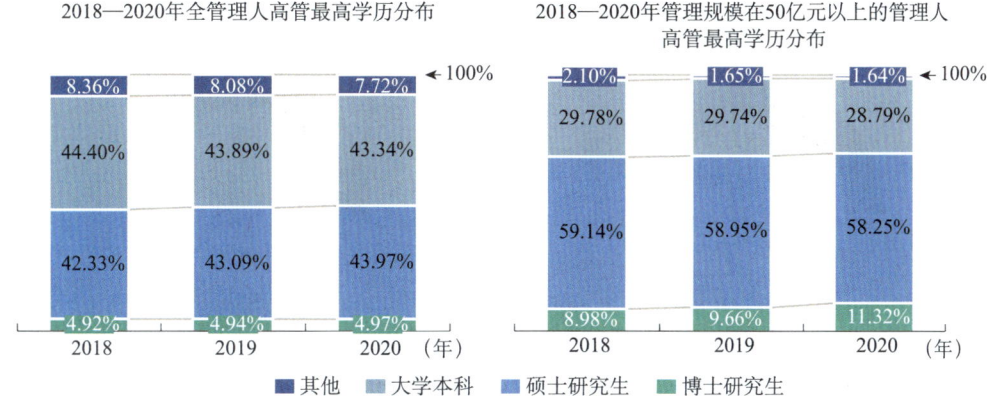

图 2.3.2　2018—2020 年各年末不同管理规模私募股权基金管理人高管人员学历分布

资料来源：中国证券投资基金业协会 AMBERS 系统。

2.3.2　从业人员薪酬收入更注重绩效和项目提成

问卷调查情况①显示，从业人员薪酬收入构成较为多元，主要由基本工资、绩效工资、业务奖励（按募成奖、投成奖等短期激励）、业绩报酬（carry）分配、跟投组成。前台人员（合伙人、投资部门、募资部门）薪酬主要来自基本工资、绩效工资、业务奖励和业绩报酬分配，中后台人员（投后管理及基金运营、合规风控人员）薪酬主要由基本工资和绩效工资构成。目前，部分机构可给予投资团队 40% 以上的业绩报酬（见图 2.3.3），较 2019 年有所提升。

2.3.3　募资人员、风控人员占比上升

问卷调查情况显示，在团队结构方面，私募股权基金管理人团队主要由合伙人、投资部门、募资部门、投后管理团队、基金运营部门以及合规风控部门

---

① 如未特别标识，本《报告》中"问卷调查情况"均指中国证券投资基金业协会在 2021 年开展的问卷调查，受访机构总样本数为 2 097 家。

组成。根据问卷调研情况，2020年，投资部门人员数量出现了一定比例的下降，而募资部门人员和合规风险人员数量出现了一定比例的上升，这体现了行业在募资难和严监管大背景下，管理人及时适应监管要求和市场变化，灵活调整自身人员结构（见图2.3.4）。

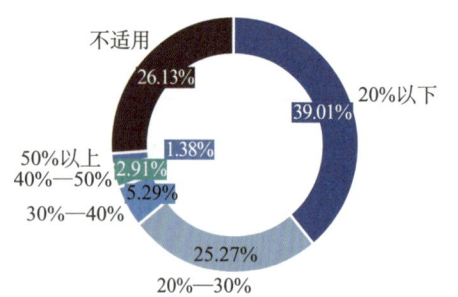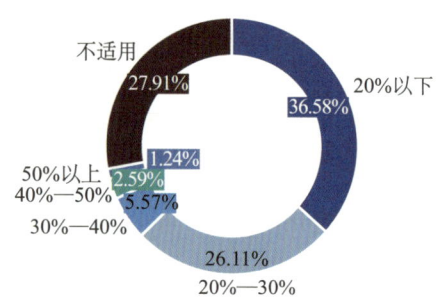

图2.3.3　私募股权基金提供的业绩回报（carry）分配比例占比

资料来源：中国证券投资基金业协会调查问卷。

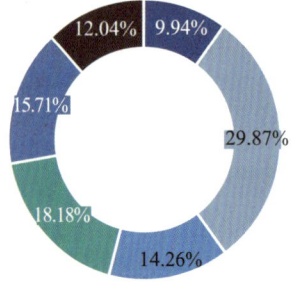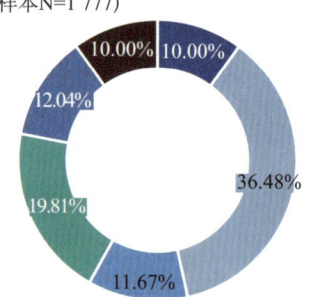

图2.3.4　私募股权基金管理人人员构成

资料来源：中国证券投资基金业协会调查问卷。

2.3.4　私募股权基金行业人才需求结构基本保持稳定

根据问卷调研情况，在一年内没有人才招募计划的受访管理人占比较2019年大幅增加。在有人才招募计划的受访管理人中，专业人才需求量仍然较大，人才需求结构基本保持稳定，需求量最高的是投后管理及运营成员，其次是高级投资管理人员和募资/投资者关系人员（见图2.3.5）。

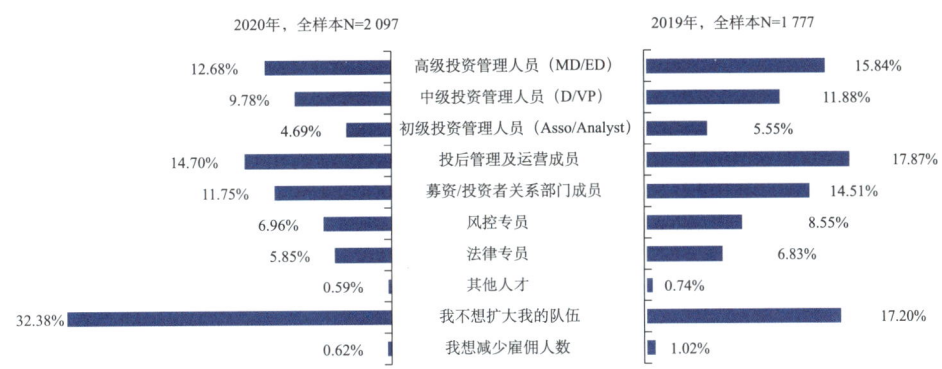

图 2.3.5　私募股权基金团队规模扩大意向情况

资料来源：中国证券投资基金业协会调查问卷。

2.4　募资情况分析

2.4.1　新备案基金规模有所下降

2020 年，受到经济金融环境、新冠肺炎疫情和资本市场波动等因素影响，新备案私募股权基金平均规模有所下降。当年新备案私募股权基金 6 483 只，较 2019 年同比增长 10.01%；新备案基金规模 6 393.36 亿元，同比下降 11.10%；新备案基金平均规模 0.99 亿元，同比下降 18.85%（见图 2.4.1）。

从季度数据来看，新备案私募股权投资基金从第三季度起恢复疫情前的增长水平。2020 年第三季度、第四季度新备案基金数量分别环比上升 53.88%、20.88%，新备案基金规模则在小幅下降的同时有所企稳（见图 2.4.2）。

2.4.2　出资人结构中个人新增出资规模占比有所提高

从基金出资人[①]结构来看，私募股权基金资金来源较为多元，包括企业投资者、各种金融产品和投资计划以及个人投资者等。截至 2020 年末，个人投资者

---

① 基金出资人包括企业投资者、个人投资者、资管计划及其他投资者等。其中，企业投资者包括境内法人机构（公司等）、境内非法人机构（一般合伙企业等），以及私募投资基金管理人在基金中的跟投；个人投资者包括自然人（非员工跟投）和自然人（员工跟投）；资管计划投资者包括私募基金、信托计划、证券公司及其子公司资管计划、基金公司及其子公司资管计划、期货公司及其子公司资管计划、保险资产管理计划、商业银行理财产品；其他项包括境外资金、政府资金、养老金及社保基金和社会基金。

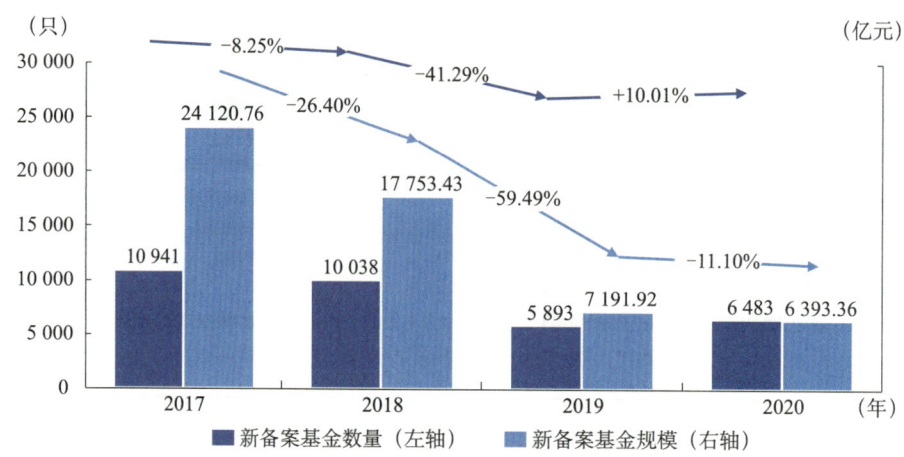

图 2.4.1　2017—2020 年新增备案私募股权基金数量及规模

资料来源：中国证券投资基金业协会 AMBERS 系统。

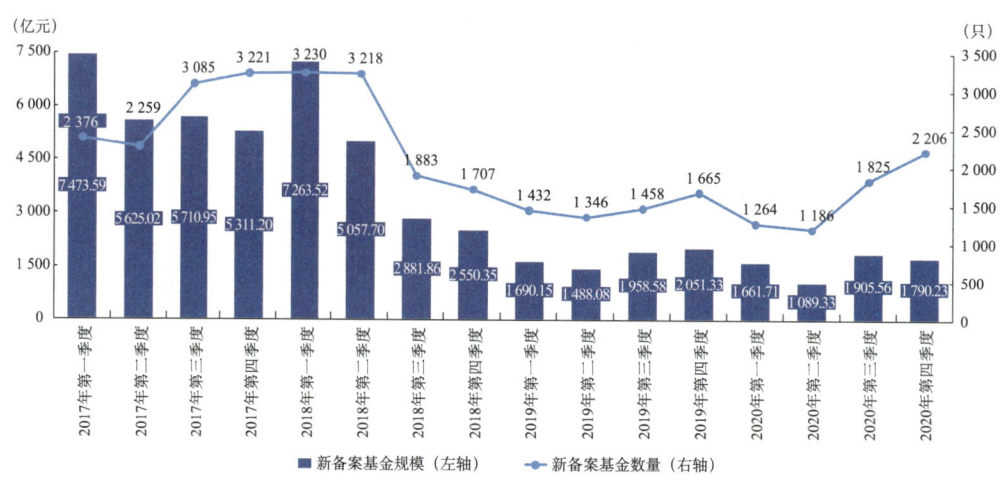

图 2.4.2　2017—2020 年各季度新增备案私募股权基金数量及规模

资料来源：中国证券投资基金业协会 AMBERS 系统。

和机构投资者数量占比分别为 76.13% 和 19.00%，前者较 2019 年同比下降 1.76%，后者则同比上升 2.17%。从出资金额来看，企业投资者出资金额最高，占比达 55.22%，较 2019 年增加近 2.14%；其次为资管计划，出资金额占比达 29.79%，较 2019 年减少 1.24%；个人投资者出资金额占比仅为 10.82%，较 2019 年下降 0.92%（见图 2.4.3）。

2020 年新备案基金中，企业投资者出资金额最高，占比 52.66%，较 2019 年下降了 9.10 个百分点；个人投资者出资金额占比 18.83%，较 2019 年提高了 8.61 个百分点；资管计划出资金额占比 25.47%，小幅回升了 0.69 个百分点；

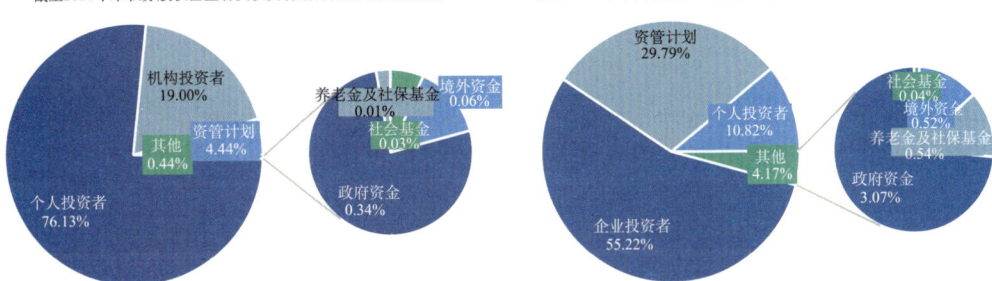

图 2.4.3　截至 2020 年末私募股权基金各类投资者结构占比

资料来源：中国证券投资基金业协会 AMBERS 系统。

政府资金①占比为 2.79%，与 2019 年基本持平（见图 2.4.4）。

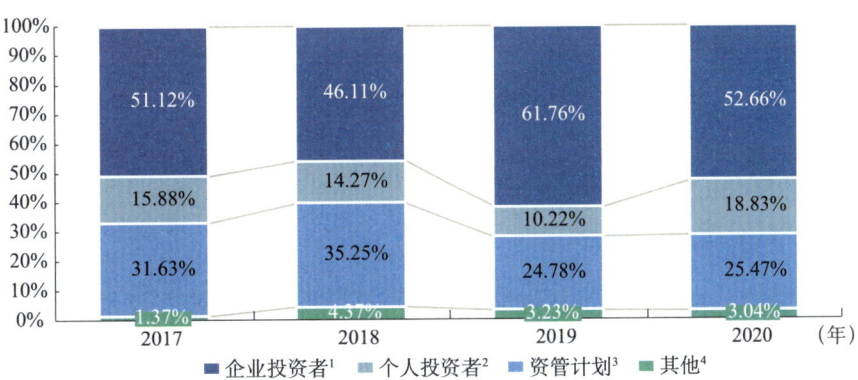

图 2.4.4　2017—2020 年私募股权基金各类出资人结构占比（按照出资金额）

注：1. 企业投资者包括境内法人机构（公司等）、境内非法人机构（一般合伙企业等）以及私募投资基金管理人在基金中的跟投。

2. 个人投资者包括自然人（非员工跟投）和自然人（员工跟投）。

3. 资管计划投资者包括私募基金、信托计划、证券公司及其子公司资管计划、基金公司及其子公司资管计划、期货公司及其子公司资管计划、保险资产管理计划、商业银行理财产品。

4. 其他项包括境外资金、政府资金、养老金及社保基金和社会基金。

资料来源：中国证券投资基金业协会 AMBERS 系统。

---

①　政府引导基金分为在协会备案的以及已统计的两种情形。在协会备案的政府引导基金是指截至统计时点，已在协会 AMBERS 系统备案的基金名称明确包含"引导"字样，或基金备案时"是否为政府引导基金"选择为"是"，或基金投资者包含"财政直接出资"情形之一的且存续运作的私募基金。已统计的政府引导基金是指截至统计时点，在协会备案的政府引导基金以及未在协会备案仅作为其他已备案基金出资人的政府引导基金（去重）。

2.4.3　2020年基金募集平均时长有所缩短

根据问卷调研情况，从基金完成募资所需平均时长来看，2020年在9个月及以上时间内完成基金募集的受访管理人占比有所下降，平均募资时限在6个月及以下的受访管理人比例有所回升（见图2.4.5）。同时，管理规模10亿元以上的受访管理人募资时长较全样本受访管理人相对更长。

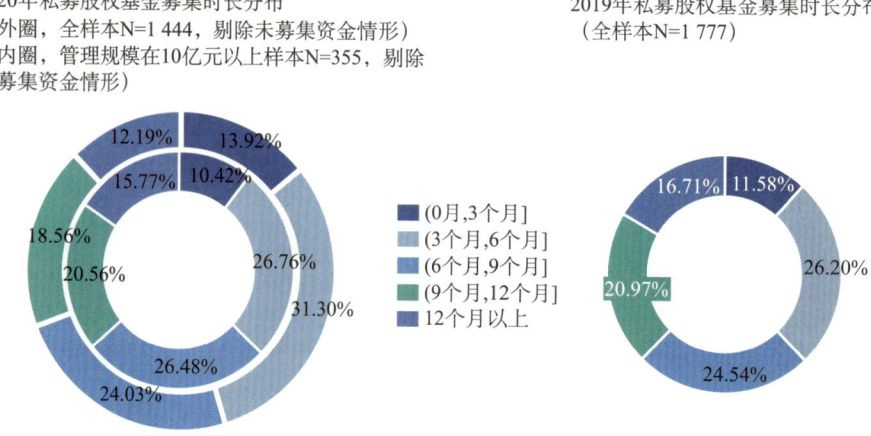

图2.4.5　2019—2020年已募集基金的平均时长

资料来源：中国证券投资基金业协会调查问卷。

2.4.4　基金募集规模倾向仍以10亿元以下为主，头部管理人倾向于新设较大规模基金

根据协会问卷调研情况，2021年，受访私募股权基金管理人在募资时仍然倾向于募集10亿元以下的基金（受访私募股权基金管理人在设计产品规模时仍然倾向于募资规模在10亿元以下），其中倾向于募集1亿元以下规模的受访机构比例为32.28%，募集1亿—10亿元的受访机构约占50.69%。虽然募资规模受到整体环境的影响较为明显，但与2020年相比，倾向于10亿元以上规模的机构占比增加近5%，表明募资倾向有一定的改善（见图2.4.6）。

管理人呈现管理规模越大募资能力越强的特征。协会问卷调研结果显示，管理规模在100亿元以上的受访管理人在2021年募集倾向远高于全样本水平，超过2/3的管理规模在100亿元以上的受访管理人倾向于新设10亿元以上规模的基金。

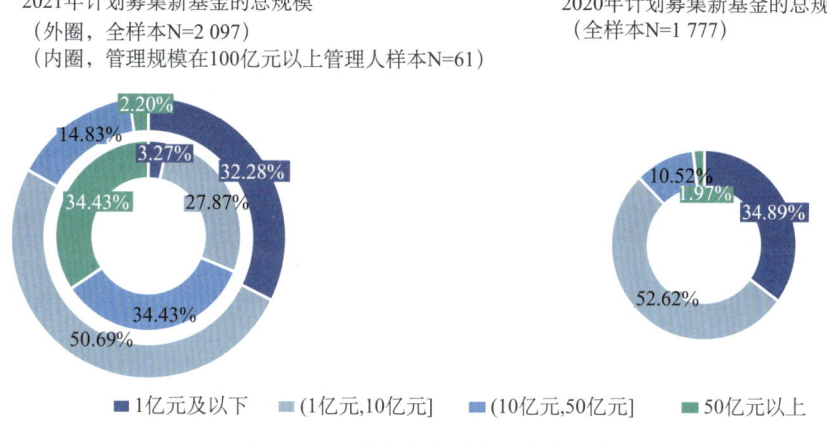

图 2.4.6 计划募集新基金的总规模

资料来源：中国证券投资基金业协会调查问卷。

2.4.5 出资人更关注管理人的投资策略

出资人更为关注管理人的投资策略。根据协会问卷调研情况（见图 2.4.7），私募股权基金管理人团队、历史表现、风险控制及投资策略一直是出资人在选择管理人时最为关注的 4 项因素；相较 2019 年度，出资人对管理人投资策略的关注度有所提升，其排名由 2019 年的第三位上升至 2020 年的第二位。

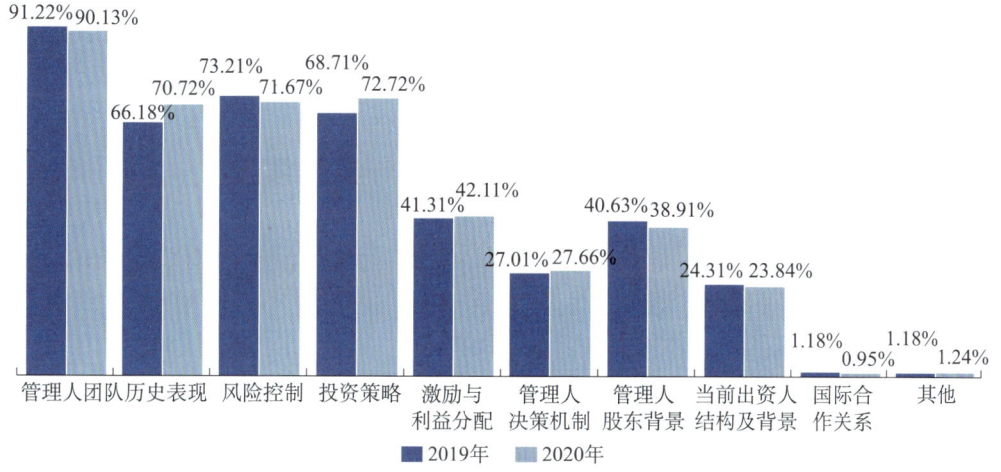

图 2.4.7 2019—2020 年出资人在选择管理人时最关注的因素

资料来源：中国证券投资基金业协会调查问卷。

2.5 投资情况分析

2.5.1 2020年新增投资项目数量创5年新高,金额创3年新高

截至2020年末,私募股权基金累计在投案例数量98 386个,在投金额71 766.85亿元。2020年新增投资案例数量21 630个,较2019年同比增长22.86%,投资数量达到近5年最高。2020年新增投资金额[①] 14 501.00亿元,同比增长12.85%,为近3年最高(见图2.5.1)。

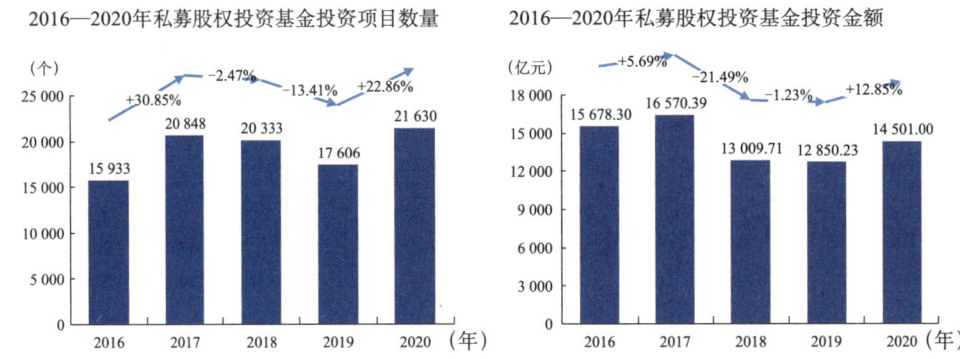

图2.5.1 2016—2020年私募股权基金投资项目数量及投资金额

资料来源:中国证券投资基金业协会AMBERS系统。

2.5.2 投早、投小、投科技趋势进一步延续

近年来,私募股权投资基金为企业发展提供了宝贵的资本金,拓宽了中小企业、高科技企业的融资渠道。截至2020年末,在投中小企业项目64 318个,在投本金19 866.78亿元,分别同比增长12.19%、11.68%;在投高新技术企业37 311个,在投本金16 386.12亿元,分别同比增长24.99%、21.49%;在投初创科技型企业14 733个,在投本金2 457.53亿元,分别同比增长32.00%、45.54%(见图2.5.2)。

---

① 投资金额是指当期(比如某一年或者某一季度)所管基金新增加的项目投资本金。

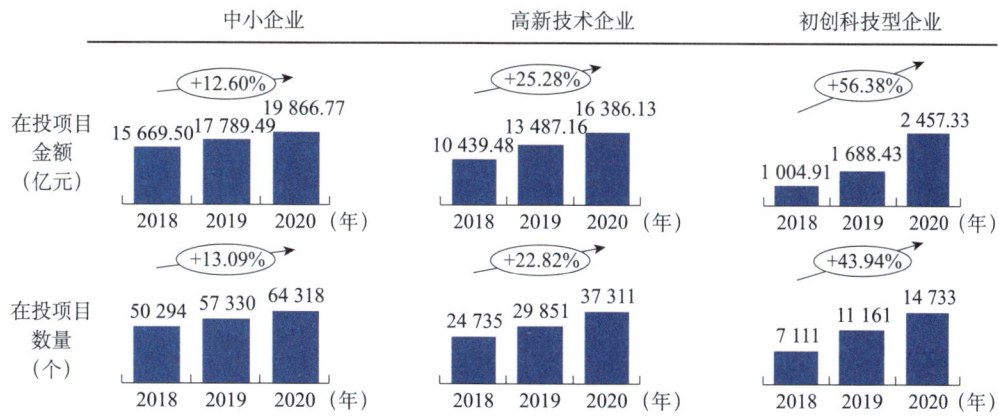

图 2.5.2 2018—2020 年末私募股权投资行业分布及投资金额增长率

资料来源：中国证券投资基金业协会 AMBERS 系统。

2.5.3 对战略性新兴产业投资力度明显加大

从私募股权基金在投存量规模来看，截至 2020 年末，排在前五名的行业为资本品①、房地产、计算机应用、交通运输、其他金融。投资规模前十名的行业中，半导体、医药生物和医疗器械与服务同比增速较高，分别为 39.32%、27.85% 和 21.69%（见图 2.5.3）。

从私募股权基金在投存量案例数量来看，截至 2020 年末，排名前五的行业分别为计算机运用②、资本品、医药生物③、医疗器械与服务④和原材料⑤。从投资案例数量的增速来看，半导体投资案例数较 2019 年末增幅最大，同比增长 70.88%，其他增速较快的行业包括医药生物、计算机及电子设备、通信设备等，同比增长均超 20%（见图 2.5.4）。

2020 年，私募股权基金投资金额增长较快的行业包括半导体、资本品、医药生物、医疗器械与服务以及汽车与汽车零部件行业，反映私募股权投资基金

---

① 本《报告》中资本品是指航空航天与国防、建筑产品、建筑与工程、电气设备、工业集团企业、机械制造、环保设备、工程与服务行业，下同。
② 本《报告》中计算机运用行业包含互联网服务、信息技术服务、软件开发行业。
③ 本《报告》中医药生物行业包括生物科技、制药、制药与生物科技服务业，下同。
④ 本《报告》中医疗器械与服务行业包括医疗器械、医疗用品与服务提供商行业，下同。
⑤ 本《报告》中原材料包括化学原料、化学制品、建筑材料、容器与包装、有色金属、钢铁、非金属采矿及制品、纸类与林业产品行业。

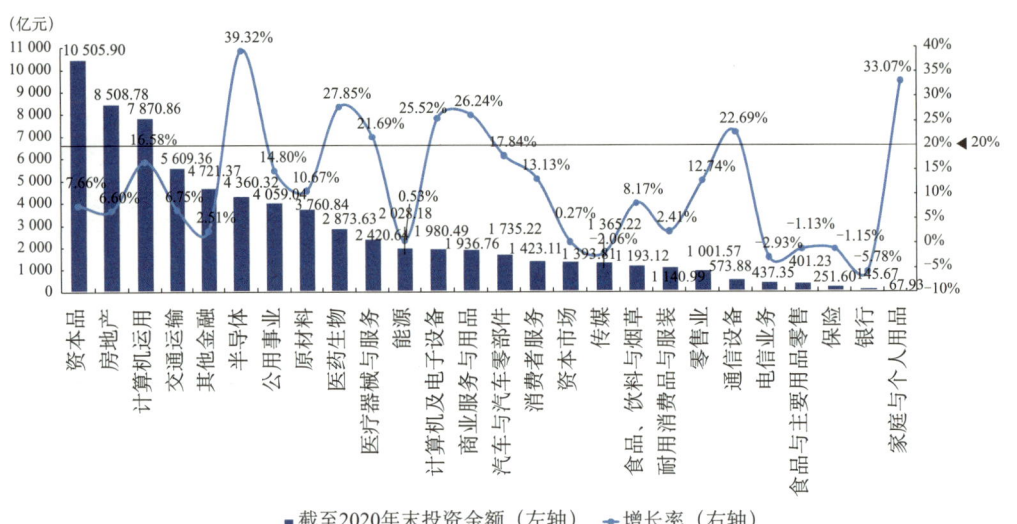

图 2.5.3　截至 2020 年末私募股权投资项目所在行业分布及投资金额增长率

资料来源：中国证券投资基金业协会 AMBERS 系统。

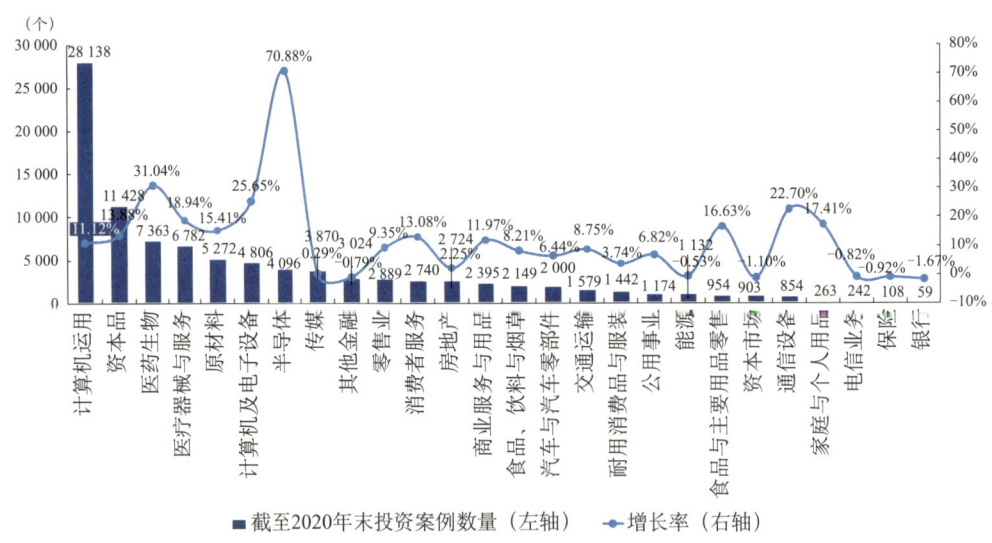

图 2.5.4　截至 2020 年末私募股权投资项目所在行业分布及投资案例数增长率

资料来源：中国证券投资基金业协会 AMBERS 系统。

行业在积极拥抱关键技术国产替代、大健康领域、新能源汽车领域等新发展机遇（见图 2.5.5）。

近年来，在经济结构转型升级背景下，科技和医药领域已成为在投金额增速最快的两个大类，2018—2020 年复合增长率分别为 23.19%、21.77%（见图 2.5.6）。尤其 2020 年受疫情影响，科技和医药新增投资金额占比分别从 2019 年的 6.68% 和

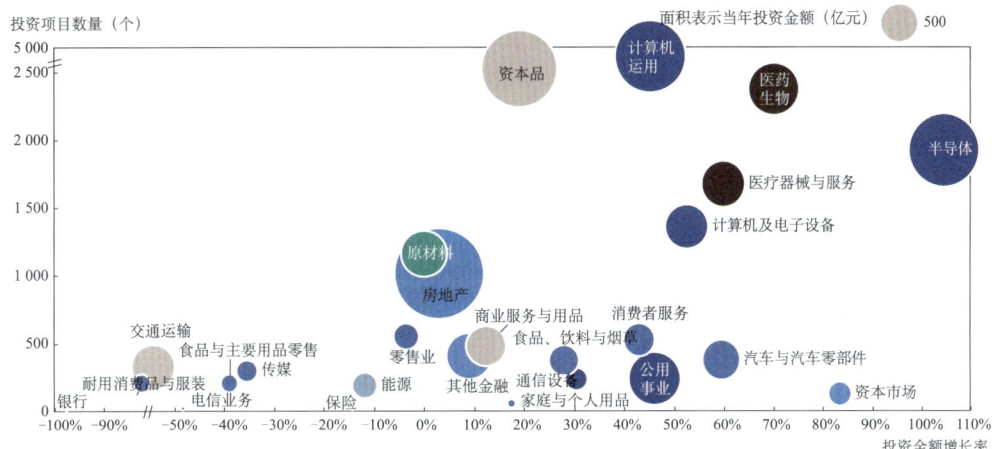

图 2.5.5　2020 年私募股权投资项目所在行业分布

资料来源：中国证券投资基金业协会 AMBERS 系统。

18.49%上升到 2020 年的 9.60%和 26.56%，占比明显提高（见图 2.5.7）。

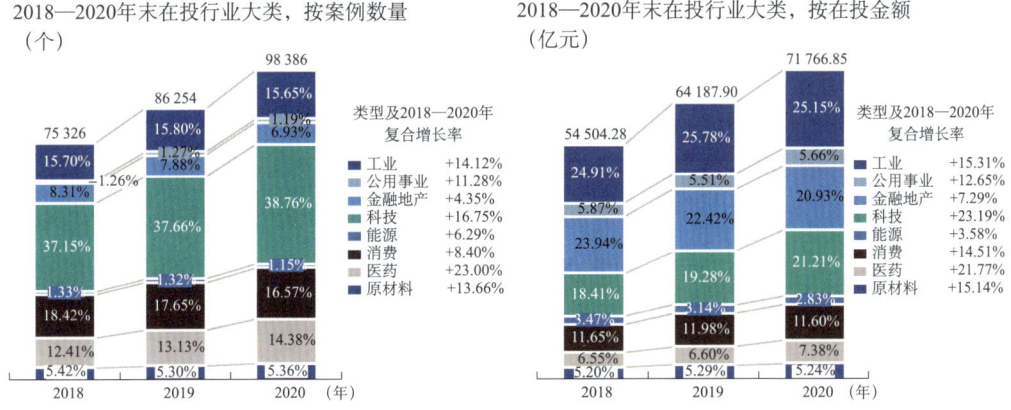

图 2.5.6　2018—2020 年各年末私募股权投资行业大类结构

注：根据协会数据口径，本《报告》将 26 个二级行业重新分类为 8 个一级行业，其中：工业大类包括资本品、商业服务与用品、交通运输 3 个二级行业；消费大类包括汽车与汽车零部件、耐用消费品与服装、消费者服务、传媒、零售业、食品与主要用品零售、食品、饮料与烟草以及家庭与个人用品 8 个二级行业；医药大类包括医疗器械与服务、医药生物 2 个二级行业；大类金融地产包括银行、其他金融、资本市场、保险、房地产 5 个二级行业；科技大类包括计算机运用、计算机及电子设备、半导体、电信业务、通信设备 5 个二级行业。

资料来源：中国证券投资基金业协会 AMBERS 系统。

2020 年投资端呈现以下特点：

第一，私募股权基金加大对医药大健康行业的支持力度。随着中国加速进

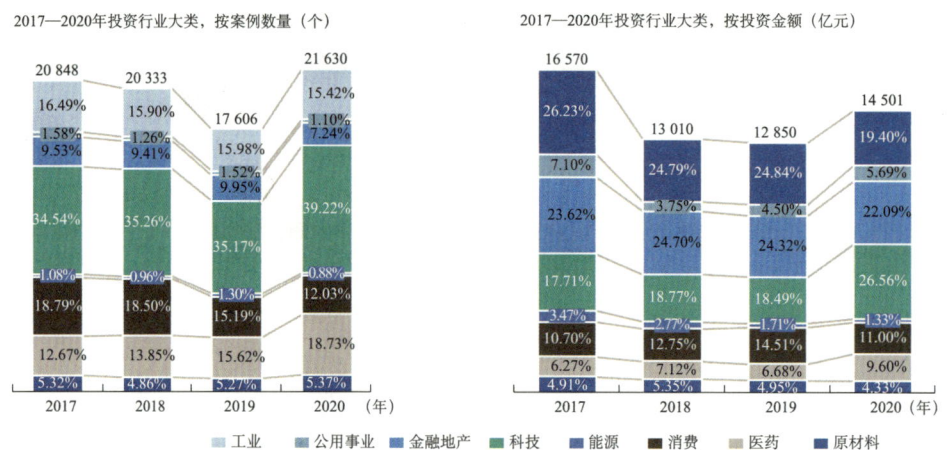

图 2.5.7　2017—2020 年一级行业投资情况

资料来源：中国证券投资基金业协会 AMBERS 系统。

入老龄化社会，各类疾病发病率上升，以及人们对健康生活的期待有所增加，社会对医疗大健康行业的需求也不断扩大，相关产业自 2019 年就进入了高速发展期。私募股权基金在该领域的投资热度上升显著，其中 2020 年在医药生物行业的投资案例数量同比增长 71.43%、投资金额同比增长 68.06%，而在医疗器械与服务行业的投资案例数量同比增长 22.80%、投资金额同比增长 58.11%。

第二，私募股权基金持续增加对半导体和信息技术等创新行业的投资。2019 年，第五代移动通信（以下简称 5G）技术进入商业化元年，相关产业链上下游均呈现大幅增长，拓宽了私募股权基金在通信设备、电子设备、计算机运用等领域的布局机会。此外，国际贸易摩擦以来，资金端对芯片半导体领域的关注和期待持续升温，许多风险承受能力较强、基金期限较长的私募股权基金继续加大对该领域的投资力度。2020 年，私募股权基金在半导体行业的投资案例数量同比增长 103.80%，投资金额增长 99.08%。

2.5.4　投资聚焦东部地区，中部地区投资热度逐年递增

就地域而言，私募股权基金投资的热门区域趋于稳定，不论是投资案例数量，还是在投金额，北京、长三角、珠三角地区和粤港澳大湾区各项指标都遥遥领先于其他省份和地区。截至 2020 年末，已备案私募股权基金投资案例数量和在投金额最多的前 5 个省（市）为北京、广东、上海、江苏和浙江，合计投

资案例数量为 68 705 个，占比 69.83%，数量同比增长 14.54%；合计在投金额 38 729.23 亿元，占比 53.97%，金额同比增长 13.69%。

近年来，随着中部各省从平台、科技、人才、知识产权、金融服务等多角度支持"双创"，中部地区的创新创业市场被激活，中部地区对私募股权投资基金吸引力不断增强。近 3 年，湖北、山西、江西、湖南存量私募股权投资基金投资规模年均复合增长率均为两位数，其中湖北表现尤为亮眼，投资规模从 2018 年末的 1 269.70 亿元上升至 2020 年末的 1 972.99 亿元，年均复合增长率达到 24.66%（见图 2.5.8）。

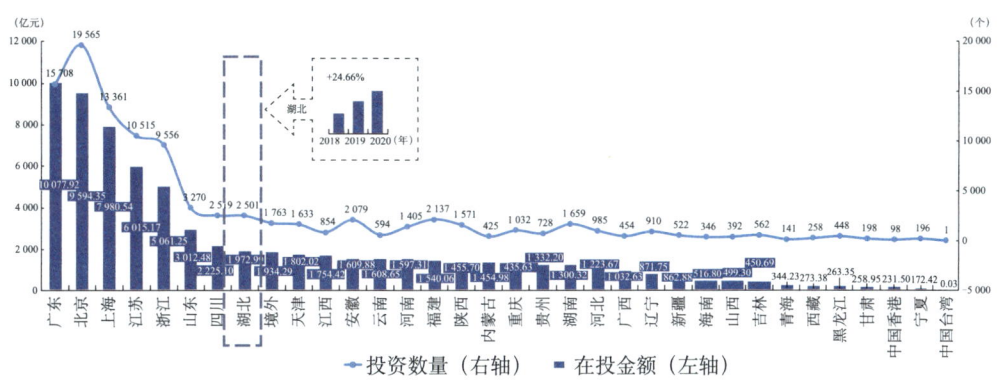

图 2.5.8　截至 2020 年末私募股权基金投资项目地域分布

资料来源：中国证券投资基金业协会 AMBERS 系统。

北京、广东、上海、江苏、浙江 5 个省（市）创新创业的活力旺盛，集聚了一批有潜力、有实力的科技创业公司，2020 年新增投资案例数量合计达 15 007 个，同比增长 27.48%，占比 69.38%；合计在投金额 8 787.28 亿元，同比增长 22.92%，占比 60.60%，较 2019 年小幅提升（见图 2.5.9）。

境外投资近年来呈总体下降趋势，2016—2020 年，新增投资金额从 2016 年的 499.79 亿元下降至 2020 年的 243.65 亿元，平均每年下降 16.45%。2020 年末境外投资的在投金额存量占比仅为 2.70%（见图 2.5.10）。

2.5.5　新增投资项目整体呈现"二八"格局

2020 年新增投资案例中，投资额在 5 000 万元以上的案例数量占 19.41%，相应投资金额占比为 81.63%，即约 20% 的项目拿走了超过 80% 的投资（见图 2.5.11）。

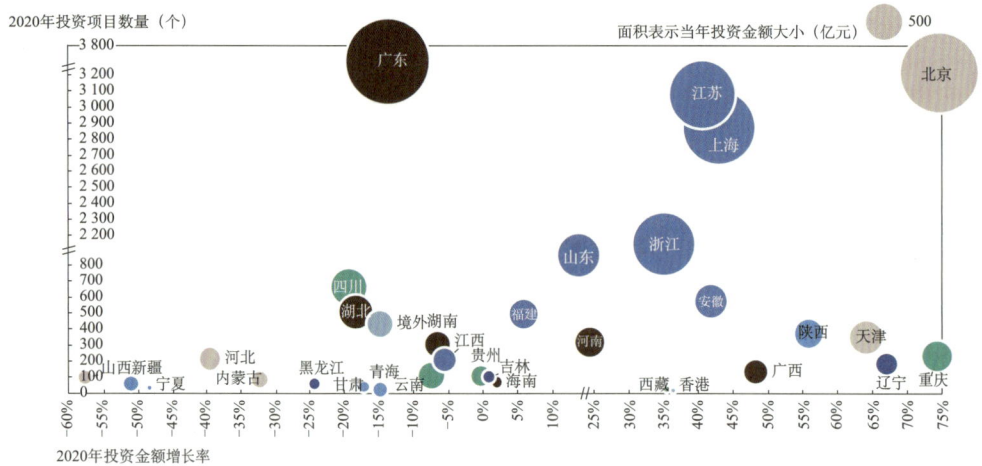

图 2.5.9　2020 年私募股权基金投资项目地域分布

资料来源：中国证券投资基金业协会 AMBERS 系统。

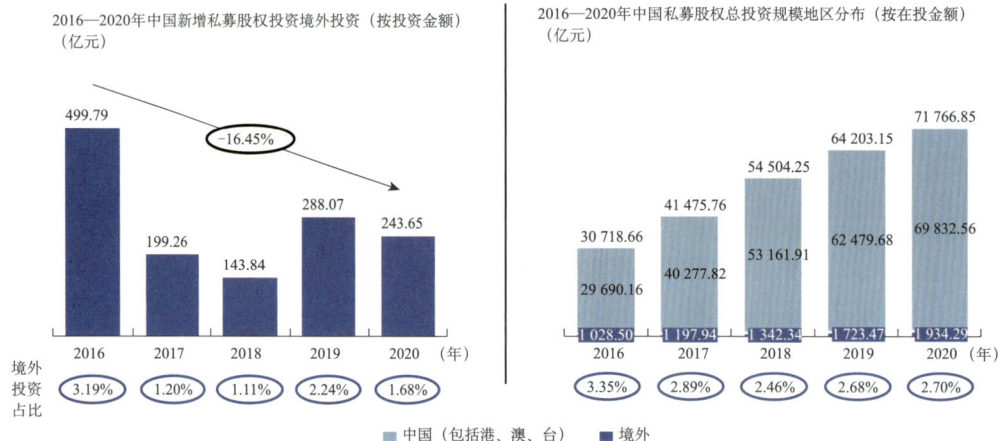

图 2.5.10　2016—2020 年中国私募股权境外投资及中国私募股权投资地区分布

资料来源：中国证券投资基金业协会 AMBERS 系统。

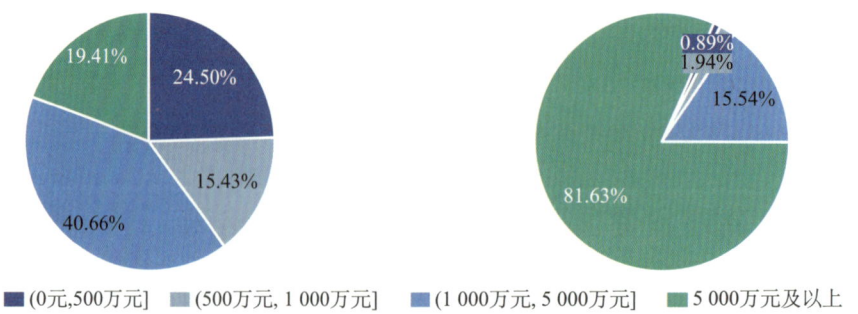

图 2.5.11　2020 年中国私募股权行业按投资金额分布

资料来源：中国证券投资基金业协会 AMBERS 系统。

2.5.6 行业专业化程度平均水平逐渐提高

随着行业成熟度提升，中国私募股权基金行业的专业度正在加强。项目寻源方面，根据协会问卷调研情况，主动寻找项目、同业人员推荐是获得项目来源的最主流方式。考虑到当前投资环境的整体形势，特别是优质项目趋于集中（包括地域集中、行业集中等），在行业大型私募股权基金管理人的带动下，自主研究、独立判断、主动发现投资机会的能力将成为行业增长的新驱动因素（见图2.5.12）。

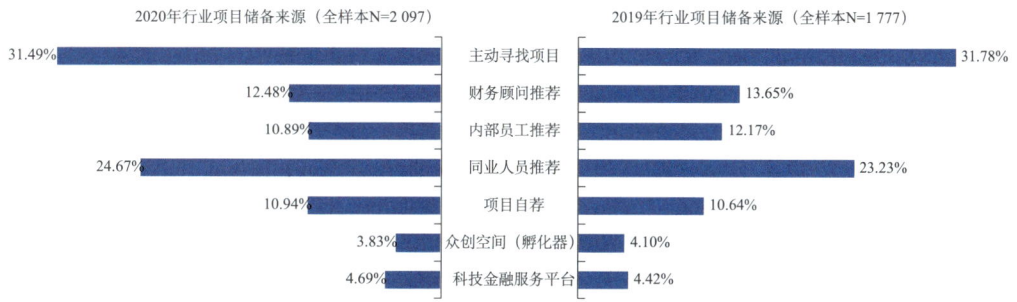

图2.5.12　私募股权基金投资项目来源情况

资料来源：中国证券投资基金业协会调查问卷。

投资策略及标的选择方面，根据协会问卷调研情况，超过80%的受访私募股权基金管理人表示"高成长性"是其投资策略的最核心驱动因素。投资标的公司是否拥有产品和技术的创新性、是否能成为细分领域的冠军或占据垄断地位、是否有潜在的市场规模，是私募股权基金在投资选择中最关注的3个标准（见图2.5.13、图2.5.14）。

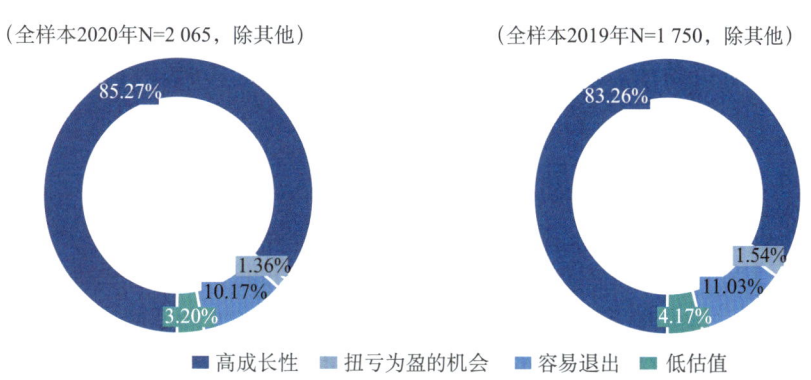

图2.5.13　私募股权基金管理人投资驱动因素

资料来源：中国证券投资基金业协会调查问卷。

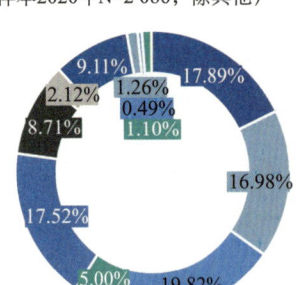
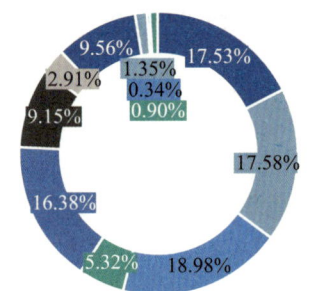

图 2.5.14 私募股权基金管理人核心投资策略

资料来源：中国证券投资基金业协会调查问卷。

在联合投资方面，根据协会问卷调研情况，是否能够共同承担风险、是否有专业互补性，是在与其他私募股权投资机构进行联合投资时考虑的最主要因素。出于风险控制的考虑，超过72%的私募股权基金管理人在投资协议中设置对赌协议和优先回购权，50%左右的私募股权基金管理人要求将反稀释条款、清算优先权列入保障条款（见图2.5.15）。

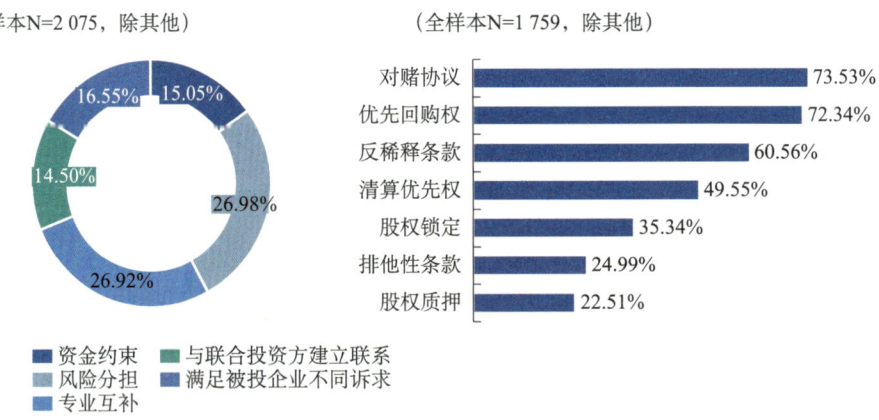

图 2.5.15 中国私募股权基金管理人联合投资及风险控制情况

资料来源：中国证券投资基金业协会调查问卷。

2.5.7 ESG 投资策略关注度不断提升

私募股权基金管理人越来越注重社会责任承担，其中管理规模在 100 亿元以上的私募股权基金管理人尤其重视。协会问卷调研结果显示，超过75%的受访私募股权基金管理人开始关注ESG（环境、社会和企业治理），接近30%的机构在投资决策中考虑被投企业在环境、社会和企业治理层面的措施，2020年关注ESG投资的受访机构占比上升了超2个百分点（见图2.5.16）。

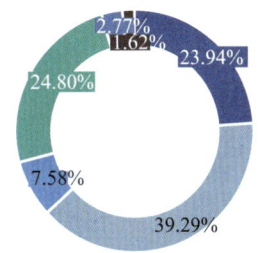
2020年中国私募股权基金管理人ESG工作开展情况
（全样本N=2 097）

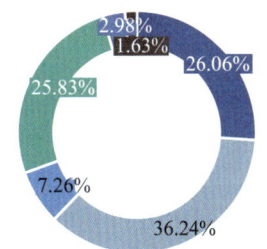
2019年中国私募股权基金管理人ESG工作开展情况
（全样本N=1 777）

- 没有实际需求，尚未关注ESG
- 投资决策中考虑ESG，但未形成正式体系
- 关注ESG，但缺少深入研究
- 已形成正式制度，将ESG纳入实际投资决策流程
- 有专门研究，但未纳入投资决策流程
- 已在公司层面制定ESG战略，并贯彻到具体投资决策

图 2.5.16　中国私募股权基金管理人 ESG 工作开展情况

资料来源：中国证券投资基金业协会调查问卷。

2.6　投后管理情况分析

2.6.1　投后管理团队和机制更趋专业化

从目前行业发展趋势看，投后管理的重要性和专业性越来越得到重视。事实上，投后管理作为"募投管退"的重要一环，有着不可忽略的战略价值。目前中国私募股权基金管理人正在结合各自业务特点和专业能力开展投后管理工作。

我国投后管理模式以"投资＋投后"管理为主，专职投后管理人员数量有所增加。根据协会问卷调研情况，2020年投后管理方式和投后管理人员数量较2019年变动不大，56.70%的受访私募股权基金管理人已经设立专门投后管理部门，且在投后管理模式上，有64.14%采用投资团队与投后团队共同负责管理的模式，8.87%采用专职投后管理团队模式。在设立专门投后管理部门的机构中，有87.47%的机构投后团队仅1—5人（见图2.6.1），大部分机构的投后管理团队规模较小。但是同时，有 5 位以上专职投后人员的受访机构数量占比较 2019 年增加约 2.35 个百分点。

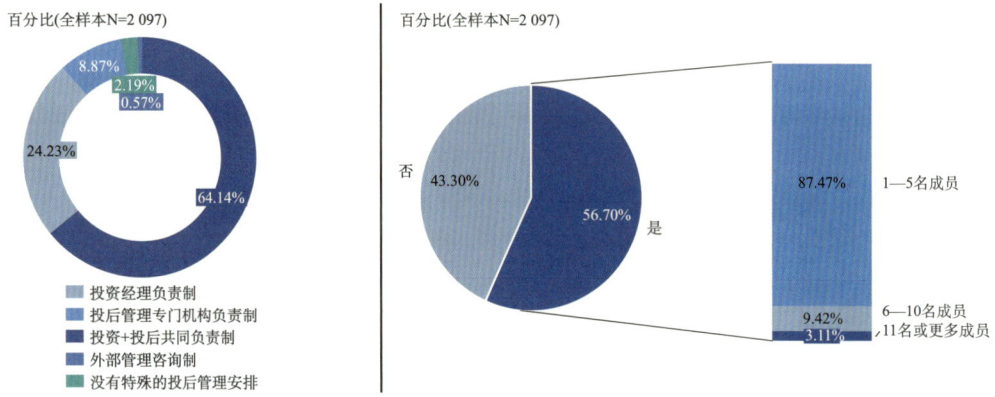

图 2.6.1　2020 年中国私募股权基金管理人投后管理模式与团队构成情况调研

资料来源：2020 年中国证券投资基金业协会调研。

2.6.2　投后管理内容更为广泛

在目前的行业实践中，投后管理重点关注的领域包括被投企业战略制定、运营监控与评估、增值服务、投资风险管理等。根据投资阶段、投资所占被投企业份额以及被投企业创始团队成熟程度的不同，投后管理内容也有较大差异。

协会问卷调研结果显示，在为被投企业提供的投后服务中，上下游客户推荐、开拓融资渠道、企业战略规划是最核心的 3 项内容，超过 70% 的私募股权基金管理人会帮助被投企业介绍上下游客户，超过 60% 的私募股权基金管理人会协助开拓融资渠道、制定战略规划。此外，还有人才引荐、退出方式指引、品牌推介、信息服务、企业制度搭建等，其中，2020 年，为机构提供人才引荐投后服务的受访管理人占比较 2019 年增加 5.41 个百分点，增幅明显，一定程度上反映出被投企业人才需求较为旺盛，特别是热门的科技和医药领域，拥有较高的专业门槛，更为注重人力资本，带动了相关专业人才需求的上升（见图 2.6.2）。

2.6.3　投后管理工作重视程度不断提升

从行业发展规律来看，良好的投后管理与投前形成闭环，相互影响、相互

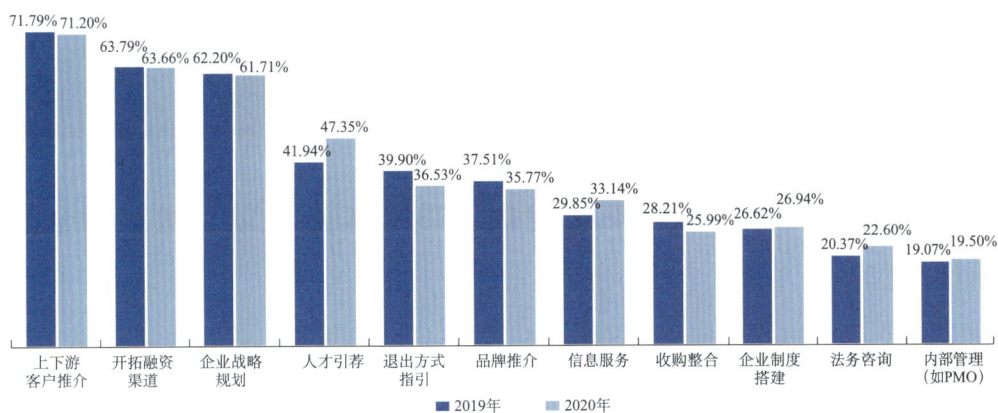

图 2.6.2 私募股权机构为被投企业提供的投后增值服务

资料来源：中国证券投资基金业协会调查问卷。

促进。在对企业投资时，就可以设定全面的投后管理计划，为企业的战略制定和日常运营提供管理提升工具。同时，投后管理也能为投前提供实战经验，通过对被投企业的监控，总结行业发展趋势和企业实操运作，进行投资复盘。

协会问卷调研结果显示，超过70%的受访私募股权基金管理人表示将进一步强化投后管理工作，超过40%的受访私募股权基金管理人将转变现有投后管理方式，投入更多人力与实践，帮助企业实现业绩与效率提升；约27%的受访私募股权基金管理人计划直接新设或扩充投后管理团队，强化投后工作的深度和组织保障（见图2.6.3）。

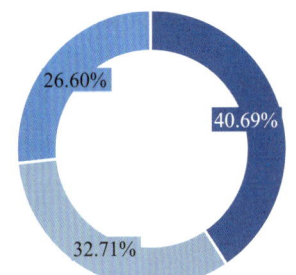

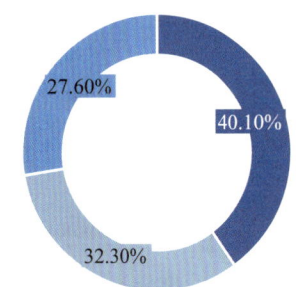

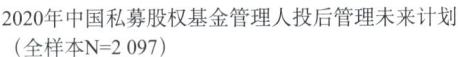

图 2.6.3 私募股权机构投后管理工作未来计划

2.7 退出情况分析

2.7.1 受益于退出环境优化，2020 年退出项目数量和金额明显增加

伴随科创板试点注册制改革工作推进，创业板改革并试点注册制、创投基金减持新规发布等举措实施，私募股权投资基金行业退出环境得到进一步优化。截至 2020 年末，中国私募股权基金累计退出案例数量 26 708 个，退出本金 14 757.67 亿元、实际退出金额 22 057.99 亿元，分别同比增长 31.77%、35.86% 和 40.83%。2020 年退出案例数量 9 753 个、退出本金 5 599.08 亿元、实际退出金额 7 505.19 亿元，分别同比增长 18.84%、25.30%、35.94%；平均单个案例退出本金 0.57 亿元，整体回报倍数[①]为 1.34 倍（见图 2.7.1）。

图 2.7.1　2018—2020 年新增退出案例数量和实际退出金额情况

资料来源：中国证券投资基金业协会 AMBERS 系统。

分季度来看，2020 年各季度新增退出案例数量总体平稳上升，其中第四季

---

① 退出回报倍数 = 实际退出金额/退出本金。

度退出案例数量最高，为 3 487 个，第一季度受新冠肺炎疫情影响退出案例数量最少，为 1 884 个。退出金额方面，第四季度退出本金最高，为 1 668.13 亿元，但第三季度实际退出金额最高，为 2 335.16 亿元（见图 2.7.2）。

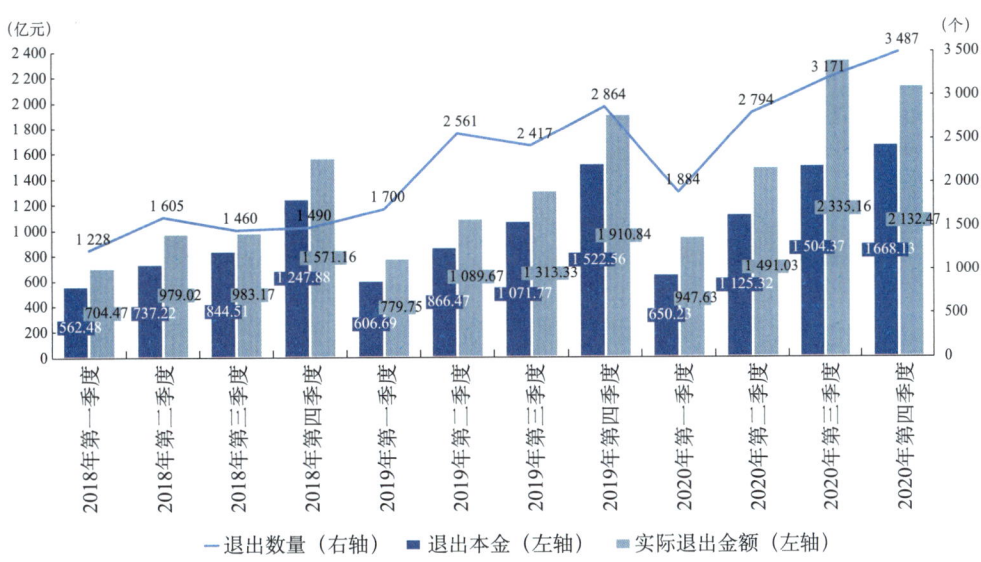

图 2.7.2　2018—2020 年各季度新增退出案例数量和金额

资料来源：中国证券投资基金业协会 AMBERS 系统。

2.7.2　退出方式仍以协议转让为主，但上市退出增长最快

截至 2020 年末，从实际退出金额来看，退出方式排序依次为协议转让、境内上市、融资人还款、企业回购、整体收购、清算、被投企业分红、境外上市、新三板挂牌和债权转让。上述各退出方式的实际退出金额分别为 7 133.32 亿元、6 444.24 亿元、3 420.57 亿元、2 677.35 亿元、648.58 亿元、619.63 亿元、413.90 亿元、294.05 亿元、225.06 亿元和 181.29 亿元。

协议转让和企业回购在项目退出中仍是最主要的渠道。2020 年，协议转让退出（向第三方转让股权，包括向公司进行股份转让与同行转让）占退出项目总量的 37.43%，占实际退出总额的 35.31%；其次是企业回购，占退出项目总量的 20.57% 和实际退出总额的 14.59%（见图 2.7.3）。

通过公开市场退出比例大幅上升。2020 年，受益于注册制改革不断推进，行业退出渠道不断完善，公开市场退出金额比例与退出数量比例分别为 27.95%

图 2.7.3 2018—2020 年中国私募股权基金项目退出方式分布

注：1. 公开市场包括境内 IPO、境内上市（除 IPO 之外）、新三板挂牌、境外上市等；其他包括清算、被投企业分红、债权转让等。

2. 公开市场包括境内 IPO、境内上市（除 IPO 之外）、新三板挂牌、境外上市等；其他包括清算、被投企业分红、债权转让等。

资料来源：中国证券投资基金业协会 AMBERS 系统。

和 17.00%，较 2019 年的 16.94% 和 12.98% 均大幅提升。对于行业而言，注册制改革不断深化，私募股权基金通过公开市场退出的市场化和便利化程度得到提升。

2020 年，通过境内上市退出项目金额和回报倍数大幅增加。从退出回报倍数来看，境内上市、境外上市的退出回报倍数分别为 3.34 倍和 3.04 倍，较 2019 年的 2.08 倍和 2.05 倍提升均超 50%（见图 2.7.4）。

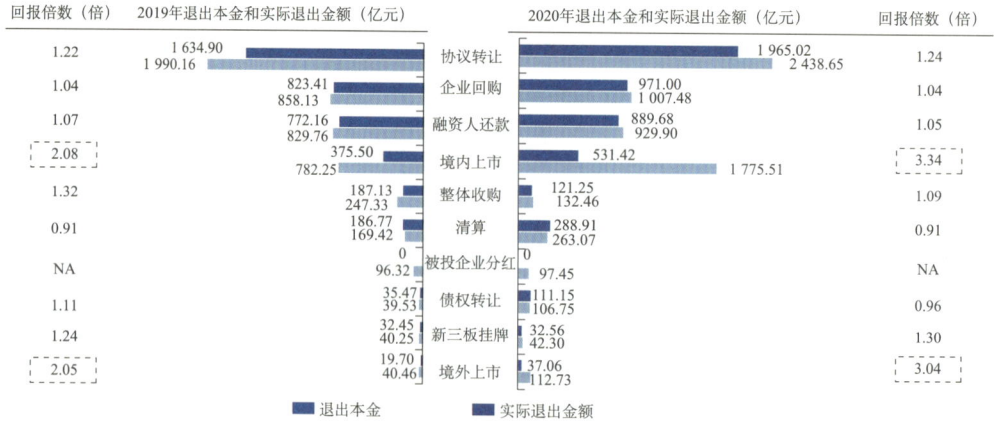

图 2.7.4 2019—2020 年私募股权基金退出本金、实际退出金额及退出回报倍数

资料来源：中国证券投资基金业协会 AMBERS 系统。

2.7.3 退出行业较上年发生明显变化

从退出行业来看，截至 2020 年末，累计退出案例数量排在前五名的行业分别是计算机运用、资本品、原材料、医药生物、医疗器械与服务，退出案例数量合计 15 428 个，占总退出案例数的 57.77%。累计实际退出金额排在前五名的行业分别是房地产、资本品、计算机运用、其他金融、原材料，退出金额合计 11 086.36 亿元，占总退出金额的 50.26%。退出回报倍数排前五名的行业是半导体、通信设备、电信业务、医药生物、医疗器械与服务（见图 2.7.5）。

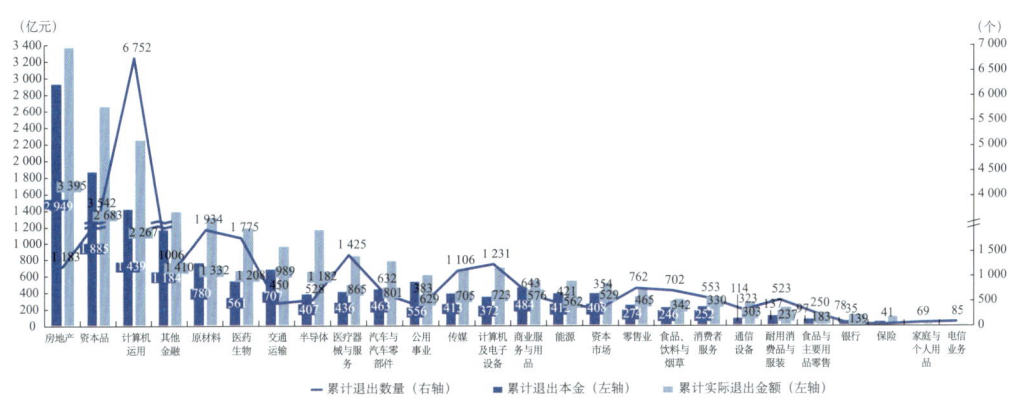

图 2.7.5　截至 2020 年末私募股权基金退出案例数量、实际退出金额情况

资料来源：中国证券投资基金业协会 AMBERS 系统。

2020 年新增退出案例数量排前五名的行业是计算机运用、资本品、房地产、医药生物和原材料，退出案例数量合计 5 511 个，占总退出案例数的 56.51%。受疫情影响与注册制改革放宽医药企业的上市要求，医药大健康行业项目退出数量明显增多，医药生物、医疗器械与服务领域合计退出案例 1 233 个，同比增长 27.64%。

2020 年退出金额排名前五的行业是房地产、资本品、半导体、计算机运用和原材料，退出金额合计 4 253.22 亿元，占比达 56.67%。退出回报倍数前五名行业分别是通信设备、半导体、电信业务、医药生物和医疗器械与服务，退出回报倍数分别为 4.00 倍、3.98 倍、2.20 倍、1.78 倍和 1.72 倍，其中，通信设备、半导体和电信业务退出回报倍数较 2019 年的 1.64 倍、1.41 倍、1.36 倍均大幅提升（见图 2.7.6）。

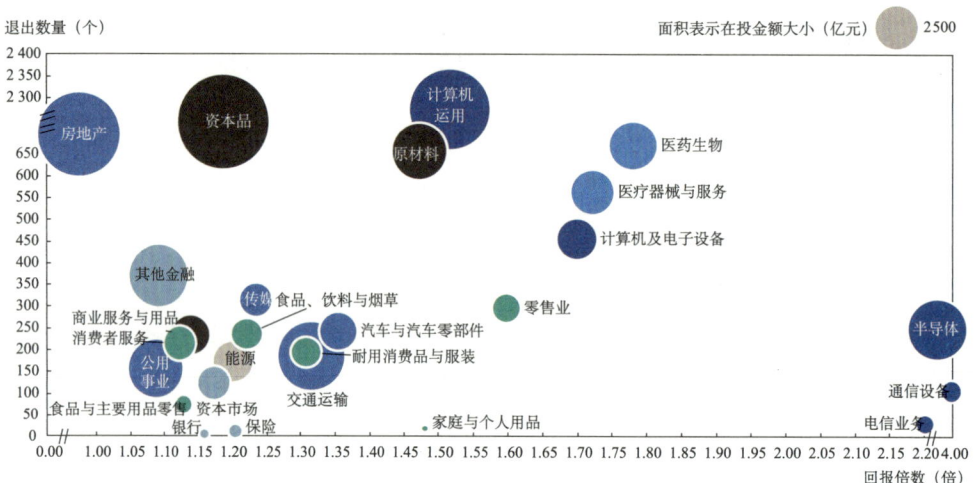

图 2.7.6　2020 年私募股权基金各行业退出回报倍数

资料来源：中国证券投资基金业协会 AMBERS 系统。

2.7.4　退出项目的地域分布比较集中

从退出项目所在地域来看，截至 2020 年末，已备案的私募股权基金中退出案例数量和金额最多的 5 个地区均是广东、上海、北京、江苏和浙江，退出案例数量合计为 17 872 个，同比增长 35.08%，占比 66.92%；退出金额合计为 13 180.92 亿元，同比增长 46.61%，占比 59.76%（见图 2.7.7）。

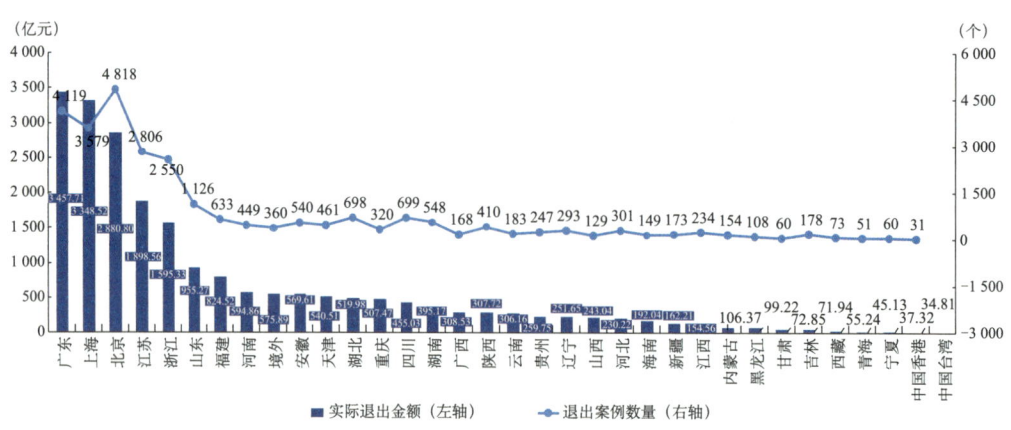

图 2.7.7　截至 2020 年末实际退出案例数量及金额地域分布

资料来源：中国证券投资基金业协会 AMBERS 系统。

2020 年新增退出案例数量和金额排在前五名的地区是北京、广东、上海、江苏和浙江，退出案例数量分别为 1 514 个、1 493 个、1 288 个、1 055 个、1 022 个，合计为 6 372 个，占比 65.33%；退出金额分别为 879.05 亿元、1 146.26 亿元、1 213.03 亿元、683.96 亿元、681.68 亿元，合计为 4 603.98 亿元，占比 61.34%（见图 2.7.8）。

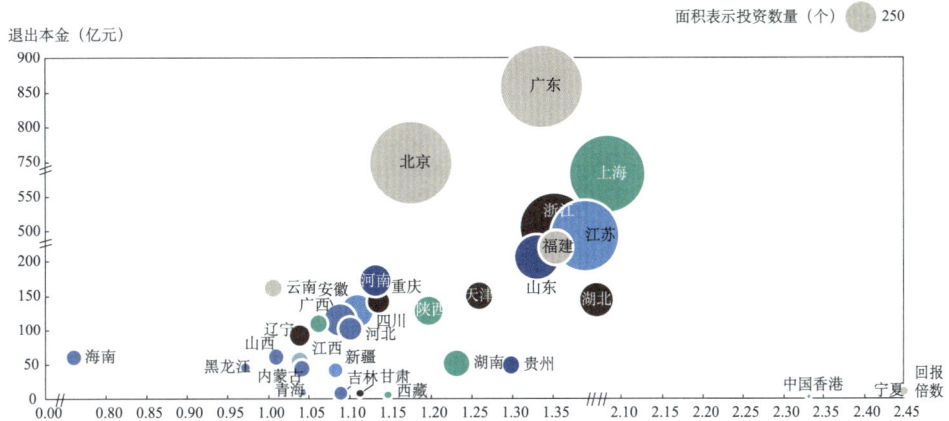

图 2.7.8　2020 年实际退出案例数量及金额地域分布

资料来源：中国证券投资基金业协会 AMBERS 系统。

3　创业投资基金发展情况

根据协会 AMBERS 系统数据显示，创投基金管理人增速连续两年保持平稳，基金备案数量及规模增速有所回升。基金存续期限进一步延长，"长期资本""耐心资本"趋势显现。虽然受到全球疫情影响，投资活动受限，但伴随有效的防疫措施实施及国内经济复苏，2020 年下半年创投基金投资回暖迅速。

从募资、投资和退出端情况看，当前创投基金募资活动受管理人股东背景影响较大，且出资人构成还是以企业投资者为主，但个人出资者在出资人构成中的比例逐渐提高且增速较快。在投资端创投基金"投科技"趋势显现，投资方向侧重计算机、半导体、医疗等领域。近年来创投基金整体退出环境明显改善，退出案例所在区域集中在经济发达地区，各行业投资退出账面回报整体提升。

3.1 管理人情况分析

3.1.1 创投基金管理人增速连续两年保持平稳

我国创业投资（以下简称创投）基金管理人数量平稳增长。截至 2020 年末，增速持平。

图 3.1.1 2016—2020 年各年末创投基金管理人数量

资料来源：中国证券投资基金业协会 AMBERS 系统

创投基金管理人管理规模相对较小，超 3/4 的管理人管理规模不足 5 亿元。32% 的管理人管理规模集中在 1 亿—5 亿元区间，且该区间内管理人数量较 2019 年增长 14.61%。2020 年末创投基金管理人管理创投基金规模主要分布在 0—0.2 亿元以及 1 亿—5 亿元区间，较 2019 年无太大变化。2020 年管理创投基金规模为 0—0.2 亿元的创投基金管理人数量占 2020 年全部创投基金管理人数量的 23.32%。管理规模为 1 亿—5 亿元的管理人数量占比为 31.92%。管理规模超过 5 亿元的管理人在 2020 年有较大增长，但仅不足 10% 的创投基金管理人旗下管理规模超过 20 亿元（见图 3.1.2）。

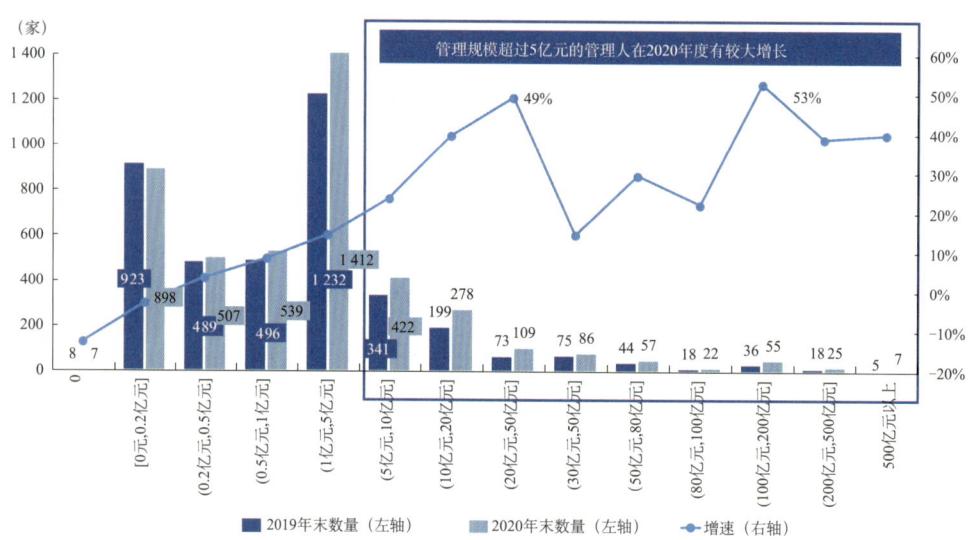

图 3.1.2　2019—2020 年各年末创投基金管理人管理创投基金规模区间分布情况

资料来源：中国证券投资基金业协会 AMBERS 系统

3.1.2　创投基金管理人募资受股东背景影响较大

2020 年度，完成较大规模基金募集的管理人主要为"国有控股"和"外商控股"类管理人。在控股类创投基金管理人方面，2020 年创投基金管理人控股类型主要以"自然人及其所控制民营企业控股"为主，其次分别为"国有控股""其他类型""外商控股"及"社团集体"控股。对比 2020 年末及 2019 年末数据可以看出，基金平均规模已呈现差异化发展态势。国有控股管理人 2019 年末平均在管规模为 15.83 亿元，2020 年末上升至 19.92 亿元，外商控股管理人平均在管规模从 2019 年末的 7.27 亿元上升至 12.88 亿元，相比之下自然人及民营企业控股的管理人平均在管规模从 6.45 亿元上升至 7.34 亿元，增幅较小。由此可见，在 2020 年完成较大规模募集的管理人主要为国有控股和外商控股管理人（见表 3.1.1、表 3.1.2）。

表 3.1.1　2020 年不同控股类型创投基金管理人机构数量及管理各类基金规模[①]情况统计

控股类型	机构数量（家）	基金规模（亿元）	平均规模（亿元）
国有控股	518	10 266.19	19.82
社团集体控股	18	388.1	21.56
自然人及其所控制民营企业控股	3 602	26 443.81	7.34
外商控股	74	953.15	12.88
其他（控股主体性质不明或无控股主体）	212	4 517.08	21.31
合计	4 424	42 568.33	9.62

资料来源：中国证券投资基金业协会 AMBERS 系统。

表 3.1.2　2019 年不同控股类型的创投基金管理人机构数量及管理各类基金规模情况统计

控股类型	机构数量（家）	基金规模（亿元）	平均规模（亿元）
国有控股	431	6 823.82	15.83
社团集体控股	17	384.23	22.60
自然人及其所控制民营企业控股	3 233	20 839.28	6.45
外商控股	65	472.37	7.27
其他（控股主体性质不明或无控股主体）	211	2 744.36	13.01
合计	3 957	31 264.06	7.90

资料来源：中国证券投资基金业协会 AMBERS 系统。

3.1.3　创投基金管理人办公地[②]集中北、上、深，GP 注册地倾向江、浙

截至 2020 年末，创投基金管理人办公地主要集中在北京、上海、深圳、浙江（除宁波）、江苏，上述 5 个地区创投基金管理人数量占全国总创投基金管理人数量的 70.66%，管理各类基金数量占全部创投基金管理人管理各类基金总数量的 73.22%，地域集聚效应明显。

2020 年新登记创投基金管理人办公地仍主要集中在北京、上海、深圳、浙

---

① 数据包含创投基金、私募股权基金等各类基金。
② 创投基金管理人办公地以中国证监会 36 个派出机构口径统计。

江（除宁波）、江苏。5个地区新登记创投基金管理人数量占新设创投管理人总量的61.65%，上述管理人所管理的各类基金规模占新登记创投管理人管理总规模的79.58%。

管理人新设普通合伙人（GP）的注册地偏向选择江苏与浙江。协会问卷调研显示，新设立GP的注册地区喜好程度前五名依次为江苏、浙江（不含宁波）、北京、广东（不含深圳）、上海，与管理人办公地的选择偏好排名呈现明显差异（见图3.1.3）。

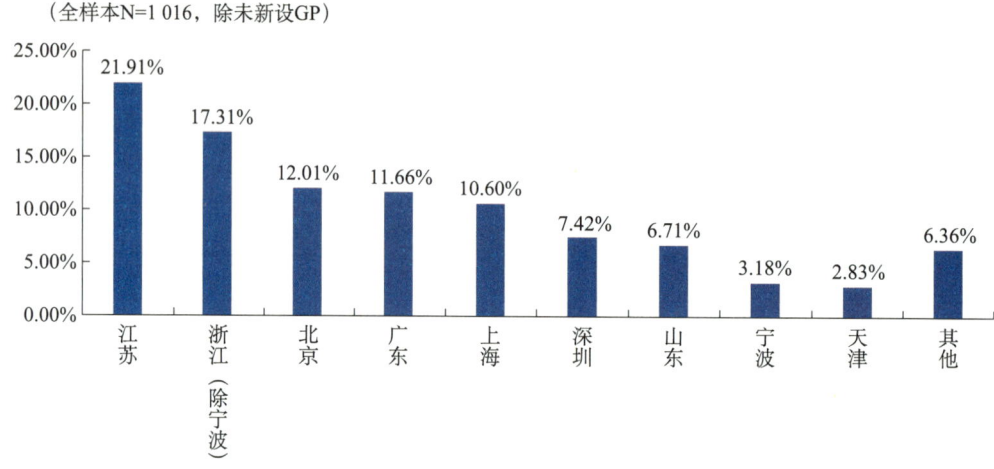

图 3.1.3　创投基金管理人新设 GP 地域偏好

资料来源：中国证券投资基金业协会调查问卷。

3.2　基金募资情况分析

3.2.1　创投基金备案数量及规模增速有所回升

国内创投基金备案数量及规模增速较2019年末有所回升。截至2020年末，已有10 398只创投基金在协会备案，相较于2019年末增长30.33%（见图3.2.1），备案规模合计16 904.05亿元，较2019年末增长39.84%（见图3.2.2）。

相较于2019年，2020年基金管理人对于募资环境持有更为积极的态度。对于募资环境持消极态度的管理人数量由2019年占比37.95%下降至2020年的

图 3.2.1　2016—2020 年各年末创投基金累计备案数量及增速

资料来源：中国证券投资基金业协会 AMBERS 系统。

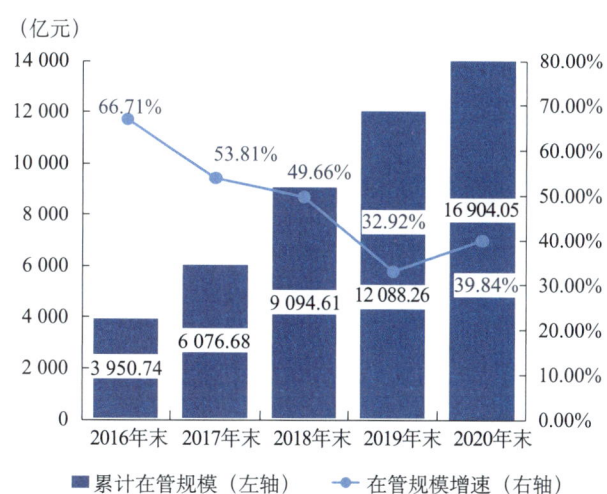

图 3.2.2　2016—2020 年各年末创投基金累计在管规模及增速

资料来源：中国证券投资基金业协会 AMBERS 系统。

19.79%，持中性或积极态度的管理人比例则由 2019 年的 62.05% 上升至 2020 年的 80.22%（见图 3.2.3）。募资难度变化方面，2020 年认为募资难度较 2019 年大幅度增长的管理人数量比例较 2019 年大幅下降，而有 32.28% 的管理人认为募资难度与 2019 年相当（见图 3.2.4）。从实际募资时长看，近 50% 的创投基金可以在 6 个月内完成募资，比例相较于 2019 年有明显的提升；而募集时间超过 6 个月的创投基金比例均有一定程度的下降（见图 3.2.5）。

（2020年全样本N=1 016；2019年全样本N=506）

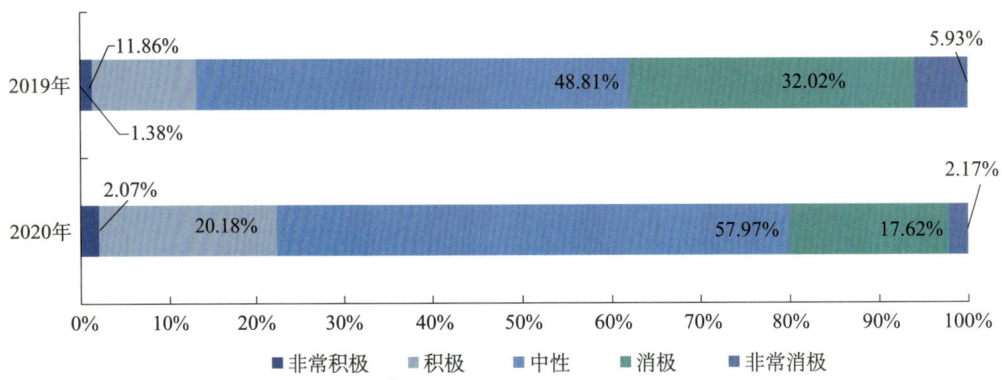

图 3.2.3 2019 年和 2020 年管理人对于募资环境态度

资料来源：中国证券投资基金业协会调查问卷。

（2020全样本N=1 016；2019全样本N=506）

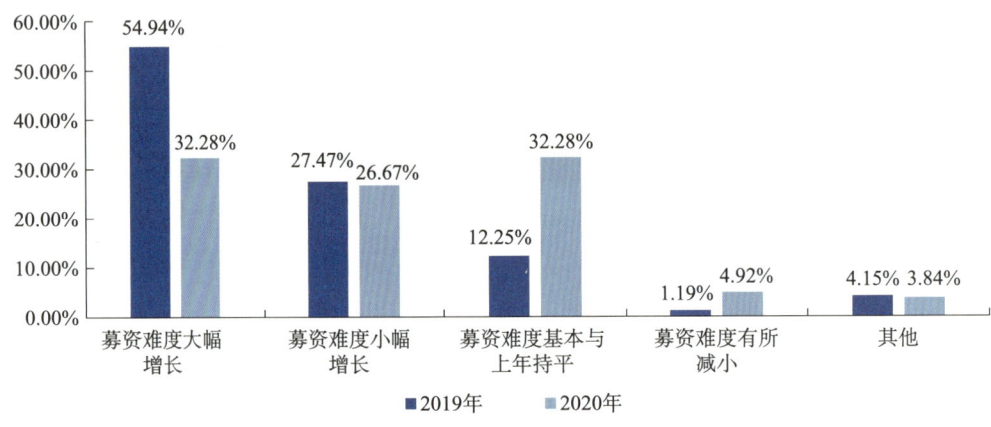

图 3.2.4 2019 年和 2020 年创投管理人认为募资难度变化占比

资料来源：中国证券投资基金业协会调查问卷。

协会 AMBERS 系统数据显示，创投基金"小而散"的特征明显。2020 年底存量的 10 398 只备案的创投基金中，基金的管理规模在 0—0.2 亿元区间内的有 3 164 只，区间内基金累计在管规模为 290.20 亿元，数量占比最多，达到 30.43%，规模占比却最低，仅为 1.72%。大体量基金的设立则越来越受到投资青睐，2019 年末，规模在 30 亿元以上的创投基金共 37 只，其平均单只规模为 68.11 亿元，而 2020 年末，30 亿元以上的创投基金增至 63 只，其平均单只规模为 61.54 亿元，数量较 2019 年末增长近一倍（见图 3.2.6）。

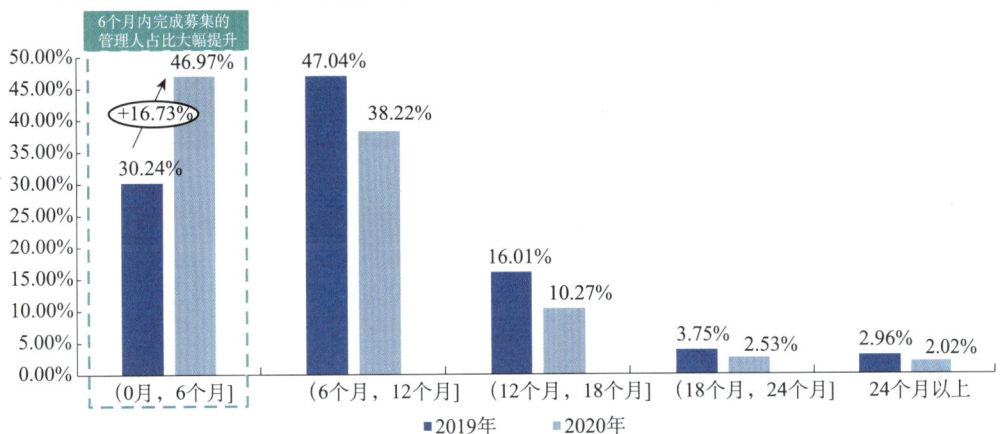

图 3.2.5　2019 年和 2020 年创投基金募资时间占比

资料来源：中国证券投资基金业协会调查问卷

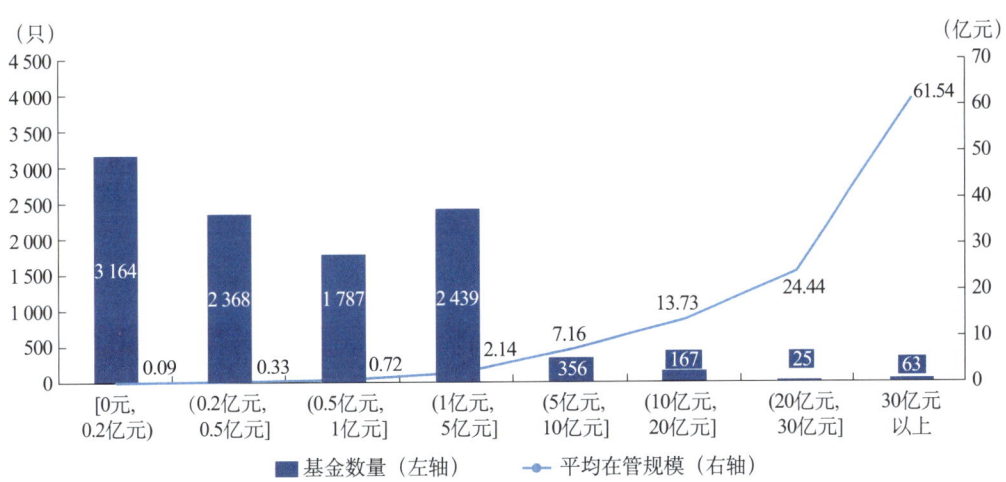

图 3.2.6　截至 2020 年末创投基金在管规模分布

资料来源：中国证券投资基金业协会 AMBERS 系统。

3.2.2　创投基金注册地青睐江浙

江苏、浙江两地成为最受欢迎的私募股权投资基金（不包含契约型基金）注册地。据统计，2020 年新注册私募股权投资基金（不含契约型基金）共有 9 916 只，基金净资产规模达到 16 412.1 亿元。其中，最受欢迎的五大注册地依次为浙江（不含宁波）、江苏、深圳、宁波和上海，基金注册数量占比分别达到

14.76%、13.88%、10.62%、10.23%、6.27%。北京居第六位，占比为5.07%（见图3.2.7）。从基金净资产规模方面来看，前五名分别为江苏、深圳、浙江（除宁波）、上海、北京，占比分别为20.49%、11.82%、10.58%、9.69%和7.85%，江浙两地依然领先于其他辖区（见图3.2.8）。

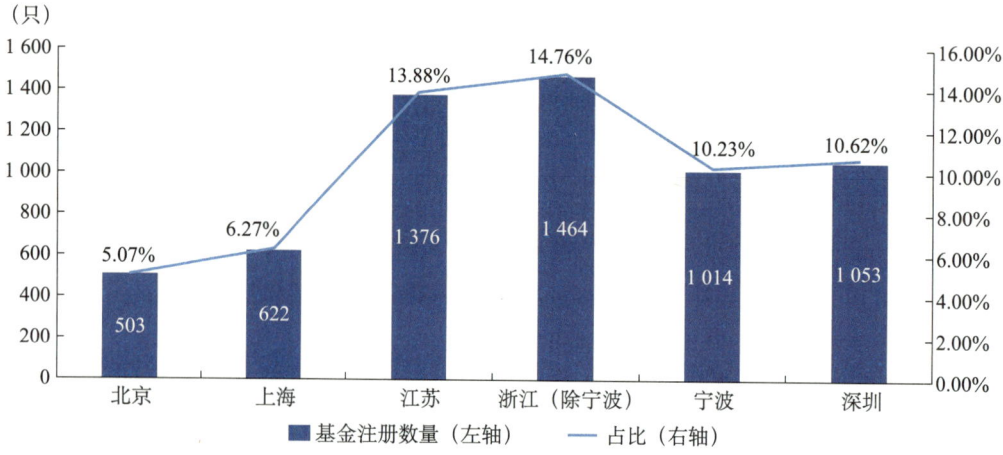

图 3.2.7　2020 年末各辖区[①]基金数量占比前 6 名

资料来源：中国证券投资基金业协会 AMBERS 系统。

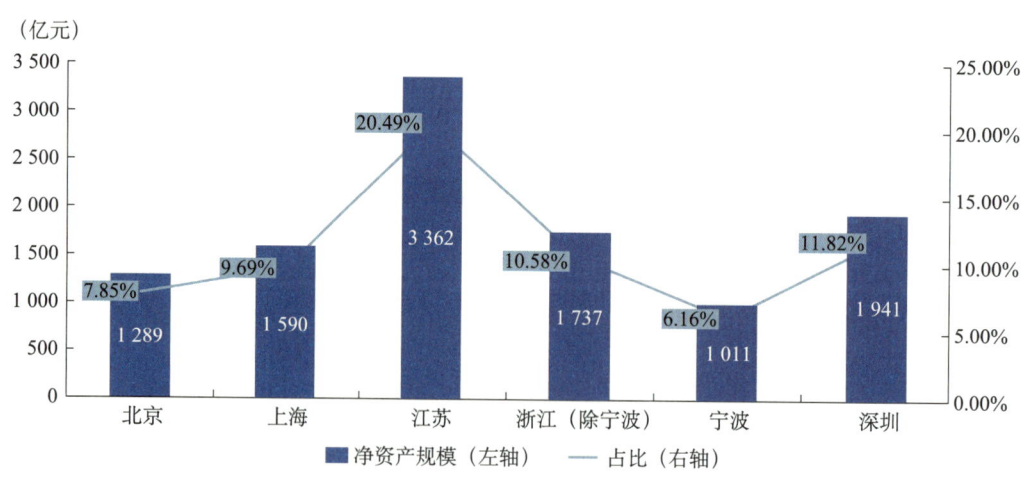

图 3.2.8　2020 年末各辖区基金净资产规模占比前 6 名

资料来源：中国证券投资基金业协会 AMBERS 系统。

---

① 按照证监会辖区划分，深圳、青岛、宁波、大连、厦门单独统计。

3.2.3 创投基金个人出资者数量占比较高且规模增长较快，但企业投资者仍为主要出资人

个人投资者[①]数量多但出资规模小，企业投资者[②]出资金额占整体的近一半。截至 2020 年末，创投基金个人出资者数量达到 58 156 个，占总出资人数量的 63.69%。个人投资者出资金额也由 2019 年末的 1 801.10 亿元增长至 2020 年末的 2 614.45 亿元，增幅达 45.16%。但是，由于个人投资者体量有限，出资金额仅占 2020 年末的 17.43%；政府资金[③]由 921.35 亿元增长至 1 111.66 亿元，增幅达到 20.66%，企业投资者仍是我国创业投资基金的主要出资人。截至 2020 年末，我国企业投资者数量为 25 991 个，占投资者总数的 28.46%；出资金额合计 7 383.96 亿元，占整体出资金额的 49.23%（见表 3.2.1 和图 3.2.9）。

表 3.2.1　截至 2019 年和 2020 年末创业投资基金投资者构成[④]

投资者类型	投资者数量（个） 2020 年	投资者数量（个） 2019 年	出资金额（亿元） 2020 年	出资金额（亿元） 2019 年
企业投资者	25 991	19 500	7 383.96	5 428.22
各类资管计划	6 158	4 457	3 730.86	2 698.60
养老及社会资金	57	41	69.39	52.85
政府资金	834	689	1 111.66	921.35
境外资金	116	122	87.41	55.65
个人投资者	58 156	41 644	2 614.45	1 801.10
合计	91 312	66 453	14 997.73	10 957.77

资料来源：中国证券投资基金业协会 AMBERS 系统。

政府引导基金得到较多受访创投基金管理人的青睐。根据协会问卷调研情况，2021 年，对于人民币创投基金的募集，最受管理人青睐的前三类投资者分

[①] 个人投资者主要指居民，包括自然人投资者和员工跟投。
[②] 企业投资者包括境内法人机构（公司类）、境内非法人机构（一般合伙企业等）和本基金管理人跟投。
[③] 政府资金包括财政直接出资和政府类引导基金出资。
[④] 各类资管计划包括证券经营机构发行的资产管理计划、信托计划、商业银行理财产品、保险资产管理计划等。养老及社会资金包括全国社保基金，慈善基金、捐赠基金等社会公益基金。政府资金包括财政直接出资和政府类引导基金出资。

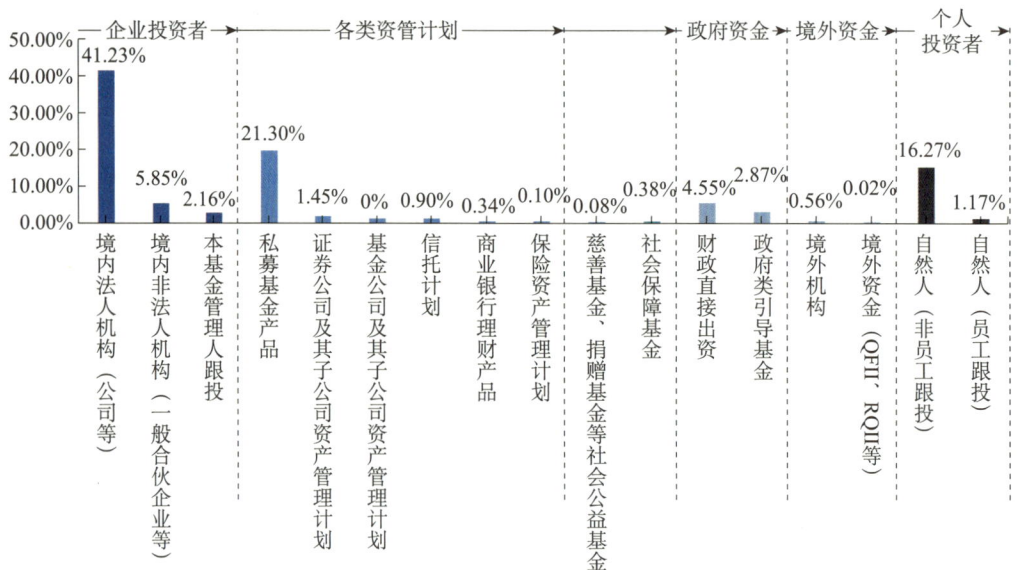

图 3.2.9　2020 年创投基金各类出资者出资金额占比

资料来源：中国证券投资基金业协会 AMBERS 系统。

别是：政府投资引导基金、市场化母基金及普通高净值个人投资者。偏好上述投资者的管理人占总受访创投管理人的比例分别为 64.07%、45.37% 和 40.06%。

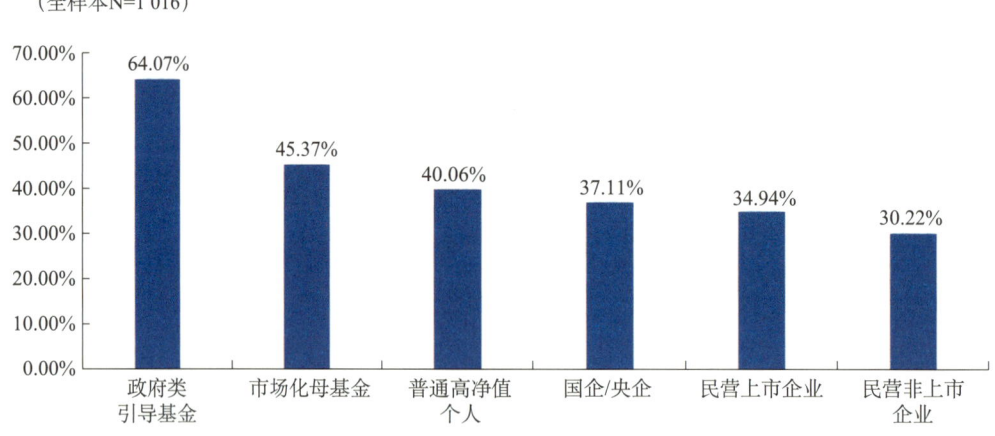

图 3.2.10　2020 年管理人青睐的资金来源

资料来源：中国证券投资基金业协会调查问卷。

3.2.4 创投基金存续期偏好有进一步延长趋势

创投基金存续期偏好有进一步延长趋势,"投长"正逐步成为共识。2018年根据协会问卷调研情况,有42.46%的管理人偏好新募集的创投基金存续期为5—6年,在2020年的调查中,偏好5—6年存续期的管理人下降到30.82%;偏好7—8年存续期的管理人则由34.62%上升到47.98%;偏好9年以上存续期的管理人占比由2018年的8.44%上升至15.34%(见图3.2.11)。存续期延长趋势体现了我国创投基金行业内管理人对于"投长"的理念认可度逐年提升。

(2020年全样本N=769,2019年全样本N=506,2018年全样本N=1 504)

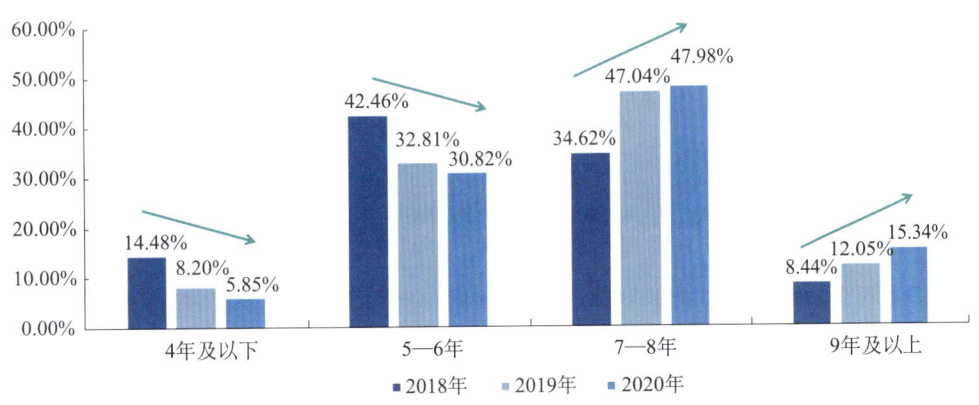

图3.2.11　2018—2020年管理人对于新募集创投基金的存续期偏好

资料来源:中国证券投资基金业协会调查问卷。

3.3　基金投资情况分析

3.3.1　创投基金整体投资环境向好,管理人态度更加乐观

创投基金管理人对于2020年的投资环境持有积极态度的比例有所提升。管理人对于投资环境持中立态度的占比较为稳定。2019年认为投资环境"非常积极"和"积极"的管理人合计占比27.67%,2020年该占比达到43.50%,提升

约1.5倍。同时，认为投资环境"非常消极"和"消极"的管理人数量占比从19.76%下降至2020年的6.20%（见图3.3.1）。

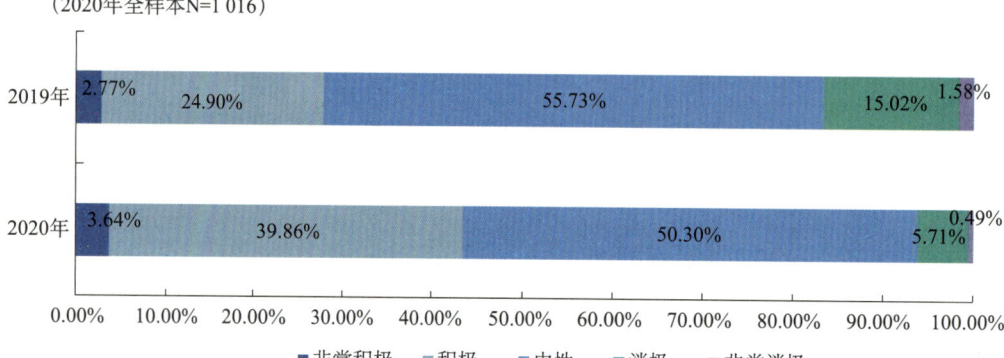

图3.3.1 创投基金管理人对于投资环境的看法的变化趋势

资料来源：中国证券投资基金业协调查问卷。

3.3.2 创投基金投资下半年回暖迅速，数量金额3年来表现最优

2020年度，创投基金在投金额增速较2019年更为明显，项目平均投资金额持续上涨，与上述调研问卷统计的投资环境转暖的结果相符。创投基金投资案例数量及在投金额连续3年呈增长趋势。截至2020年末，投资案例数量43 003个，在投金额[①]9 150亿元，平均单笔投资规模2 127.76万元。2020年新增投资案例数量10 268个，较2019年增长41.12%（见图3.3.2）。新增投资金额[②]2 715.06亿元，较2019年大幅增长76.99%。2020年新增投资案例平均单笔投资规模2 644.19万元，较2019年增长25.41%，2019年度这一增速为13.81%（见图3.3.3）。

从季度新增情况来看，随着疫情的有效防控和相关政策的出台，从2020年第三季度开始，新增投资案例数量及规模显著提升，创投行业逐渐回暖。从近3年的数据对比来看，2020年下半年创投行业投资金额及数量依旧表现突出，2018—2020年各年度第一、第二季度投资金额及数量无明显差异，投资金额均

---

① 在投金额 = 所有项目投资本金 − 退出项目投资本金
② 投资金额指当期所管基金新增的项目投资本金。

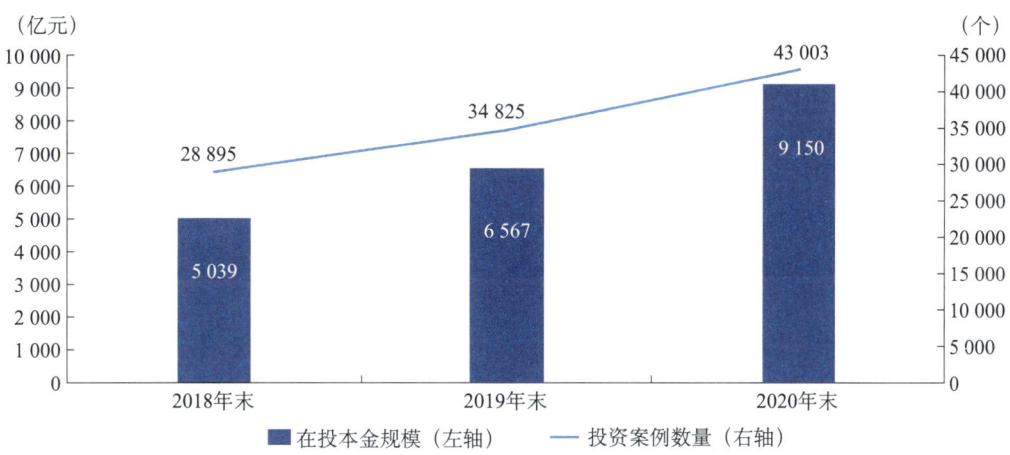

图 3.3.2 2018—2020 年各年末创投基金投资案例数量及在投金额

资料来源：中国证券投资基金业协会 AMBERS 系统。

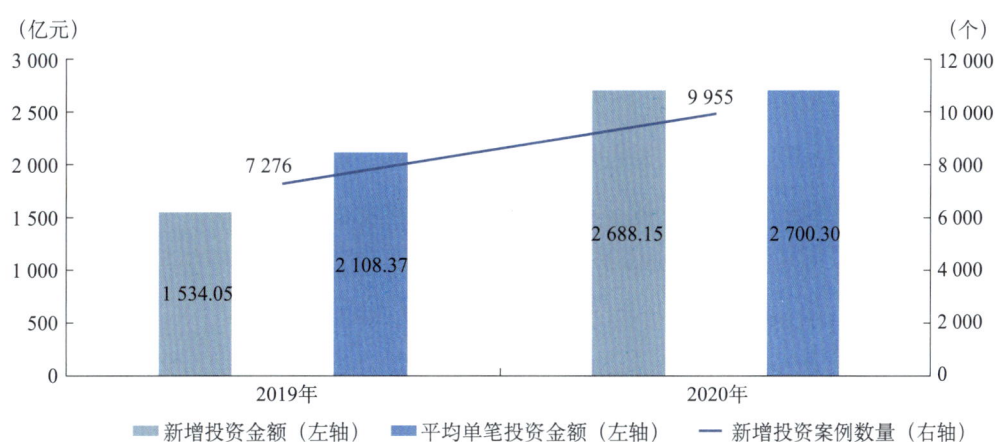

图 3.3.3 2019—2020 年创投基金新增投资案例数量、投资金额及平均单笔投资规模

资料来源：中国证券投资基金业协会 AMBERS 系统。

在 300 亿元左右，投资案例数量为 1 700 个左右。但是，2020 年的第三、第四季度整体投资数量及金额较 2018 年和 2019 年有明显的增长。从投资数量看，2020 年第三季度的新增投资案例数量较 2019 年同期增长 73.88%，而在第四季度，新增投资案例数量较 2019 年同期增长 72.97%。2020 年下半年的表现在疫情下逆势增长，打破了以往的平稳发展趋势。从投资金额看，第三季度新增 825.37 亿元，较 2019 年同期增长 126.33%，第四季度新增 1 032.61 亿元，实现了 104.82% 的同比增长幅度（见图 3.3.4）。

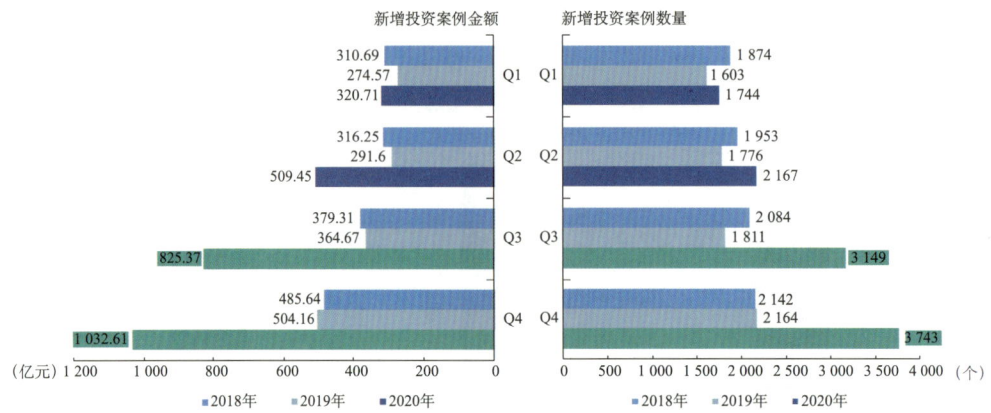

图 3.3.4 2018—2020 年每季度新增投资案例数量及金额

资料来源：中国证券投资基金业协会 AMBERS 系统。

3.3.3 创投基金投资扩张期占比上升，"投科技"趋势显现

创投基金投资扩张期的案例数量占比有所上升，整体投资阶段分布与 2019 年基本一致。2020 年末，基金投资的种子期及起步期的案例数量占比较 2019 年末有所下降，合计占比 57.81%，较 2019 年末下降 4.26 个百分点；投资处于扩张期的案例数量占比 38.53%，较 2019 年末上升 3.19 个百分点；投资处于过渡期、重建期及已上市期的投资案例数量占比较低，合计占 2.54%（见图 3.3.5）。

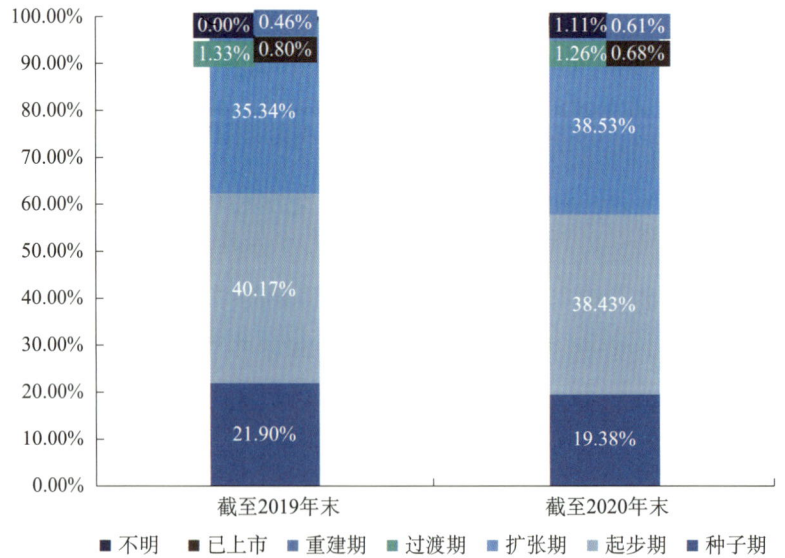

图 3.3.5 2019—2020 年各年末创投基金各投资阶段投资数量占比情况

资料来源：中国证券投资基金业协会 AMBERS 系统。

2020年创投基金新增投资以起步期、扩张期为主，两个阶段的案例数量占比合计83.46%，金额占比合计85.06%。其中扩张期案例数量占比48.16%，金额占比58.70%，超过整体的一半，扩张期依然是创投基金的主要关注阶段（见图3.3.6）。

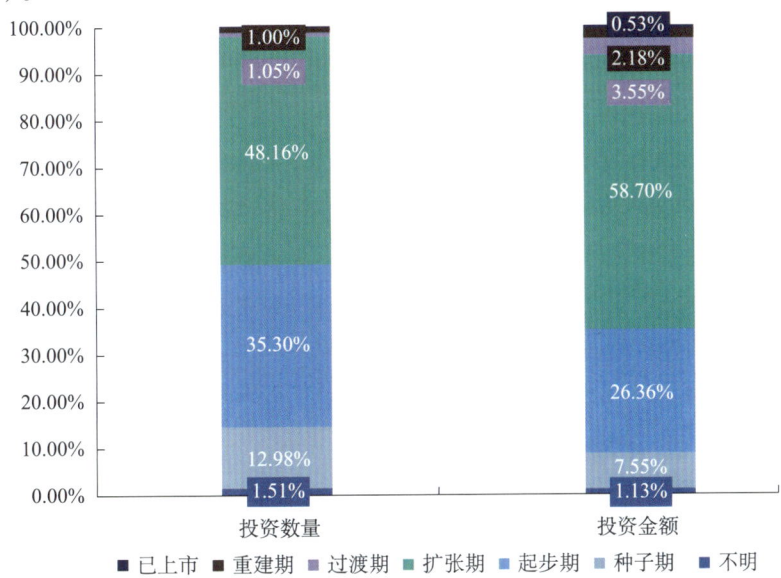

图3.3.6　2020年创投基金各投资阶段数量和金额占比情况

资料来源：中国证券投资基金业协会AMBERS系统。

创投企业投资高新技术企业和初创科技型企业热度提升，近3年投资数量和金额增幅明显。截至2020年末，创投基金投资高新技术企业合计18 130个，占投资案例总量的42.16%，投资金额为4 125.29亿元，占比45.09%，较2018年分别增长7.14%、6.21%，对高新技术企业投资金额逐渐追平中小企业。投资初创科技型企业数量较2019年末增加35.67%，投资金额增加59.41%，创投基金对初创科技型企业投资的数量和金额占比虽最小，但近3年增幅最为显著，体现了高成长性（见图3.3.7和图3.3.8）。

3.3.4　创投基金投资集中北上广、长三角地区，中西部地区投资增幅明显

北上广依然引领创投行业发展，区域集群效应显著。截至2020年末，创投基金主要投资地区集中在北京、广东、上海、江苏、浙江，与2019年一致。累计投资案例合计32 507个，占比75.59%，在投金额6 529.51亿元，合计占比71.36%。

图 3.3.7　2018—2020 年各年末创投基金投资企业特征占比

资料来源：中国证券投资基金业协会 AMBERS 系统。

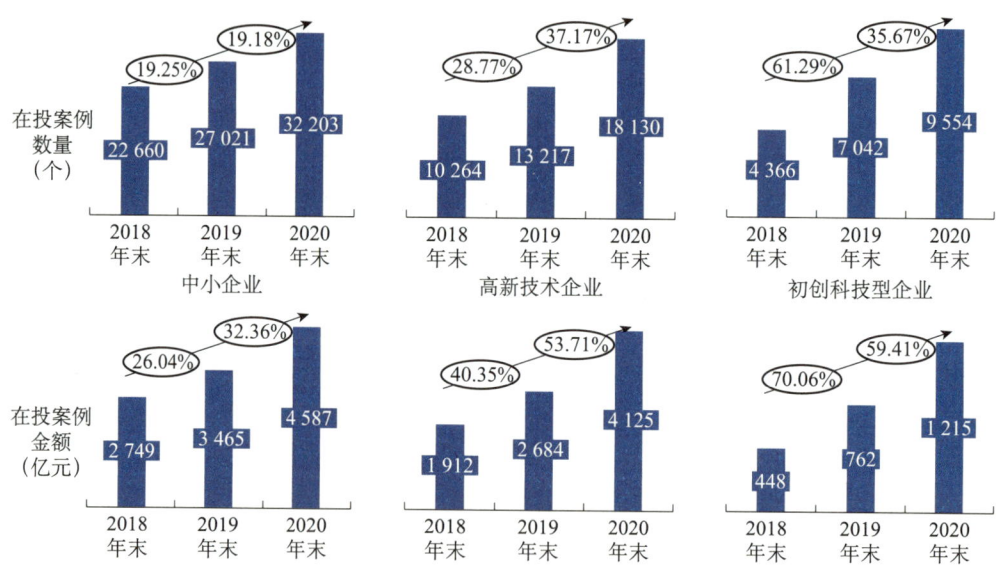

图 3.3.8　2018—2020 年各年末创投基金投资企业情况

资料来源：中国证券投资基金业协会 AMBERS 系统。

其中，位于北京的投资案例数量及在投金额均列第一位，累计投资案例 9 508 个，占比 22.11%，在投金额 1 631.36 亿元，占比 17.83%；广东累计投资案例 6 864 个，占比 15.96%，在投金额 1 479.38 亿元，占比 16.17%，排名紧随北京之后。

"长三角"地区投资集群效应显著，投资数量与在投本金整体领先。上海累计投资案例 6 382 个，在投本金 1 291.57 亿元，位列第三；江苏累计投资案例

5 266个，在投本金1 268.36亿元，位列第四；浙江累计投资案例4 487个，在投本金858.84亿元，位列第五（见图3.3.9）。

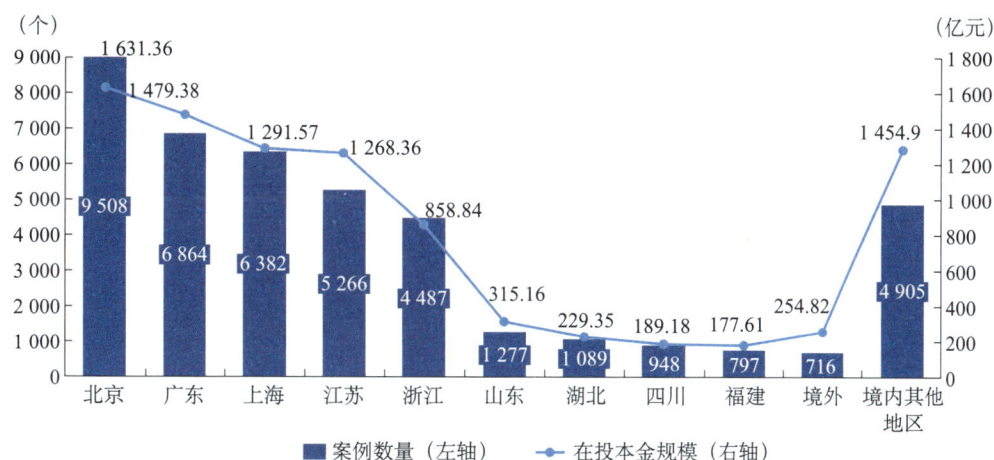

图3.3.9　截至2020年末创投基金投资案例地区分布情况

资料来源：中国证券投资基金业协会AMBERS系统。

2020年投资案例数量居前五位的地区与2019年一致，但内部排序有所变化，头部效应明显。2020年投资案例主要集中在广东、北京、江苏、上海、浙江五地，五地投资案例数量占整体的76.32%，投资金额占比达73.42%，区域集中效应明显。2020年广东省超越北京市成为投资案例数量及金额最多的地区。江苏省投资情况增长显著，投资案例数量为1 687个，投资金额410.46亿元，投资案例数量从第四位跃升至第三位（见图3.3.10）。

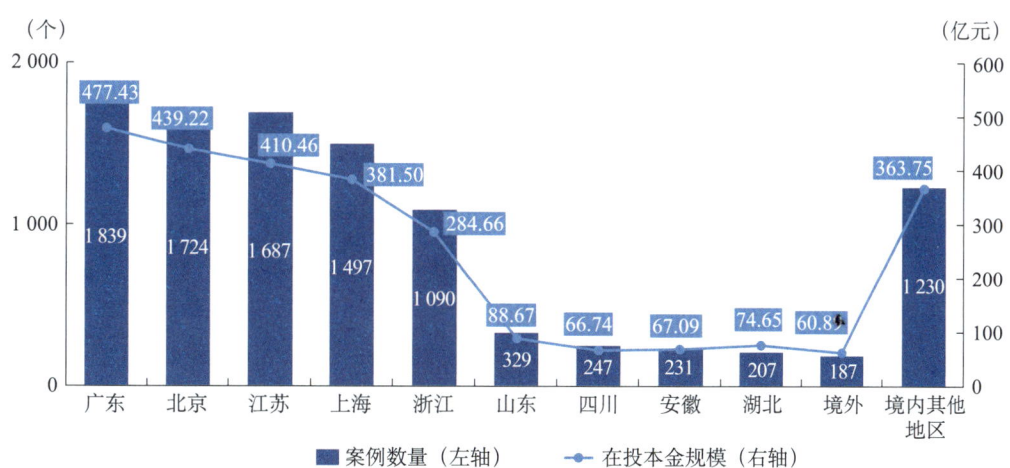

图3.3.10　2020年创投基金投资案例地区分布情况

资料来源：中国证券投资基金业协会AMBERS系统。

3.3.5 创投基金投资侧重计算机领域，半导体领域、医疗领域增幅明显

计算机运用[①]行业的投资仍占主导地位。截至 2020 年末，创投基金投资的行业主要为计算机运用、资本品[②]及医药生物，投资数量和金额均居当年累计占比排名前三位，上述 3 个领域案例数量合计占比为 54.06%，其中计算机运用行业案例数量占比 34.90%；3 个领域在投金额合计占比为 44.51%，其中计算机运用行业在投金额占比 23.45%（见图 3.3.11 和图 3.3.12）。

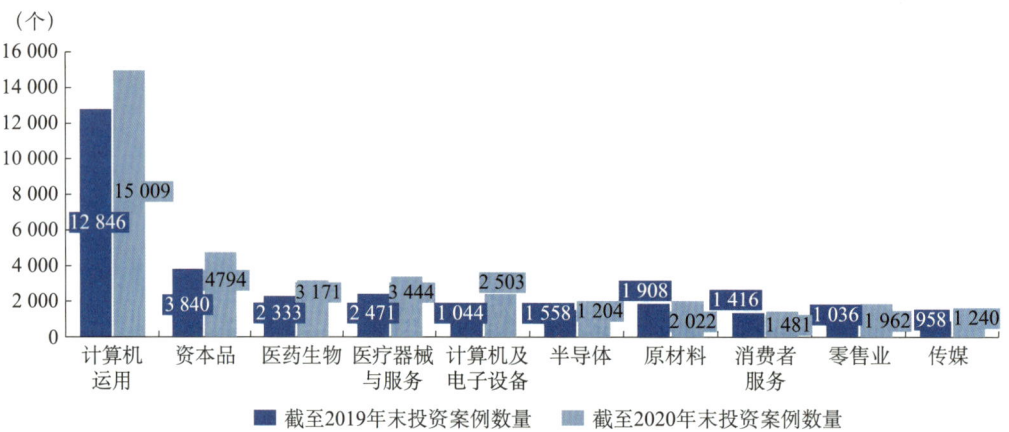

图 3.3.11　2019—2020 年各年末创投基金投资案例数量的行业分布情况

资料来源：中国证券投资基金业协会 AMBERS 系统。

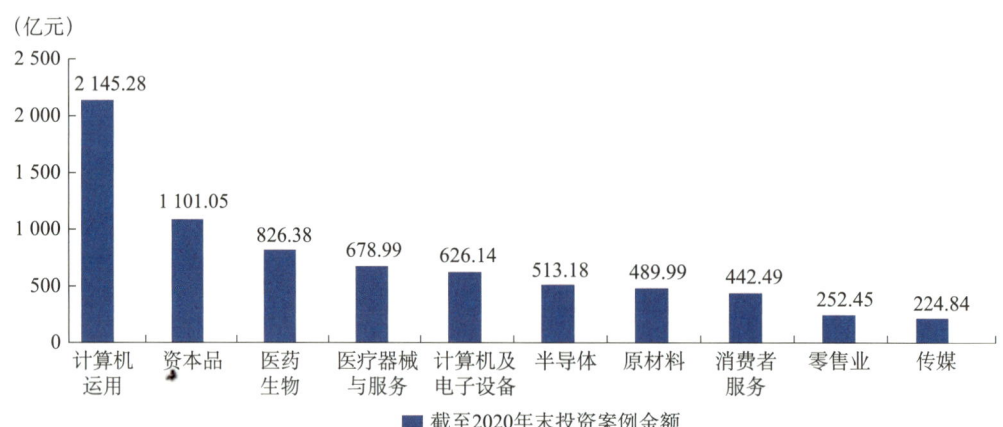

图 3.3.12　截至 2020 年末创投基金投资案例金额的行业分布情况

资料来源：中国证券投资基金业协会 AMBERS 系统。

---

① 计算机运用包含互联网服务、信息技术服务、软件开发行业。
② 资本品包含航空航天与国防、建筑产品、建筑与工程、电气设备、工业集团企业、机械制造、环保设备、工程与服务行业。

2020年创投基金在半导体领域投资增长最为显著,较2019年的441例增长至955例,同比增长116.55%。2020年创投基金投资行业主要集中在计算机运用、医药生物、资本品及半导体行业,投资案例数量合计6 354个,占比61.88%,投资金额合计1 556.28亿元,占比57.32%(见图3.3.13)。2020年创投基金投资案例数量的行业分布前十名与2019年一致,其中半导体行业从投资案例数量的第六名升至第四名。投资案例数量增幅前五名的行业分别是半导体、医药生物、原材料、零售业和计算机及电子设备行业,增幅分别为116.55%、99.08%、52.60%、47.59%、47.17%。

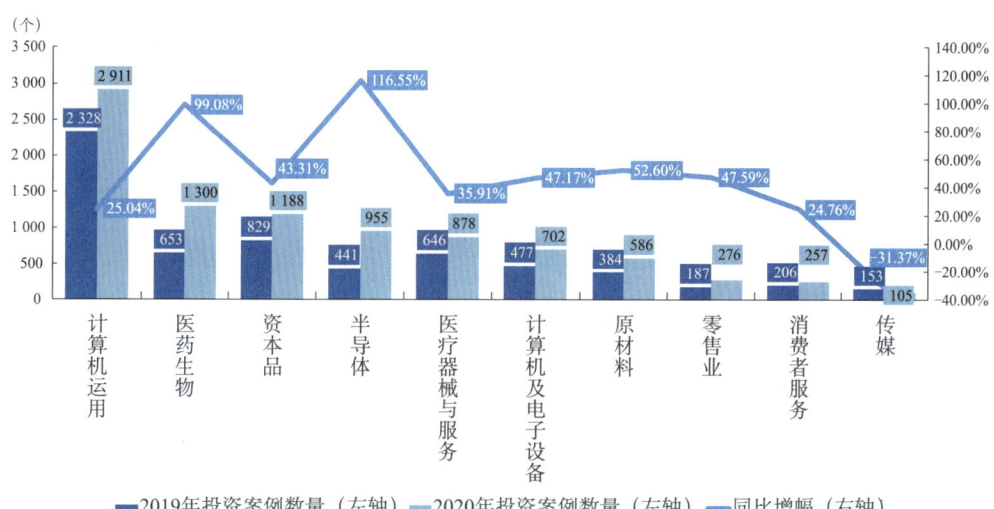

图3.3.13 2019年和2020年创投基金当年投资案例行业分布(前十名)

资料来源:中国证券投资基金业协会AMBERS系统。

2020年,创投基金管理人首选的投资领域主要为医疗健康、高端装备制造、信息化及IT技术等科技领域,其中医疗领域投资意向最高。根据协会问卷调研情况,35.83%的受访创投基金管理人首先考虑投资医疗健康领域,占比最高,其次是11.52%的管理人首先考虑投资高端装备制造领域,另有10.14%的管理人首选投资信息化及IT技术领域(见图3.3.14)。

创投基金对标的企业的判断标准主要聚焦于产品和技术的创新性以及企业创始团队本身的各项核心能力。根据协会问卷调研情况,2020年,过半受访创投基金管理人对创投基金拟投企业最重要的判断标准主要为"产品和技术的创新性""优秀的企业创始团队""潜在的市场规模""细分领域的领军或垄断地位",相比私募股权基金管理人,创投基金更为注重拟投企业的"产品和技术的创新性""优秀的企业创始团队"(见图3.3.15)。

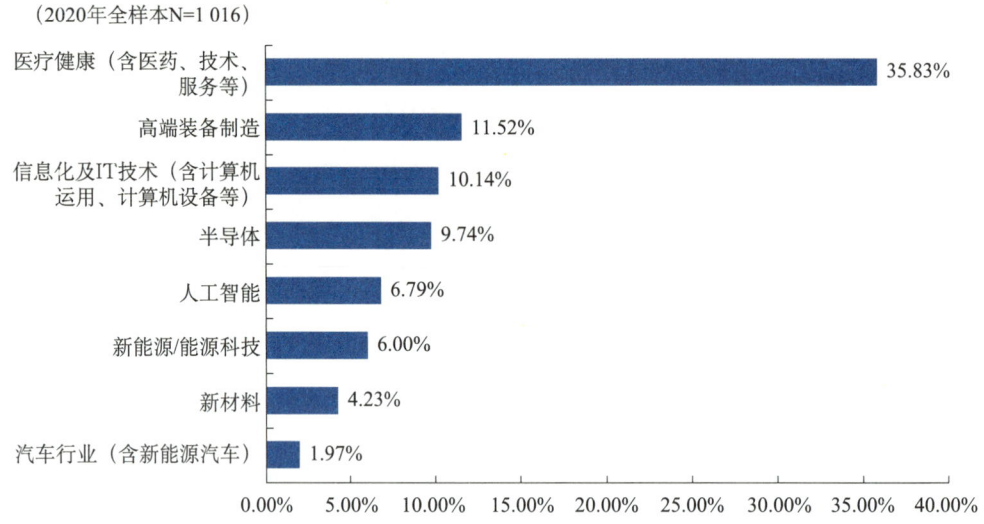

图3.3.14　2020年创投基金管理人投资首选领域分布(前八名)

资料来源:中国证券投资基金业协会调查问卷。

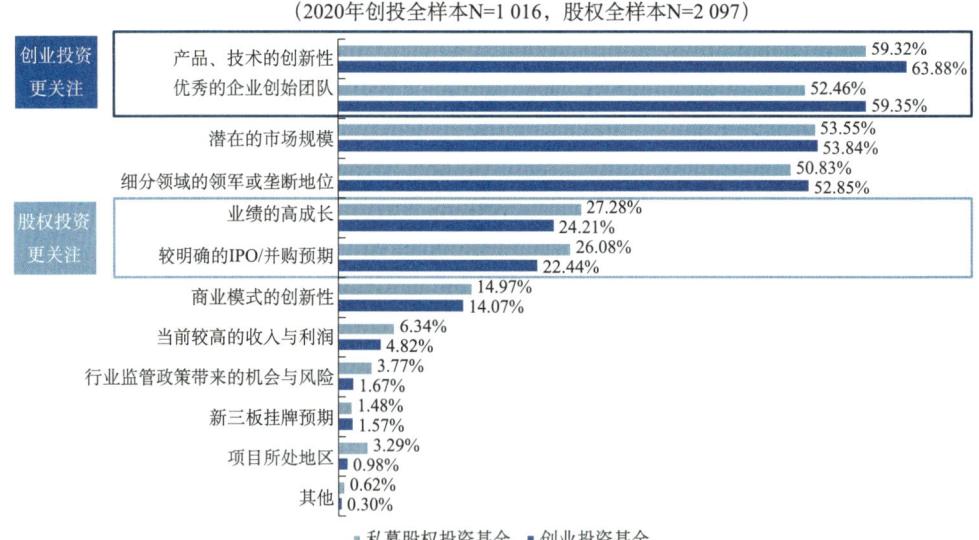

图3.3.15　2020年创投基金管理人对拟投资企业的判断标准

资料来源:中国证券投资基金业协会调查问卷。

2020年度战略新兴领域的项目估值普遍上升,其中新能源汽车领域估值上升最为显著。根据协会问卷调研情况,75.99%的受访创投管理人认为新能源汽车领域的项目估值上升比例最高。其中，43.31%的受访者认为该项领域估值呈现显著上升态势。问卷结果还显示，超过90%的管理人认为七大领域项目2020年估值较2019年均有所上升，30%左右认为估值上升显著（见图3.3.16）。

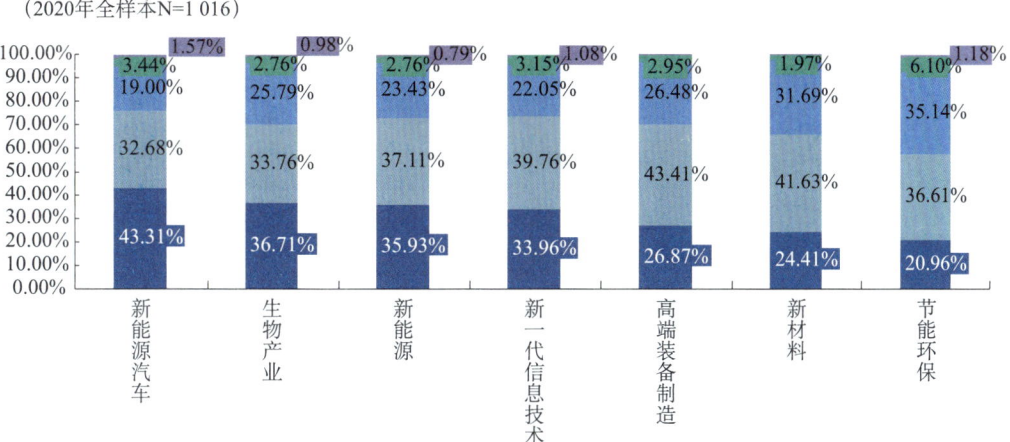

图 3.3.16　2020 年创投管理人对战略新兴领域[1]的项目估值变化的看法

资料来源：中国证券投资基金业协会调查问卷。

3.3.6　创投基金大多主动获取项目，投资人享有一定投资决策权

"主动寻找项目"是管理人首选的项目获取方式。根据协会问卷调研情况，70.87%的机构通过主动挖掘的方式获取拟投项目，14.17%的机构主要通过其他机构及投资人的推荐获取项目信息，通过"财务顾问推荐"方式筛选投资标的信息的机构占5.51%（见图3.3.17）。

投资人对基金的投资决策存在一定影响力。根据协会问卷调研情况，2020年创投基金投资决策团队全部由管理人内部成员构成的占比41.93%，存在投资者委派投委的占比38.09%，有19.39%的投资机构决策团队设有外部投委（见图3.3.18）。

---

[1] 新一代信息技术产业、高端装备制造产业、新材料产业、生物产业、新能源汽车产业、新能源产业、节能环保产业、数字创意产业、相关服务业9大领域。

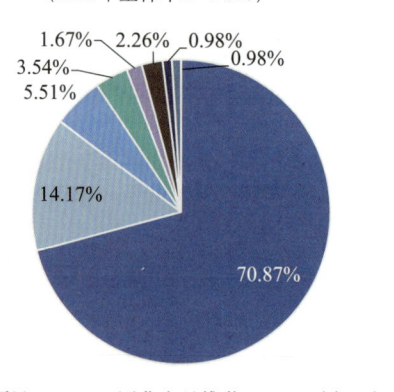

图 3.3.17　创投基金管理人首选的项目获取方式的占比

资料来源：中国证券投资基金业协会调查问卷。

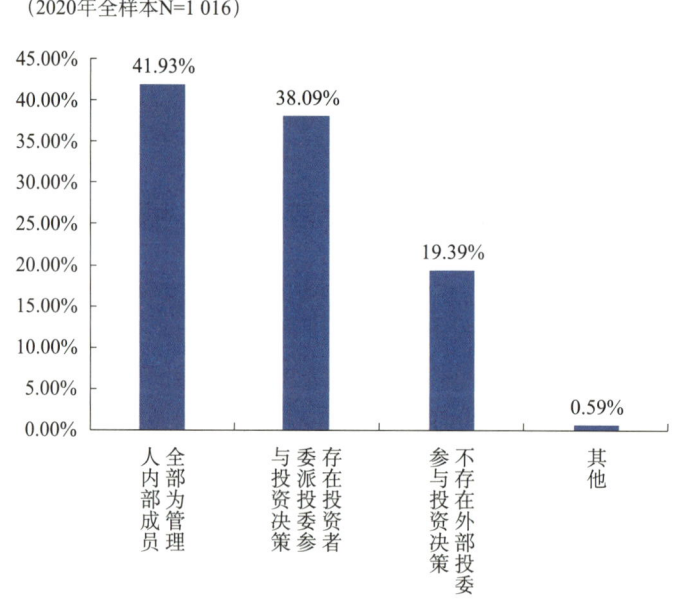

图 3.3.18　创投基金投资决策团队成员构成情况

资料来源：中国证券投资基金业协会调查问卷。

共有57.38%的管理人在投资过程中不设置一票否决权，32.38%的机构选择"合伙人少数服从多数"的决策机制，而设有"合伙人一致通过"投决机制的位居其次，占25%（见图3.3.19）。

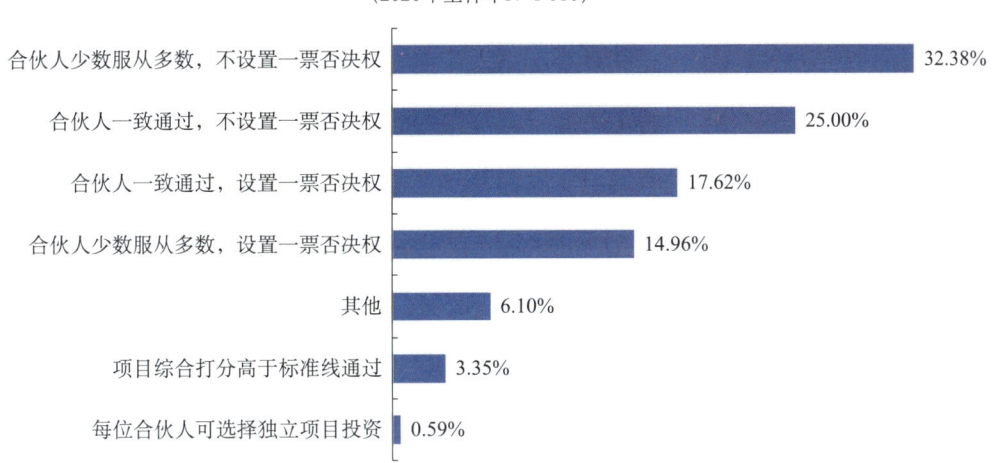

图 3.3.19　创投管理人投资决策机制的设置情况

资料来源：中国证券投资基金业协会调查问卷。

3.4　基金投后管理情况分析

3.4.1　创投基金投后管理以投资加投后共同负责为主

创投基金投后管理依旧以投资及投后团队共同负责为主，但占比略有下降。根据协会问卷调研情况，2018—2020 年，创投基金管理人投后管理模式均以采取投资团队及投后团队共同负责制为主，虽然 2020 年共同负责制的占比由 2019 年的 70.16% 下降至 66.93%，但依旧被多数创投基金认可并应用。其他投后管理模式中，投资经理负责制与投后管理团队负责制占比均有小幅上升，投资经理负责制所占比例由 2019 年的 22.33% 上升至 23.23%，投后管理团队负责制由 2019 年的 5.53% 增长至 7.97%。仅有不到 2% 的机构没有投后管理安排或将其交由外部咨询管理（见图 3.4.1）。

创投基金管理人投后管理工作主要为日常管理监督。根据协会问卷调研情况，91.63% 的机构会与被投企业定期沟通诊断并对其进行数据持续追踪；而提供多样化增值服务或外派"董监高"等高级管理人员的管理人相对较少，仅占 55% 左右（见图 3.4.2）。创投基金提供投后管理内容与其所面临的挑战相关，

76 中国私募股权投资基金行业发展报告（2021）

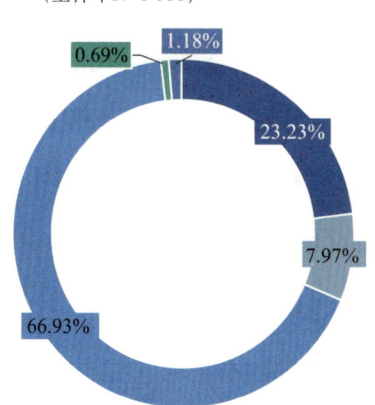

■ 投资经理负责制　　■ 投后管理团队负责制　　■ "投资+投后团队" 共同负责制
■ 外部管理咨询制　　■ 没有特殊的投后管理安排

图 3.4.1　2020 年创投基金管理人采用的投后管理主要模式

资料来源：中国证券投资基金业协会调查问卷。

43.11% 的基金管理人表示无法提供过多的增值服务；还有 28.35% 的管理人则表示机构资源和精力有限，无暇顾及；另外，机构部门间协调配合力不足也是部分管理人面临的一项重大挑战，该比例达到 18.11%（见图 3.4.3）。但是，投后管理方面的问题也同样被机构重视。协会调查问卷结果显示，超过 40% 的机构希望改变现有投后管理方式，投入更多人力与时间，帮助企业实现业绩与效率提升。另有 26.28% 的管理人计划新设投后管理团队或扩充现有投后管

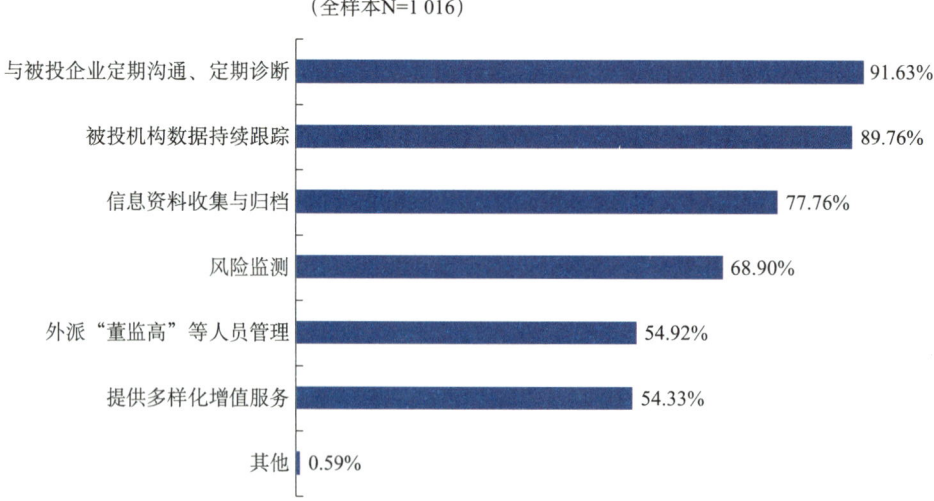

图 3.4.2　2020 年创投基金管理人所采取的主要投后管理内容

资料来源：中国证券投资基金业协会调查问卷。

理团队来解决精力缺乏和协调不足等问题（见图3.4.4）。此外，管理人扩大团队规模的计划中，47.44%的管理人希望招纳投后管理及运营方面的人才。这也说明大多数管理人已经认识到投后管理的重要性及必要性，并做出及时调整（见图3.4.5）。

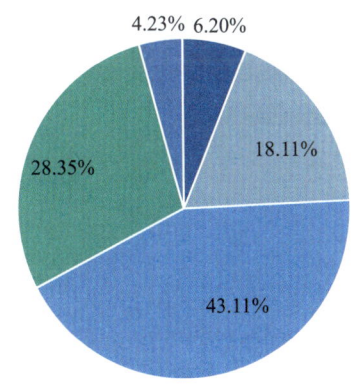

图3.4.3　2020年创投基金管理人所面临主要投后管理挑战

资料来源：中国证券投资基金业协会调查问卷。

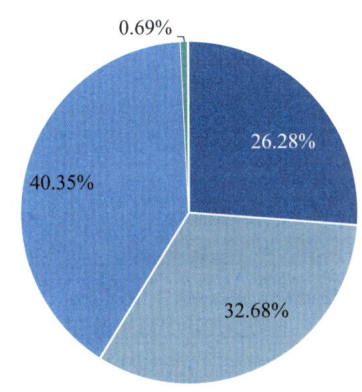

图3.4.4　2020年创投基金管理人对于2021年投后管理期望的改变

资料来源：中国证券投资基金业协会调查问卷。

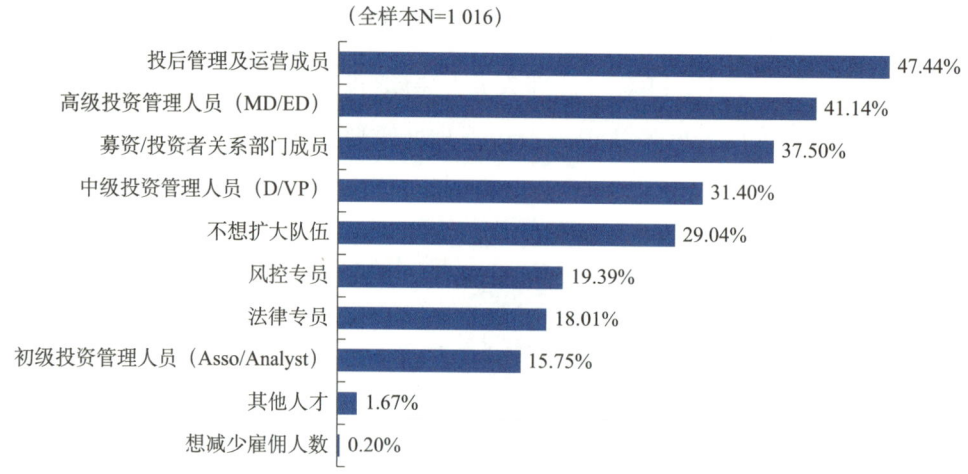

图 3.4.5　2021 年创投管理人对于扩大团队的计划

资料来源：中国证券投资基金业协会调查问卷。

3.4.2　大部分创投机构已设置独立风险处置部门或人员

虽然被投项目中破产清算的项目占比较低，但大部分创投机构已设置或有计划设置专门的风险项目处置部门或人员。根据协会问卷调研情况，75.50% 的受访机构管理的创业投资基金中没有进入破产清算程序的项目，16.33% 的管理人管理的创投基金中进入破产清算程序的项目数量占比在 0—10% 区间内（见图 3.4.6）。尽管风险项目占比较少，但大多数管理人已设置独立的风险处置部门或人员。根据协会问卷调研情况，78.05% 的受访机构已设置或计划设置专门的风险项目处置部门或人员（见图 3.4.7）。

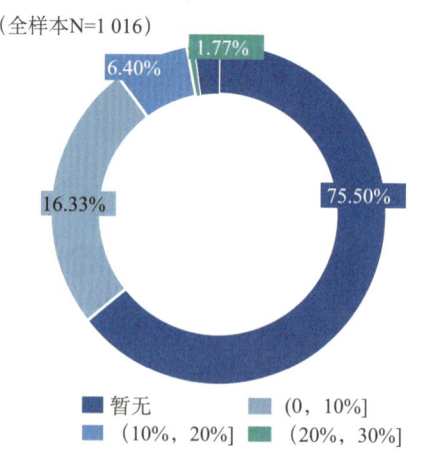

图 3.4.6　创业投资基金破产清算项目数量占比

资料来源：中国证券投资基金业协会调查问卷。

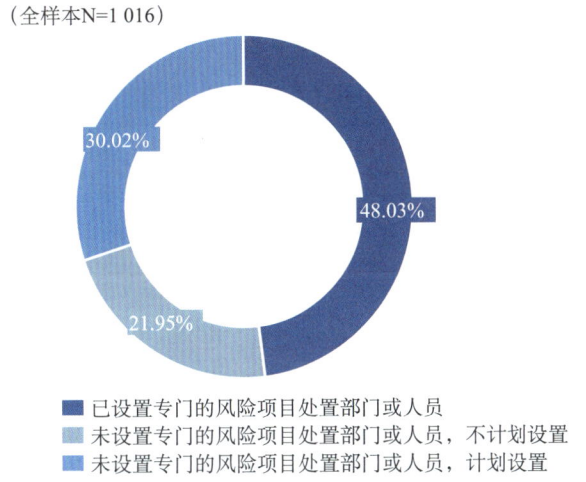

图 3.4.7 创投管理人设置专门项目风险处置部门或人员的情况

资料来源:中国证券投资基金业协会调查问卷。

3.5 基金退出情况分析

3.5.1 创投基金整体退出环境明显改善,投资回报大幅提升

创业投资机构对退出环境持乐观态度的占比在上升。25.49%的机构认为退出环境较好,持积极或非常积极的态度,相较于 2019 年 15.81% 的占比来说,机构对于 2020 年退出环境的乐观程度有较为明显的提升,同时仅有 13.09% 的机构持消极或非常消极的态度,这一比例相对 2019 年也有明显下降(见图 3.5.1)。

协会统计数据显示,截至 2020 年末,存续创投基金投资案例共退出 10 740 个,发生退出 17 362 次,累计退出本金 1 561.14 亿元,实际退出金额 3 747.77 亿元,平均回报倍数为 2.40 倍。

2020 年退出项目平均退出回报在 2 倍左右,2020 年创投基金退出环境较 2019 年有较大改善。2020 年退出案例数量 3 616 个,实际退出金额 982.56 亿元,较 2019 年分别上升 40.76%、88.47%。实际退出本金达 452.85 亿元,退出倍数 2.17 倍,较 2019 年的 1.43 倍有明显提升(见图 3.5.2)。

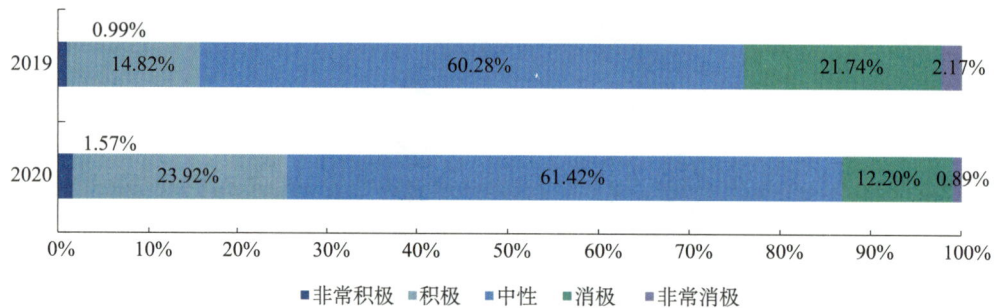

图 3.5.1 创投基金管理人对于当前退出环境的看法

资料来源：中国证券投资基金业协会调查问卷。

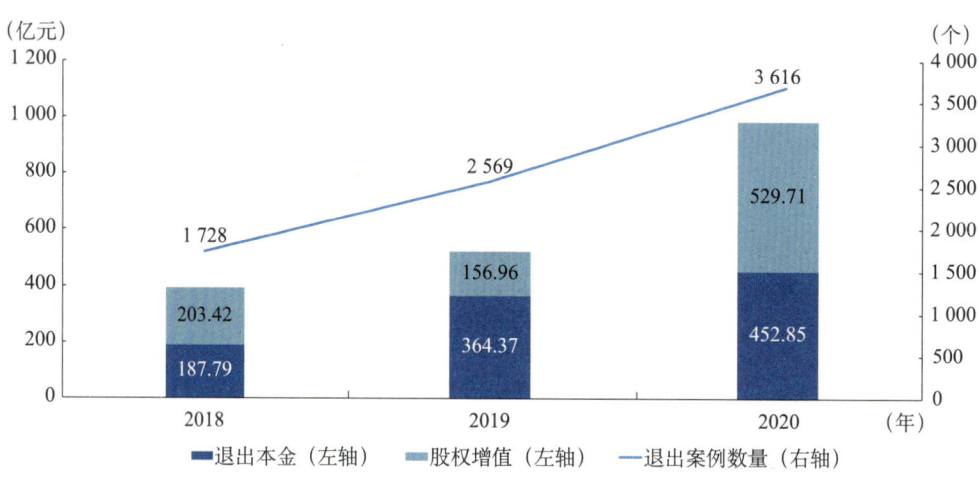

图 3.5.2 2018—2020 年创投基金退出案例金额及数量

资料来源：中国证券投资基金业协会 AMBERS 系统。

3.5.2 协议转让是创投基金最主要的退出方式

截至 2020 年末，协议转让仍然是存续创投基金最主要的退出方式，发生退出 6 111 次，占整体的 35.20%，其次是企业回购、被投企业分红及新三板挂牌，合计占退出次数的 44.76%。境内上市与协议转让仍然是实际退出金额最高的两种退出方式，两种退出方式累计实际退出金额分别为 1 782.74 亿元和 1 138.44 亿元，占整体实际退出金额的 77.94%（见图 3.5.3）。

创投机构倾向于在 2021 年选择的 3 种退出路径分别是境内 IPO、协议转让和企业回购。根据协会问卷调研情况，偏好这 3 种方式的投资机构占比分别是

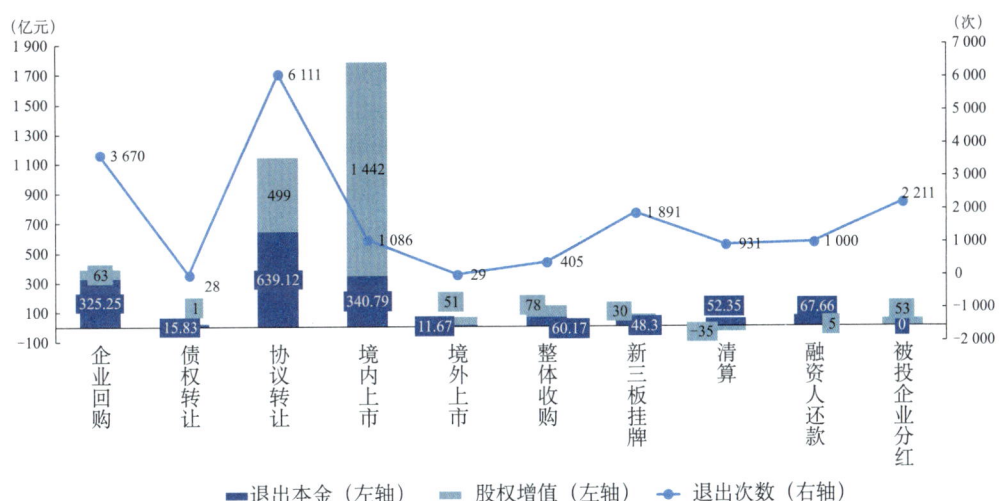

图 3.5.3 截至 2020 年末存续创投基金各退出方式累计退出次数及金额

资料来源:中国证券投资基金业协会 AMBERS 系统。

88.19%、65.85% 和 49.80%（见图 3.5.4）。其中，倾向选择的上市退出路径排序为创业板 IPO、科创板 IPO 和主板 IPO，分别占比 84.65%、83.07% 和 61.22%（见图 3.5.5）。

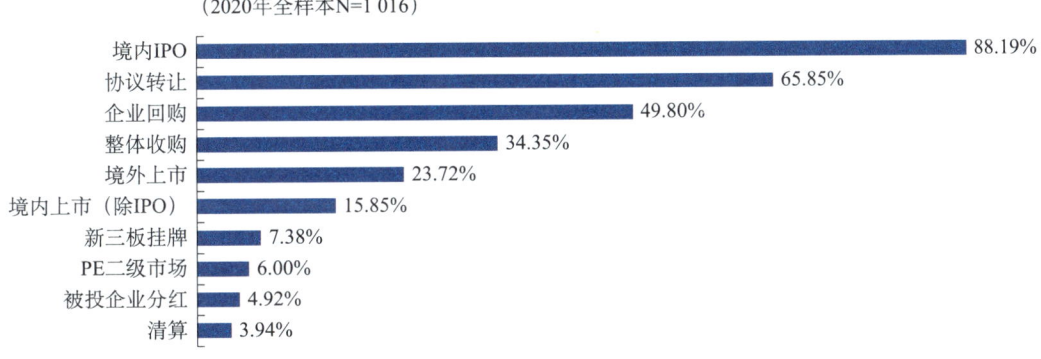

图 3.5.4 创投机构 2021 年退出路径偏好

资料来源:中国证券投资基金业协会调查问卷。

境外上市与境内上市的平均账面回报倍数基本一致，分别是 5.35 倍和 5.23 倍。境外上市的退出平均账面回报倍数在经历了从 2018 年到 2019 年的大幅回落后，在 2020 年末转而上升，由 2019 年末的 4.31 倍上升至 2020 年末的 5.35 倍，增幅达 24.13%（见图 3.5.6）。

境外上市是 2020 年末退出次数和实际退出金额增幅最大的退出方式。截至

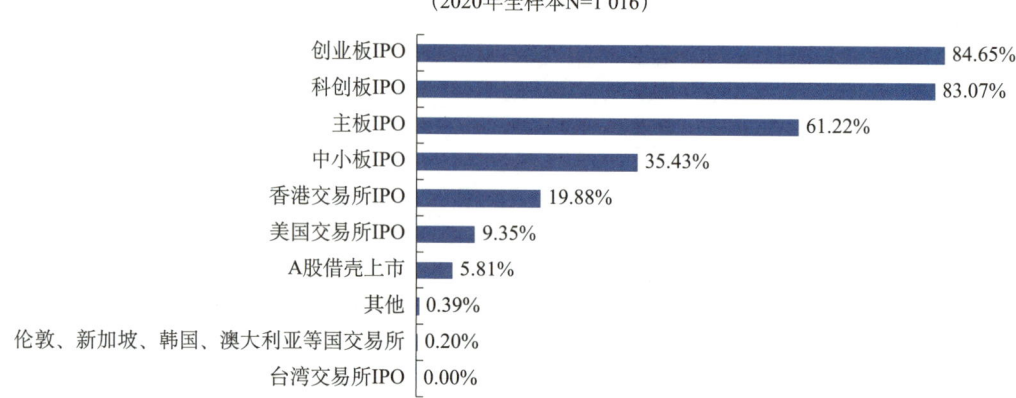

图 3.5.5　创投机构 2021 年企业上市退出路径偏好

资料来源：中国证券投资基金业协会调查问卷。

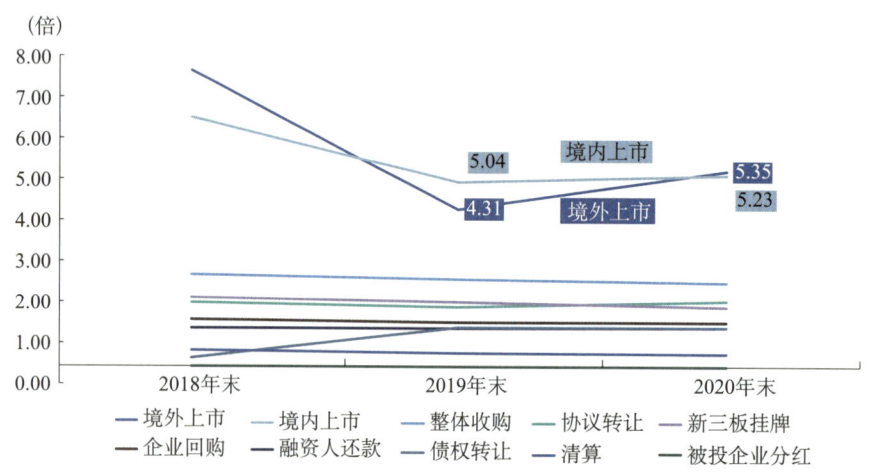

图 3.5.6　2018—2020 年末存续创投基金各退出方式累计平均账面回报倍数

资料来源：中国证券投资基金业协会 AMBERS 系统。

2020 年末，退出次数增幅最高的两种方式是境外上市和债权转让，分别增长了 141.67% 和 115.38%；在实际退出金额方面，增幅最高的方式为境外上市、被投企业分红，增幅分别为 280.84%、114.62%（见图 3.5.7）。

3.5.3　创业投资基金在各行业退出账面回报整体提升

计算机运用、资本品和原材料行业是创投基金 2020 年累计退出及新增退出案例数量最集中的 3 个行业。截至 2020 年末，3 个行业累计退出案例数量为 3 440 个、1 468 个、797 个，合计占比达 54.52%。新增退出案例数量分别为 776

个、367 个、191 个，合计占比达 53.12%（见图 3.5.8）。

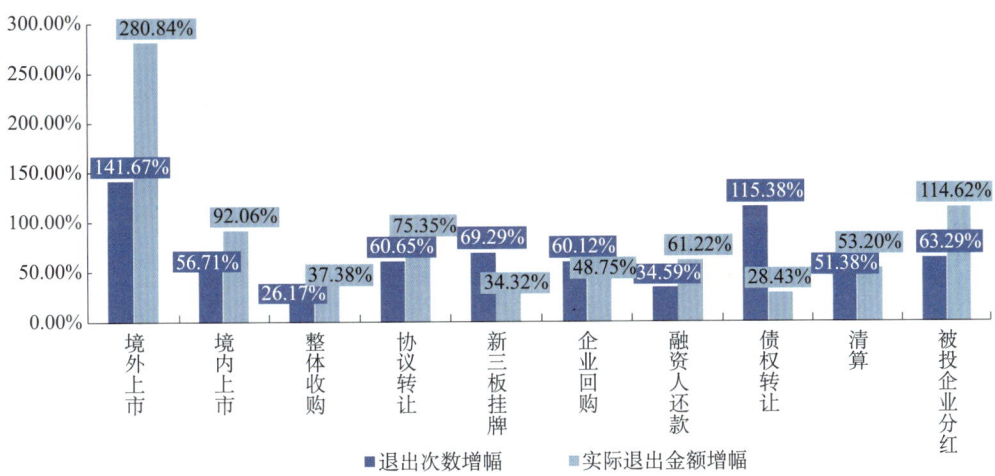

图 3.5.7　2020 年末创投基金各退出方式退出次数和实际退出金额增长率

资料来源：中国证券投资基金业协会 AMBERS 系统。

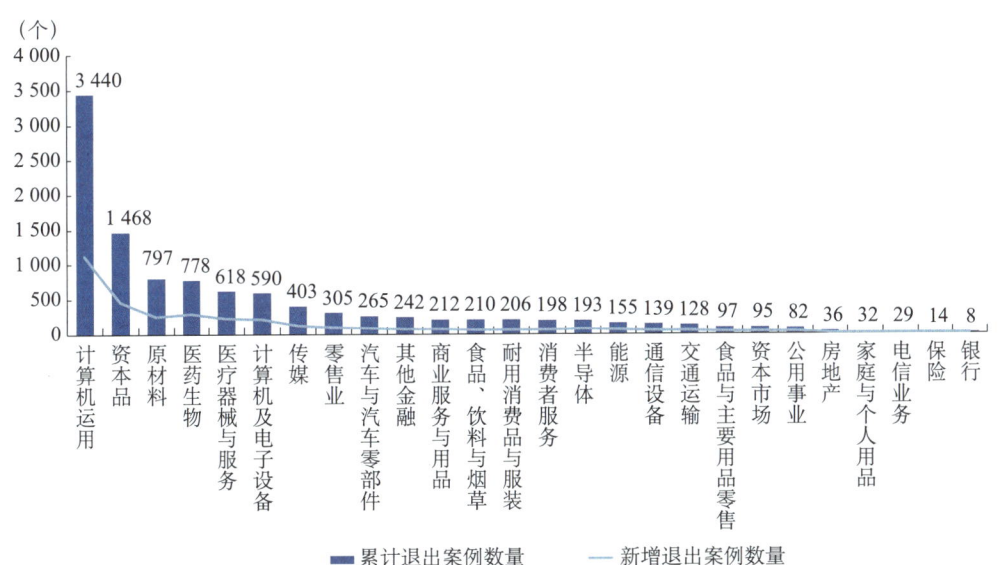

图 3.5.8　截至 2020 年末及 2020 年当年存续创投基金各行业退出案例数量

资料来源：中国证券投资基金业协会 AMBERS 系统。

2020 年末，通信设备、半导体领域退出回报倍数最高。截至 2020 年末，实际退出金额最高的 3 个行业为计算机运用、资本品及医药生物，实际退出金额分别为 687.32 亿元、499.6 亿元、401.05 亿元。从平均账面回报倍数来看，平均账面回报最高的行业为通信设备、半导体及家庭与个人用品，回报倍数分别为 5.59 倍、4.56 倍、3.34 倍（见图 3.5.9）。

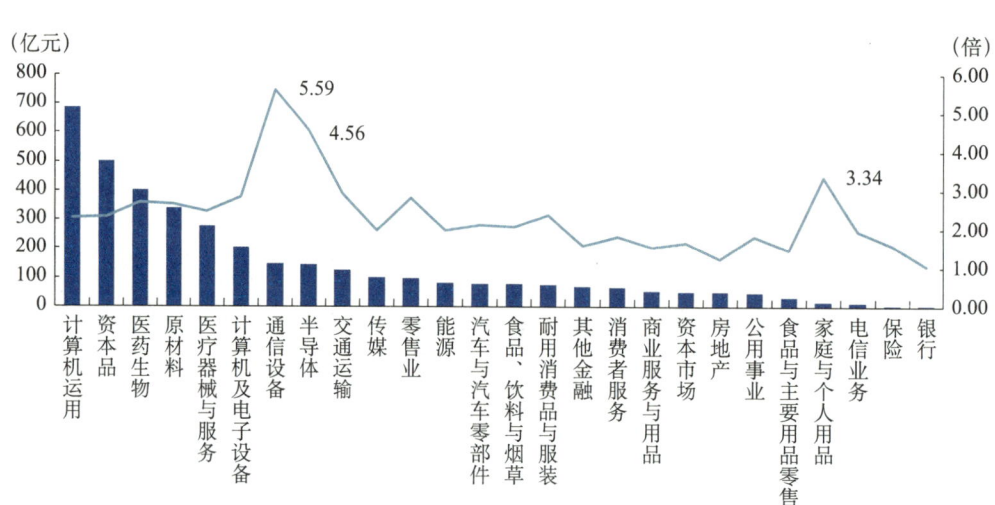

图 3.5.9　截至 2020 年末创投基金退出案例行业金额与账面回报倍数

资料来源：中国证券投资基金业协会 AMBERS 系统。

2020 年行业整体退出回报倍数优于 2019 年，计算机运用、通信设备、医药生物领域退出金额最高。2020 年，实际退出金额最高的 3 个行业为计算机运用、通信设备、医药生物行业，退出金额分别为 171.04 亿元、105.56 亿元、93.23 亿元。2020 年度，通信设备、半导体、交通运输 3 个行业的回报倍数为 7.58 倍、5.51 倍、4.47 倍（见图 3.5.10 和图 3.5.11）。

3.5.4　创投基金退出区域集中经济发达地区

2020 年末，北京的退出案例数量、金额均居全国首位。上海、广东、江苏、浙江的退出案例数量排在第二至第五名，前五名的地区累计退出案例数量 7 703 个，占退出案例总数量的 71.72%。从实际退出金额来看，广东位列第二，其次是江苏、上海和浙江，前五名的地区实际退出金额合计 2 439.13 亿元，占整体退出金额的 65.08%。从集中度情况来看，我国创投基金退出仍然集中于京津冀、长三角、珠三角区域（见图 3.5.12）。

2020 年退出案例所处地域中，北京、广东、上海、江苏、浙江仍然位列前五。存续基金 2020 年全年退出案例数量合计 3 616 个，其中前五大地区退出案例数量合计 2 563 个，地区集中度达 70.88%（见图 3.5.13）。

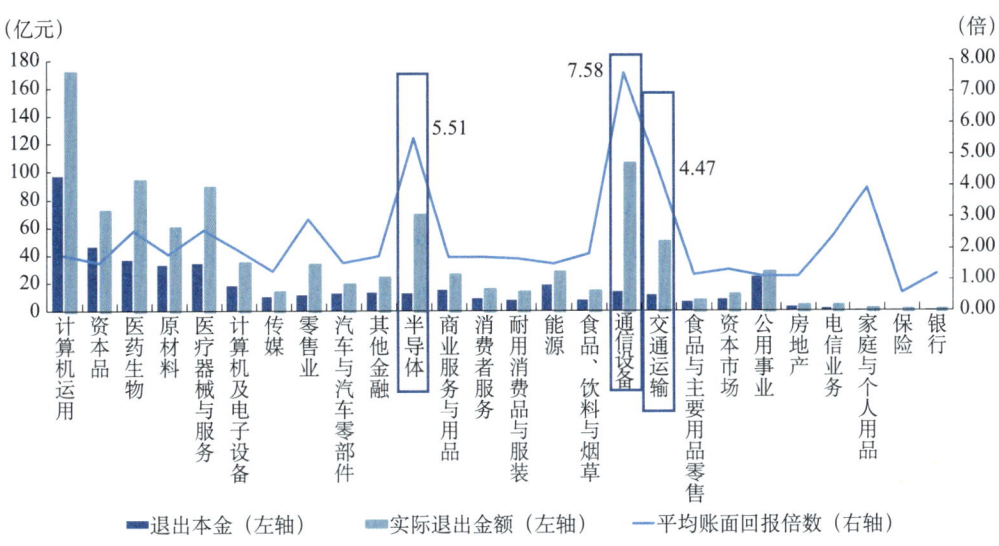

图3.5.10　2020年创投基金退出案例行业金额与账面回报倍数

资料来源：中国证券投资基金业协会AMBERS系统。

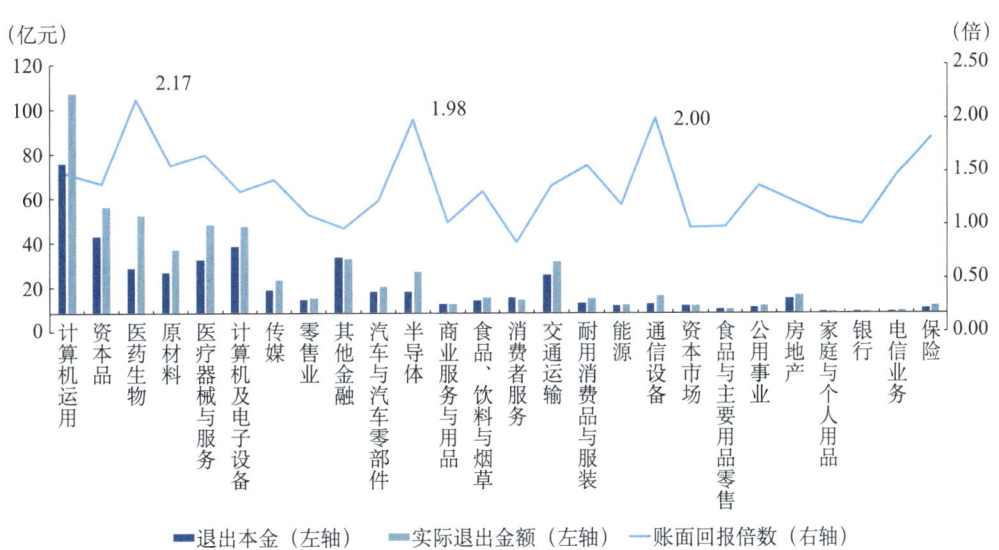

图3.5.11　2019年创投基金退出案例行业金额与账面回报倍数

资料来源：中国证券投资基金业协会AMBERS系统。

2020年退出案例数量排名前五的城市中，北京和广东的实际退出金额增幅分别为43.60%、36.77%，江苏、上海和浙江则实现了86.03%、94.49%、199.36%的大幅增长，上海和江苏超越北京成为2020年实际退出金额前两名的地区。从退出案例数量同比增幅角度来看，北京、广东、上海、江苏、浙江的

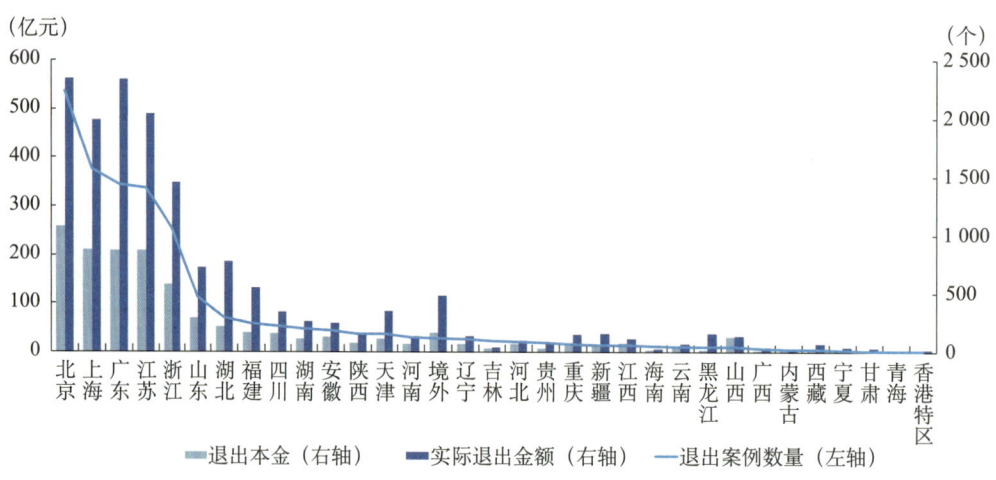

图 3.5.12　截至 2020 年末各地区退出案例数量及金额

资料来源：中国证券投资基金业协会 AMBERS 系统。

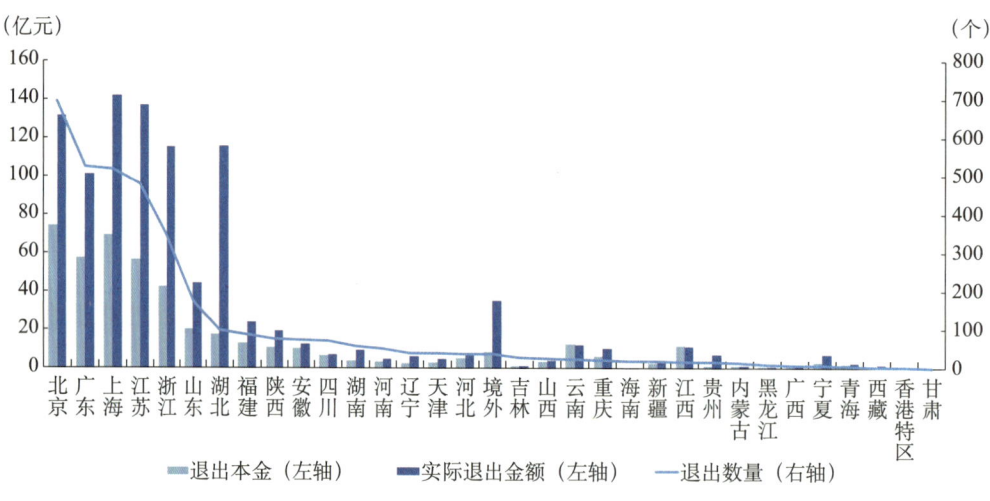

图 3.5.13　2020 年各地区退出案例数量及金额

资料来源：中国证券投资基金业协会 AMBERS 系统。

退出案例数量增幅分别为 41.86%、41.37%、36.53%、25.00%、53.85%，其余各地区增幅未见明显差异（见图 3.5.14）。

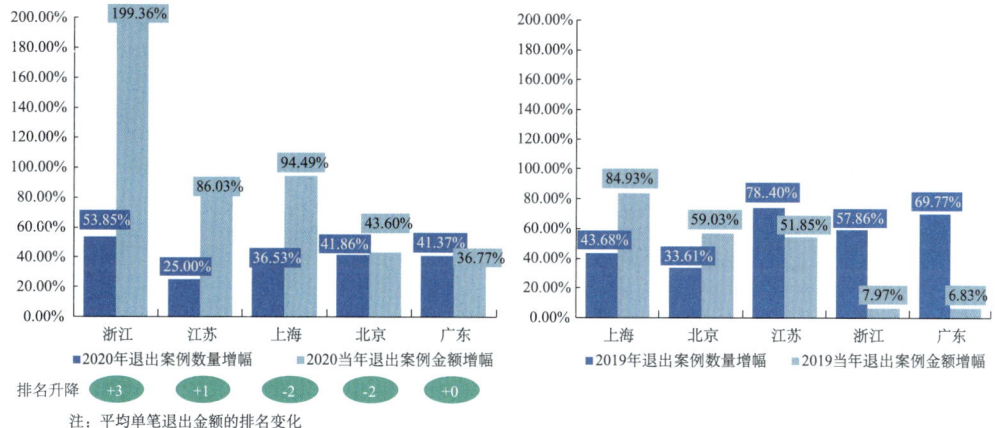

图 3.5.14　2019—2020 年各年度前五大主要退出地区退出金额及数量增幅

资料来源：中国证券投资基金业协会 AMBERS 系统。

4　并购基金发展情况

根据协会 AMBERS 系统数据整理显示，2020 年并购基金管理人数量有所减少，管理规模增速放缓，新备案基金数量和规模持续下降。并购基金加大了对科技型扩张期企业的投资，尤其在半导体、汽车与汽车零部件行业的投资力度增加明显，在西部地区的投资活跃度也在逐年提升。新增退出项目数量和回报率均有提升，半导体行业的退出规模最大，在耐用消费品与服装行业的退出回报倍数最高。

4.1 管理人情况分析

4.1.1 并购基金管理人数量[①]有所减少、管理规模[②]增速放缓

截至 2020 年末，并购基金管理人数量为 2 473 家，较 2019 年末同比减少 2.10%，这是近 3 年来并购基金管理人数量首次减少；管理并购基金规模 18 119.42 亿元，较 2019 年同比增长 5.86%，增速较 2019 年减少 7.84 个百分点（见图 4.1.1）。

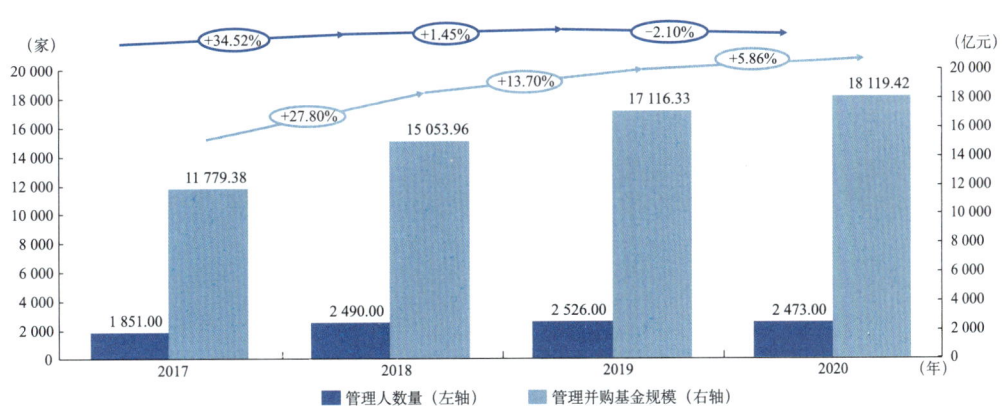

图 4.1.1　2017—2020 年并购基金管理人数量及管理规模

资料来源：中国证券投资基金业协会 AMBERS 系统。

---

① 本章的并购基金管理人是指截至统计时点管理正在运作并购基金的私募股权、创业投资基金管理人，不含未确认机构类型的管理人。

② 本章的并购基金是指截至统计时点在协会备案的产品类型为并购基金的私募基金。

并购基金平均规模高于私募股权投资基金。截至2020年末，并购基金管理人管理的并购基金数量为4 818只，规模为18 119.42亿元，在私募股权投资基金中占比分别为12.11%和15.67%，较2019年末分别下降1.26个和1.31个百分点（见图4.1.2）。从平均规模来看，并购基金平均规模为3.76亿元，较2019年同比增长了7.12%，高于2020年私募股权投资基金2.90亿元的平均规模（见图4.1.3）。

图4.1.2　2017—2020年并购基金与私募股权投资基金数量与规模对比

资料来源：中国证券投资基金业协会AMBERS系统。

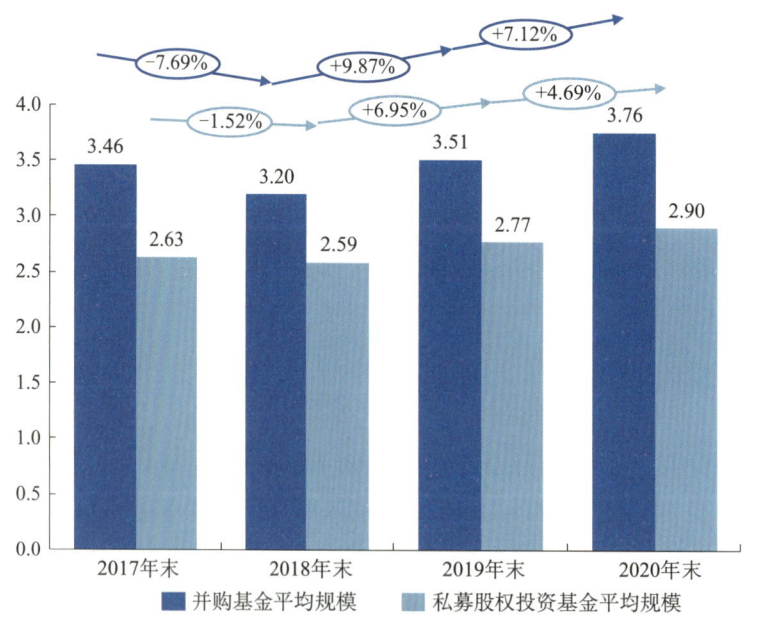

图4.1.3　2017—2020年并购基金与私募股权投资基金平均规模对比

资料来源：中国证券投资基金业协会AMBERS系统。

并购基金仍以中小规模为主,同时大规模基金的数量有所增加。截至2020年末,在并购基金管理人管理的各类基金①中,规模在5 000万元以下(含规模为0元,含5 000万元)的仍然较多,数量合计2 289只,占比47.51%,较2019年下降0.54个百分点;规模在5 000万—1亿元(含1亿元)的,数量合计652只,占比13.54%,较2019年增加0.03个百分点;规模在1亿—5亿元(含5亿元)的,数量合计1 149只,占比23.85%,较2019年减少0.74个百分点;规模在5亿—10亿元(含10亿元)的,数量合计311只,占比6.45%,较2019年增加0.33个百分点;规模在10亿—20亿元(含20亿元)的,数量合计231只,占比4.79%,较2019年增加0.66个百分点;规模在20亿—30亿元(含30亿元)的,数量合计78只,占比1.62%,较2019年减少0.08个百分点;规模在30亿元以上的,数量合计108只,占比2.24%,较2019年增加0.34个百分点(见图4.1.4、表4.1.1)。可见,并购基金大部分规模在5亿元以下。截至2020年末,规模在5亿元以下的基金数量占比为84.89%。但是,大规模基金的数量在增加,规模在30亿元以上的基金数量从2019年末的93只增至2020年末的108只,同比增长16.13%。

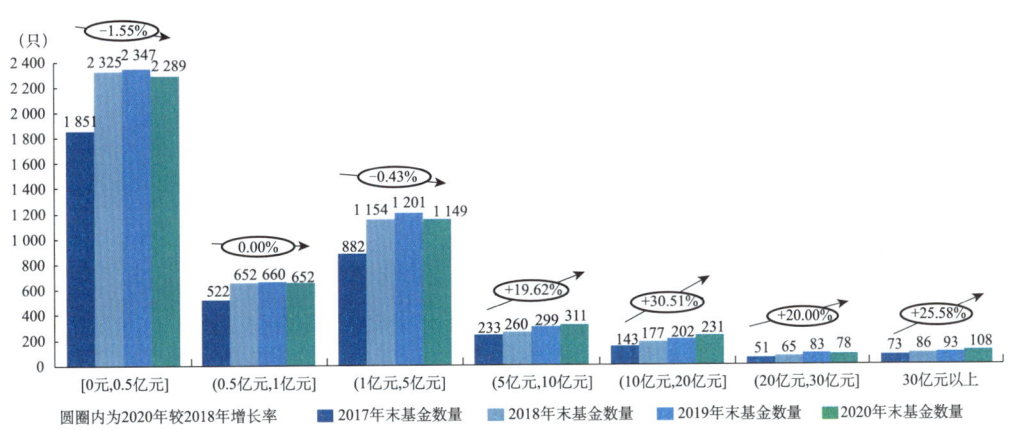

图4.1.4　2017—2020年并购基金管理人管理基金规模区间分布

资料来源:中国证券投资基金业协会AMBERS系统。

---

① 截至2020年末,并购基金管理人管理4 805只并购基金,7只创业投资基金,另有6只基金产品类型信息缺失。

表 4.1.1　2017—2020 年并购基金管理人管理基金规模区间分布（按基金数量）

基金规模	2017 年	2018 年	2019 年	2020 年
[0 元，0.5 亿元]	49.29%	49.27% ↓	48.05% ↓	47.51% ↓
(0.5 亿元，1 亿元]	13.90%	13.82% ↓	13.51% ↓	13.54% ↑
(1 亿元，5 亿元]	23.49%	24.45% ↑	24.59% ↑	23.85% ↓
(5 亿元，10 亿元]	6.21%	5.51% ↓	6.12% ↑	6.45% ↑
(10 亿元，20 亿元]	3.81%	3.75% ↓	4.14% ↑	4.79% ↑
(20 亿元，30 亿元]	1.36%	1.38% ↑	1.70% ↑	1.62% ↓
30 亿元以上	1.94%	1.82% ↓	1.90% ↑	2.24% ↑

注："↑"表示相较上一年占比上升，"↓"表示相较上一年占比下降。
资料来源：中国证券投资基金业协会 AMBERS 系统。

4.1.2　过半并购基金管理人集中在京、深、沪

截至 2020 年末，北京、深圳、上海①的并购基金管理人注册数量位列全国前三，分别为 493 家、437 家、432 家，分别较 2019 年末减少 17 家、18 家和 10 家，三地并购基金管理人数量合计占比 55.07%（见图 4.1.5）。

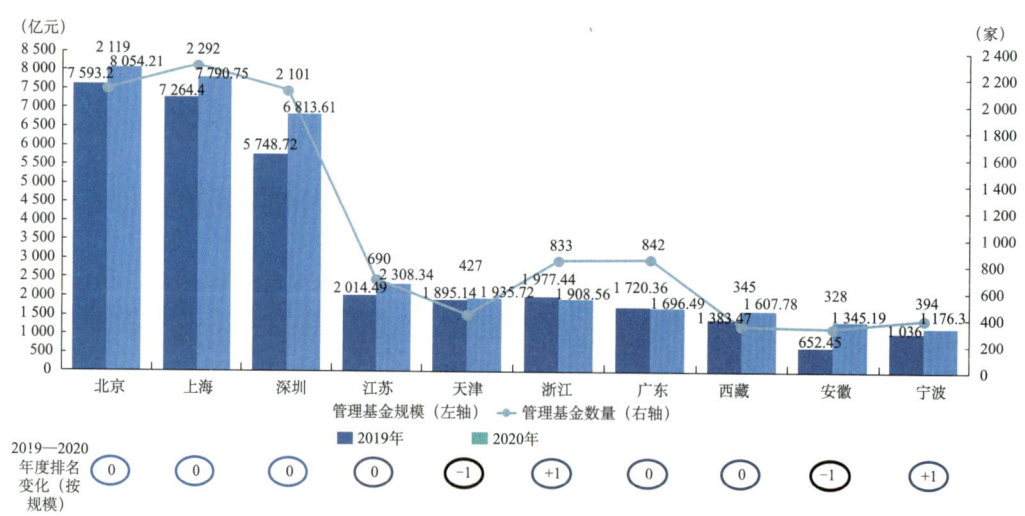

图 4.1.5　管理人管理基金规模合计在千亿元以上的地区分布

注：广东省基金管理数量和规模不含深圳市，浙江省基金管理数量和规模不含宁波市。
资料来源：中国证券投资基金业协会 AMBERS 系统。

---

① 按照证监会辖区分划，深圳、青岛、宁波、大连、厦门单独统计。

4.1.3 七成以上并购基金管理人为民营背景

截至 2020 年末,已登记的并购基金管理人以自然人及其所控制民营企业控股为主,数量为 1 886 家,在所有并购基金管理人中占比 76.26%,较 2019 年末占比减少 1.17 个百分点。国有控股并购基金管理人数量为 368 家,同比增长 6.05%;在所有并购基金管理人中占比为 14.88%,较 2019 年末占比增加 1.14 个百分点。此外,社团集体控股 13 家,占比 0.53%;外商控股 70 家,占比 2.83%;其他(控股主体性质不明或无控股主体)136 家,占比 5.50%(见图 4.1.6)。

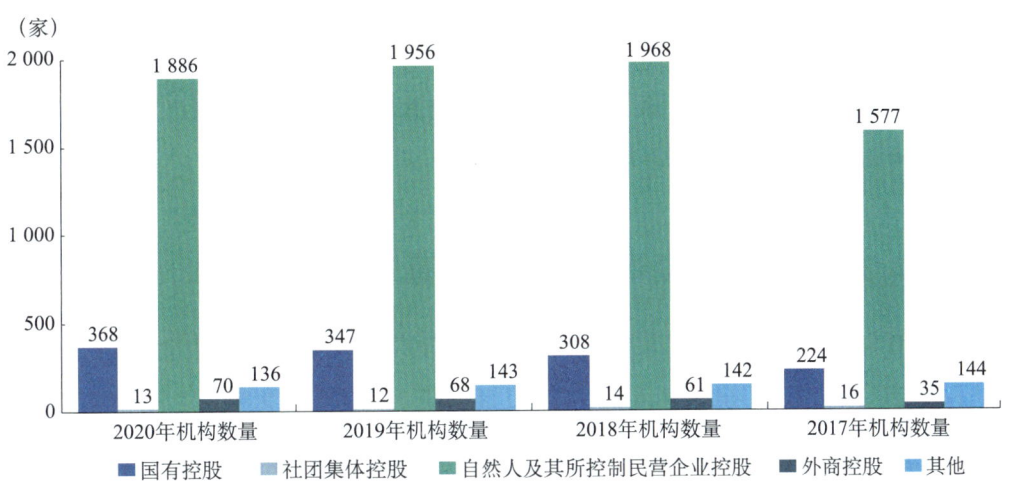

图 4.1.6　按控股股东类型划分并购基金管理人数量分布

资料来源:中国证券投资基金业协会 AMBERS 系统。

4.2　募资情况①分析

4.2.1　新备案基金数量和规模持续下降

新备案并购基金数量和规模整体有所下降。2020 年新备案并购基金 561 只,

---

① 由于难以获取基金实际募资进度,本章以新备案基金数量及规模作为衡量基金募资情况的替代指标。

同比下降 23.05%，新备案基金规模 1 344.22 亿元，同比下降 15.41%，并购基金的新备案数量和规模已经连续 3 年下降（见图 4.2.1）。

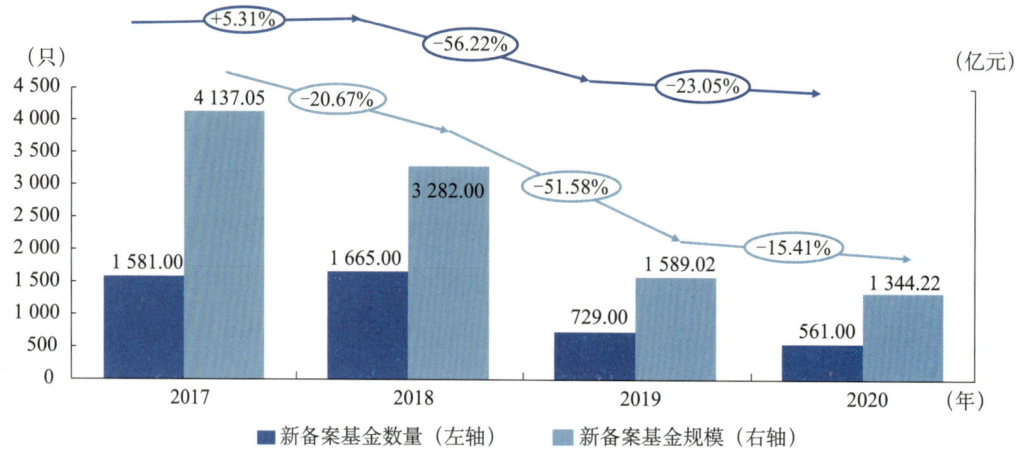

图 4.2.1　2017—2020 年新备案并购基金数量与规模

资料来源：中国证券投资基金业协会 AMBERS 系统。

4.2.2　一半以上受访管理人认为募资难度在增加

2020 年并购基金的募资时长和难度仍未有明显改善。根据协会问卷调研情况，约 55% 的并购基金管理人认为 2020 年募资环境较 2019 年更为艰难。其中，认为募资时长、募资难度大幅增加的比例分别为 25.16%、28.30%；认为募资小幅增加的比例分别为 29.56%、27.67%；认为基本持平的比例都为 43.40%（见图 4.2.2）。

根据协会问卷调查情况，并购基金募资压力大主要由于资金面紧张，或是由企业 LP 资金紧张引起；此外，新冠疫情影响、金融监管政策趋严、长期资金缺乏等也是并购基金管理人认为影响募资的重要因素（见图 4.2.3）。

关于 2021 年募资环境改善的预期方面，协会问卷调查显示，45.28% 的受访并购基金管理人认为募资环境依然不乐观，募资难易度与 2020 年持平；28.93% 的受访管理人认为可募集资金量将有小幅增加；15.09% 的受访管理人认为资金将更加充足，募资预计将回暖。

(样本数N=159)

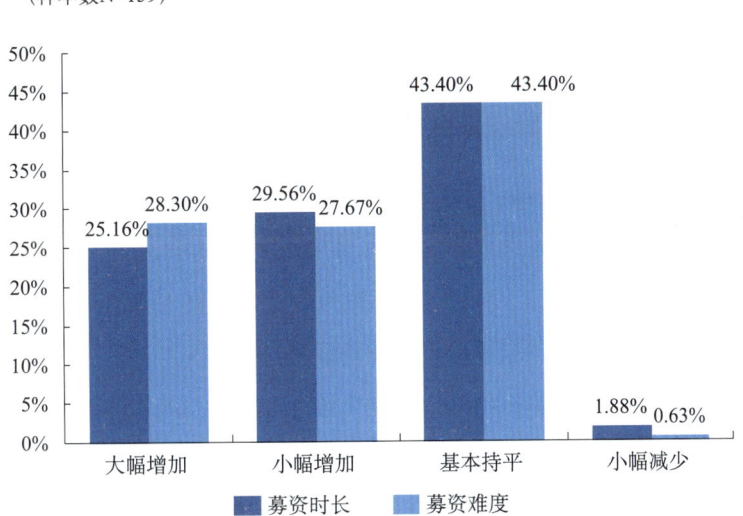

图 4.2.2　2020 年募资市场和募资难度变化

资料来源：中国证券投资基金业协会调查问卷。

(样本数N=477)

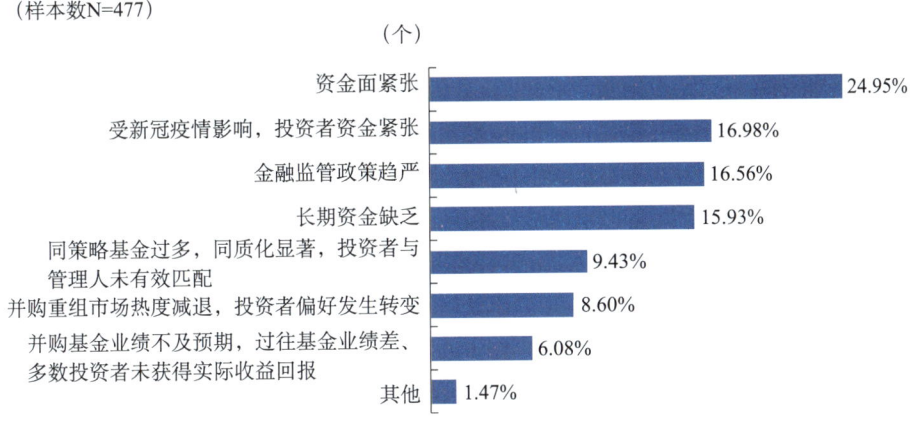

图 4.2.3　2020 年募资市场难度加大的原因

资料来源：中国证券投资基金业协会调查问卷。

4.2.3　并购基金主要出资人为企业，生物医药等新兴行业位列企业出资人前五

从出资人结构来看，并购基金的出资人结构多样，包括各类企业或政府主体、各类资产管理机构发行的资产管理产品或投资计划以及个人投资者。从出

资人的数量和出资金额来看,企业①是并购基金重要的出资人。截至 2020 年末,并购基金的企业出资人共有 7 010 个,占比 60.33%;累计出资 10 755.65 亿元,占比 61.84%。私募基金产品和各类资管计划②也是并购基金的主要出资人。截至 2020 年末,私募基金产品累计出资 3 034.01 亿元,占比 17.44%;各类资管计划累计出资 1 954.53 亿元,占比 11.24%。个人投资者③虽然数量多,截至 2020 年末共有 2 997 为个人投资者,占比 25.79%,但是个人投资者的累计出资金额为 1 327.46 亿元,仅占 7.63%。政府资金④、社保基金与社会公益基金⑤及境外资金⑥数量及出资金额均较少(见图 4.2.4)。

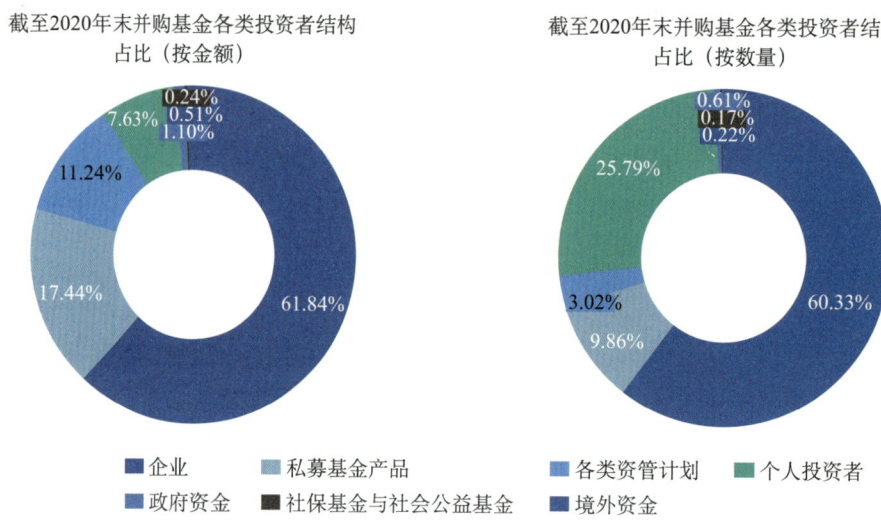

图 4.2.4 截至 2020 年末并购基金各类投资者结构占比

资料来源:中国证券投资基金业协会 AMBERS 系统。

产业资本是重要的出资方。协会问卷调查结果显示,从 2020 年新募集并购基金的前五大出资方来看,有 82.31% 的基金前五大出资方中包含产业资本。从产业资本的行业分布来看,新兴行业的产业资本更偏好支持并购基金,生物医

---

① 企业投资者包括境内法人机构(公司类)、境内非法人机构(一般合伙企业等)和本基金管理人(跟投)。
② 各类资管计划包括证券期货经营机构发行的资产管理计划、信托计划、商业银行理财产品、保险资产管理计划等。
③ 个人投资者主要指居民,包括自然人投资者和员工跟投。
④ 政府资金包括财政直接出资和政府类引导基金出资。
⑤ 社保基金与社会公益基金包括全国社保基金、慈善基金、捐赠基金等社会公益基金。
⑥ 境外资金包括境外机构、QFII、RQFII 等。

药占比 10.47%、电气设备/机械设备占比 9.02%、银行/非银金融占比 7.94%、计算机/通信占比 7.58%（见图 4.2.5）。

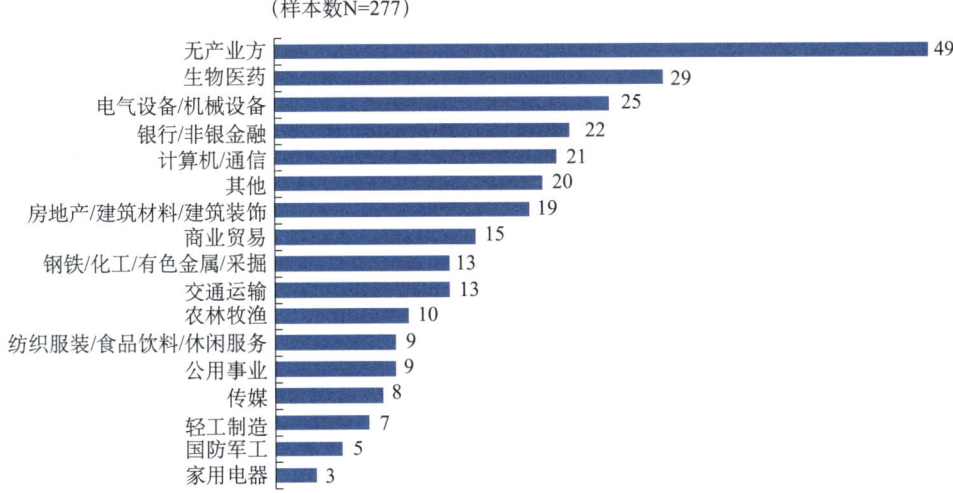

图 4.2.5　2020 年新募集基金前五大企业出资方的行业分布

资料来源：中国证券投资基金业协会调查问卷。

约两成新募集资金有政府引导基金出资，其中九成有反投比例要求。根据协会问卷调查情况，2020 年，23.27% 的新募集并购基金前五大出资人中有政府引导基金，其中江苏、浙江、山东等地政府引导基金出资参与并购基金较多。90.70% 的政府引导基金要求有相应反投比例，其中 34.88% 的并购基金反投比例在 50% 以上，46.51% 并购基金反投比例在 30% 以下（见图 4.2.6）。

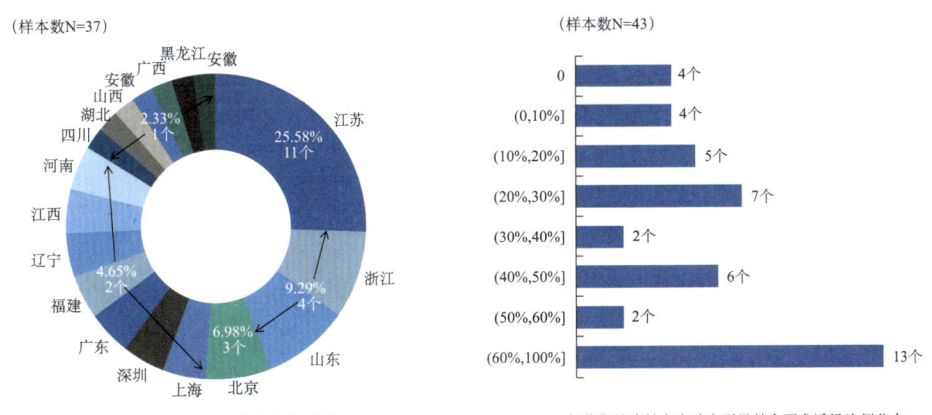

图 4.2.6　新募集并购基金中政府引导基金出资区域及返投比例

资料来源：中国证券投资基金业协会调查问卷。

4.3 投资情况[①]分析

4.3.1 并购基金投资金额总量持续下降,结构上加大对扩张期企业及科技型企业投资

截至2020年末,并购基金投资案例累计8 189个,在投金额12 875.85亿元。仅2020年,并购基金新增投资案例为1 682个,同比下降5.13%;当年新增投资金额2 097.43亿元,同比下降10.06%,近3年来并购基金年新增投资持续下降(见图4.3.1)。

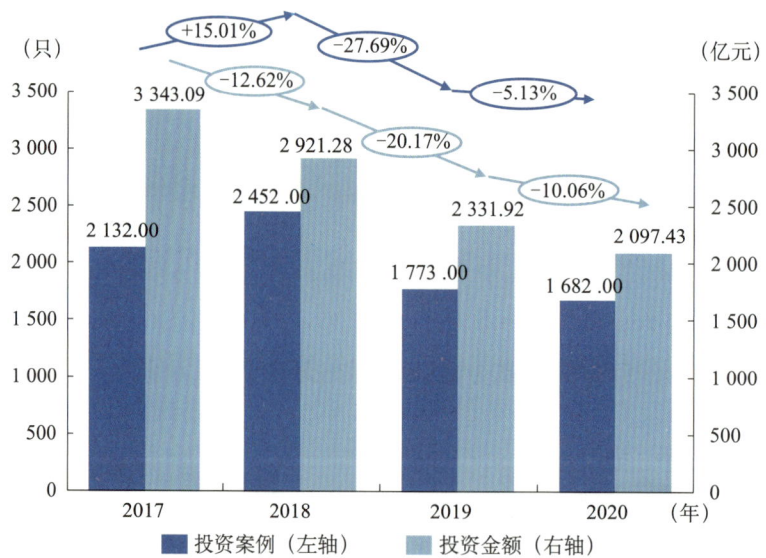

图4.3.1　2017—2020年新增并购基金投资案例数量及投资金额

资料来源:中国证券投资基金业协会AMBERS系统。

从并购基金2020年投资阶段来看,并购基金更偏好于投资处在起步期和扩张期的投资标的。2020年并购基金投资于起步期和扩张期的案例数量合计占比79.90%,金额合计占比68.09%(见图4.3.2)。其中,与2019年相比,投资扩

---

① 本章提到的并购基金投资金额与投资案例数量是指截至统计时点在协会备案的产品类型为并购基金的私募基金所投资的全部项目的金额及数量。

张期虽金额在减少，但案例数量有所增加，支持扩张期企业的平均规模在下降。

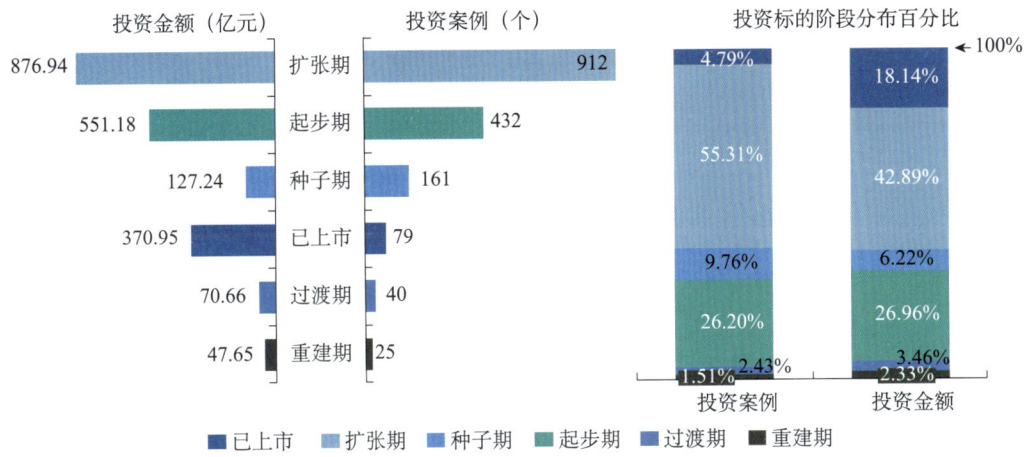

图 4.3.2　2020 年并购基金投资不同阶段的案例数量、投资金额及百分比

资料来源：中国证券投资基金业协会 AMBERS 系统。

从并购基金 2020 年投资的企业特征看，并购基金加大了对初创科技型企业[①]和高新技术企业[②]的投资。2020 年，并购基金对初创科技型企业的投资数量为 191 个，较 2019 年虽然只增加了一家，但投资金额达到 102.19 亿元，较 2019 年增加 64.69%。2020 年并购基金对高新技术企业的投资数量为 631 个，投资金额 637.02 亿元，分别较 2019 年增加 22.05% 和 11.61%（见图 4.3.3）。

从存量上看，截至 2020 年末，并购基金对初创科技型企业、高新技术企业、中小企业的投资数量分别为 661 家、2 619 家和 4 191 家，分别较 2019 年增加 21.73%、20.36% 和 7.16%；在投金额 291.81 亿元、3 195.77 亿元和 2 834.55 亿元，分别较 2019 年末增加 50.85%、15.75% 和 8.06%（见图 4.3.4）。

4.3.2　并购基金加大对半导体、汽车与汽车零部件行业投资力度

2020 年，并购基金投资金额在百亿元以上的行业共有 8 个，分别为房地产、半导体、计算机运用、资本品、汽车与汽车零部件、商业服务与用品、计算机

---

① 本章的初创型科技企业认定标准同《财政部税务总局关于实施小微企业普惠性税收减免政策的通知》（财税〔2019〕13 号）对初创型科技企业的判断标准。

② 本章的高新技术企业认定标准同科技部、财政部、国家税务总局以国科发火〔2016〕32 号印发修订后的《高新技术企业认定管理办法》对高新技术企业的判断标准。

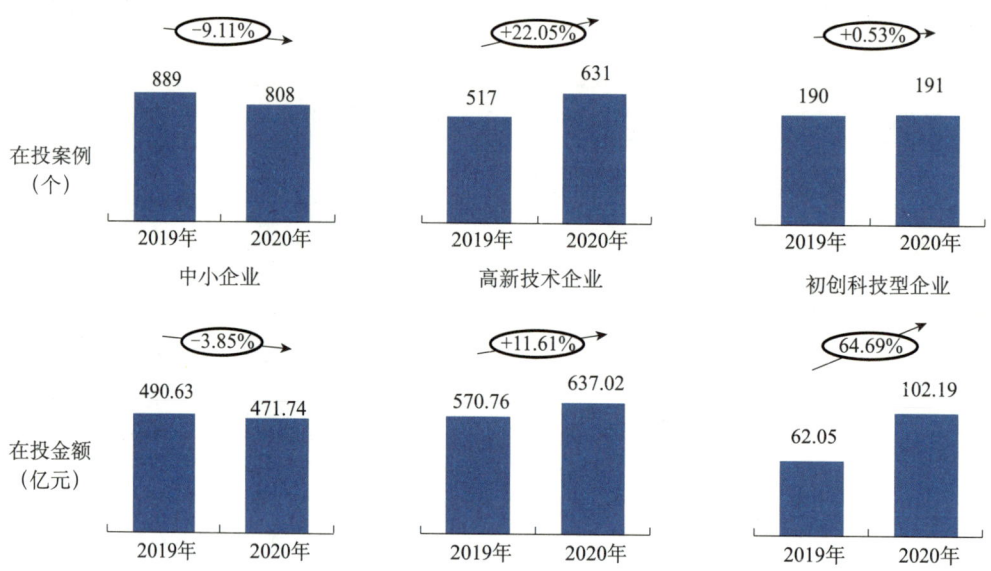

图 4.3.3　2019 年和 2020 年并购基金投资各类型企业数量与金额

资料来源：中国证券投资基金业协会 AMBERS 系统。

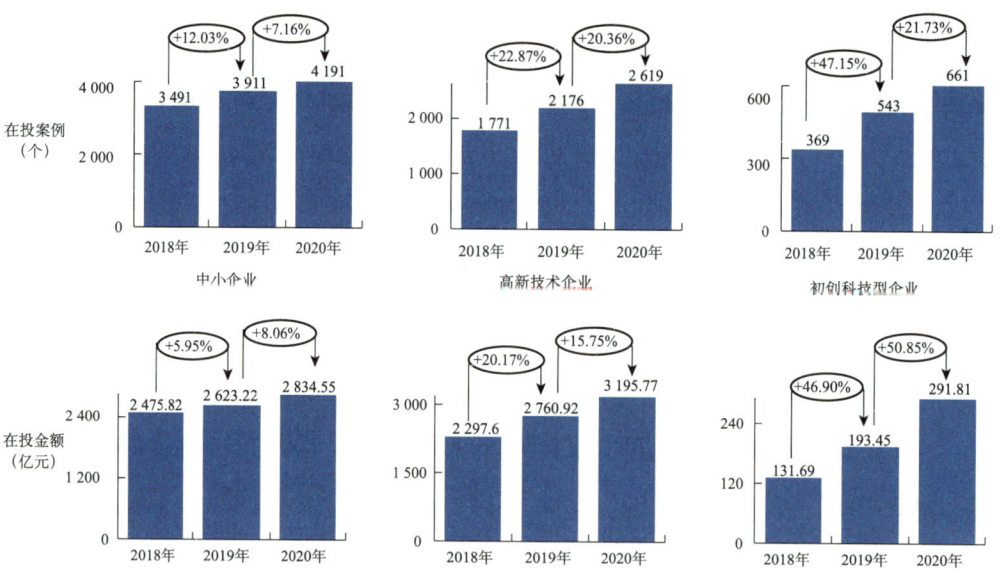

图 4.3.4　2018—2020 年末并购基金投资企业特征情况

资料来源：中国证券投资基金业协会 AMBERS 系统。

及电子设备、消费者服务业（见图 4.3.5）。2020 年，并购基金在这 8 个行业中共投资 1 451.77 亿元，占所有投资金额的 69.22%。

与 2019 年的投资相比，2020 年并购基金加大了对半导体行业的投入：投资

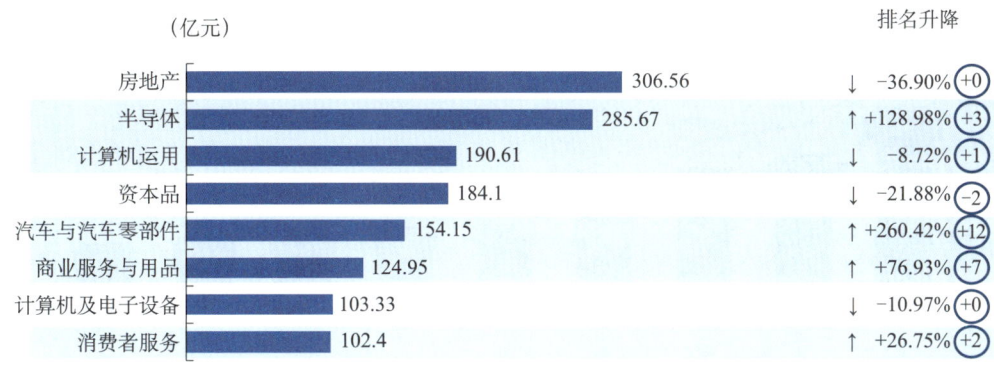

图 4.3.5　2020 年并购基金投资金额百亿元以上行业分布

资料来源：中国证券投资基金业协会 AMBERS 系统。

项目 216 个，投资金额 285.67 亿元，分别比 2019 年同期增长 74.19% 和 128.98%。并购基金在汽车与汽车零部件行业的投资案例数量虽然较 2019 年减少 26.19%，但投资金额达到 154.15 亿元，同比增加 260.42%。

2019 年并购基金投资的热门行业，如计算机运用、资本品、医疗器械与服务、医药生物和房地产等的投资热度在 2020 年均呈现不同程度的下降。2020 年并购基金在计算机运用、资本品、医疗器械与服务、房地产行业的投资金额分别为 190.61 亿元、184.1 亿元、87.64 亿元和 306.56 亿元，分别比 2019 年同期投资减少 8.72%、21.88%、15.66% 和 36.90%。医药生物行业的投资金额为 84.99 亿元，比 2019 年同期增加 6.54%。

截至 2020 年末，并购基金在投金额千亿元以上的行业有 3 个——计算机运用、房地产、资本品，在投金额分别为 1 918.24 亿元、1 426.21 亿元和 1 284.57 亿元。并购基金在投金额在 500 亿元以上、千亿元以下的行业有 6 个：原材料、其他金融、半导体、交通运输、医药生物、医疗器械与服务，在投金额分别为 814.64 亿元、753.87 亿元、672.78 亿元、648.71 亿元、583.90 亿元和 505.62 亿元、这九个行业的在投金额合计占比达 66.88%（见图 4.3.6）。

4.3.3　并购基金投资项目集中在粤、沪、京地区，西部地区的投资力度逐渐加大

按投资案例数量及投资金额体量综合分析，2020 年并购基金的前三大重点投资区域为广东、上海和北京。协会统计数据显示，2020 年并购基金投资在广

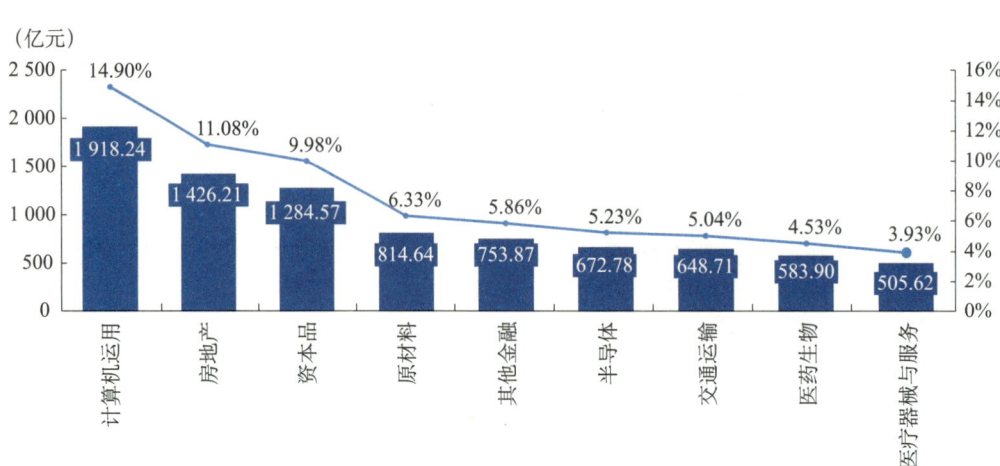

图 4.3.6　截至 2020 年末并购基金投资本金 500 亿元以上行业分布

资料来源：中国证券投资基金业协会 AMBERS 系统。

东、上海和北京的案例数分别为 240 个、245 个和 224 个；投资金额分别为 331.79 亿元、308.12 亿元和 259.20 亿元。并购基金在广东和上海的投资金额较 2019 年同比减少 13.01% 和 3.77%，在北京的投资金额同比增加 3.84%。

浙江、江苏和天津也是 2020 年并购基金投资较多的地区，投资金额分别为 226.78 亿元、176.74 亿元和 104.29 亿元。其中，并购基金在天津的投资金额增幅较大，较 2019 年的投资金额增加 149.56%。

与 2019 年同期对比还发现，增幅较大的还有西部地区。2020 年并购基金在重庆、宁夏、青海、甘肃的投资金额分别为 46.57 亿元、3.33 亿元、32.00 亿元和 3.82 亿元，较 2019 年的投资金额分别增长 116.10%、134.51%、243.35% 和 282.00%。

从存量看，并购基金的投资区域主要集中在北京、广东、上海、浙江和江苏。截至 2020 年末，并购基金在北京、广东、上海、浙江和江苏的投资案例数量分别为 1 431 个、1 274 个、1 129 个、777 个和 740 个，合计占比达 65.43%。从在投金额看，这 5 个区域也是仅有的 5 个在投金额在千亿元以上的地区。截至 2020 年末，并购基金在北京、广东、上海、浙江和江苏的在投金额分别为 1 794.15 亿元、1 645.93 亿元、1 569.62 亿元、1 107.18 亿元和 1 099.05 亿元，合计在投金额占比达 56.04%（见图 4.3.7）。

并购基金在北京、广东、上海、浙江和江苏等不同区域不同行业的投资各

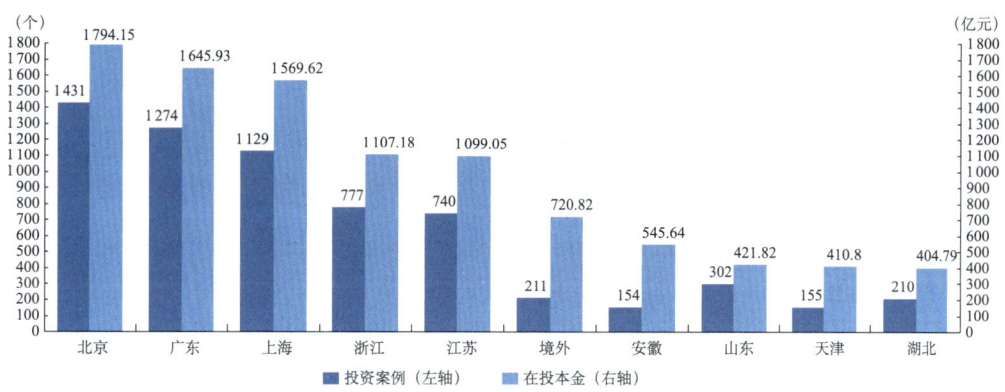

图 4.3.7　截至 2020 年末并购基金在投本金前十区域分布

资料来源：中国证券投资基金业协会 AMBERS 系统。

有侧重。2020 年，并购基金在北京投资金额排名前三的行业分别是半导体、房地产和计算机运用行业；在广东投资金额排名前三的行业分别是房地产、消费者服务、计算机及电子设备行业；在上海投资金额排名前三的行业分别是半导体、房地产、汽车与汽车零部件行业；在浙江投资金额排名前三的行业分别是资本品、零售业和传媒行业；在江苏投资金额排名前三的行业分别是资本品、房地产和计算机运用行业（见图 4.3.8）。

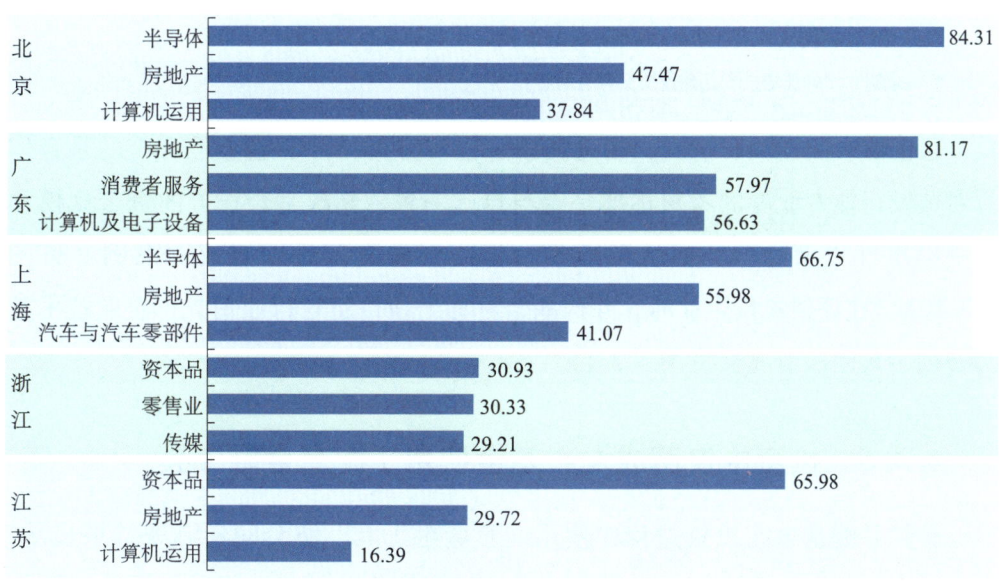

图 4.3.8　2020 年并购基金投资金额前五名区域前三大行业分布

资料来源：中国证券投资基金业协会 AMBERS 系统。

4.3.4 控股、参股型投资方式兼具，标的企业所处行业和技术实力是投资决策的决定性因素

根据协会问卷调研情况，约 40% 的受访管理人的并购基金投资策略以控股型投资为主，投资案例数量和金额占比均在 70% 以上（见图 4.3.9）。

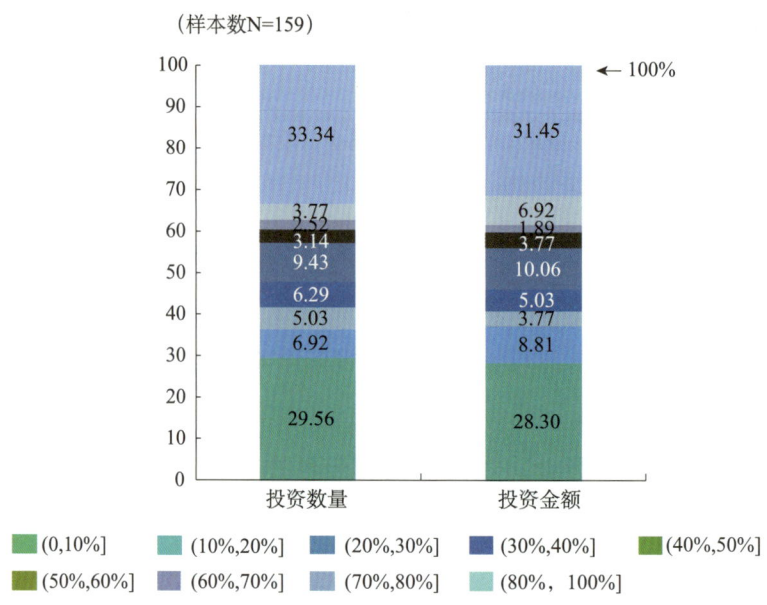

图 4.3.9 2020 年并购基金参股型投资在总投资中的占比分布

资料来源：中国证券投资基金业协会调查问卷。

根据协会问卷调研情况，在选择联合投资方时，并购基金最看重的是合作方对被投行业专业度的考核标准是否与自己一致，其次是合作方的资金规模和出资确定性以及合作方过去的业绩、相关交易类型是否有成功案例（见图4.3.10）。在评估被投企业时，并购基金更看重项目所处行业前景、企业技术实力及创始人团队情况（见图 4.3.11）。

4.3.5 投资中仅两成左右基金使用了配套金融工具

较少并购基金在投资过程中使用配套金融工具。协会问卷调查结果显示，并购基金在投资过程中配套了并购贷款、信托资金、结构化设计、并购保险等其他金融工具的情况仅占 23.90%（见图 4.3.12）。

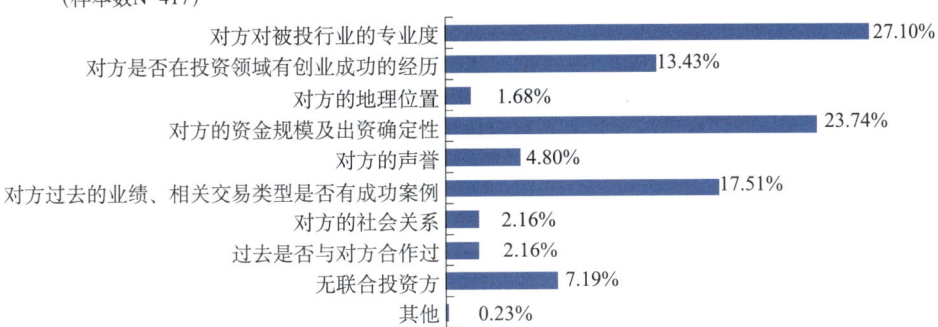

图 4.3.10　2020 年并购基金选择联合投资方的考虑因素

资料来源：中国证券投资基金业协会调查问卷。

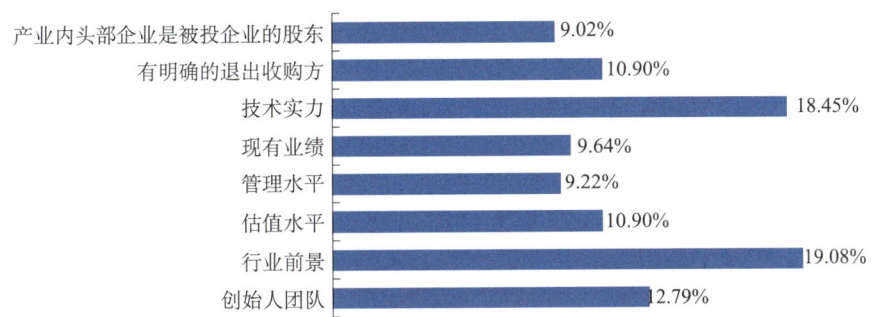

图 4.3.11　2020 年并购基金选择被投企业的考虑因素

资料来源：中国证券投资基金业协会调查问卷。

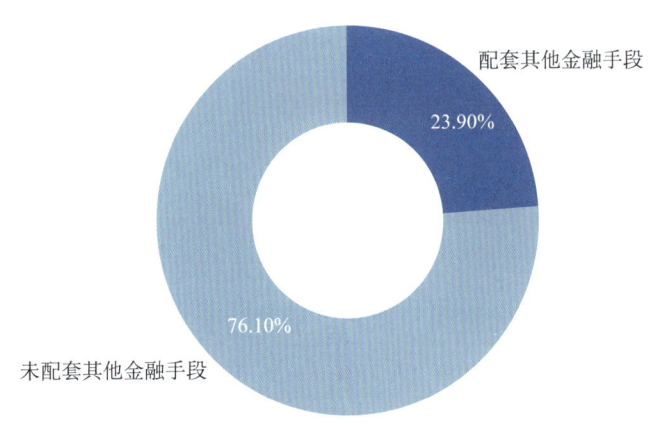

图 4.3.12　并购基金是否配套其他金融工具占比

资料来源：中国证券投资基金业协会调查问卷。

协会问卷调研结果显示，针对并购基金使用的金融工具主要集中在并购贷款和结构化设计上，两者占比分别为44.23%和38.46%，而跨境并购基金使用结构化设计情况多于并购贷款，占比分别为40.74%和33.33%（见图4.3.13）。

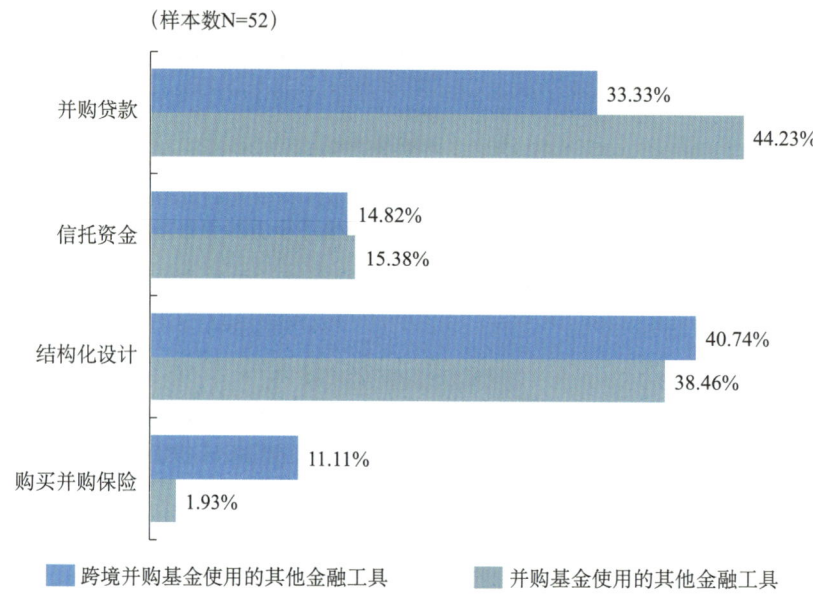

图4.3.13 并购基金使用其他融资工具情况

资料来源：中国证券投资基金业协会调查问卷。

4.3.6 跨境并购基金主要投向欧美地区

美国和欧洲是跨境并购基金的主要投资地区。根据协会问卷调研情况，约八成跨境并购基金管理人主要投向美国和欧洲地区，两者占比分别为44.12%和35.29%。投向其他区域的跨境并购基金总体较少，其中投向亚洲发达地区的占比为14.71%，投向东南亚发展中国家、非洲、南美洲的占比均为5.88%（见图4.3.14）。

跨境并购基金主要投向美国和欧洲。根据协会问卷调研情况，在对未来跨境并购的区域偏好调查中，仅有27.78%和26.67%的跨境并购基金管理人看好欧洲、美国，这一比例较2019年的调查情况分别下降4.87个百分点和1.90个百分点，而有30.00%的管理人看好在亚洲发达地区的投资，这一比例较2019年的调查情况提高了11.63个百分点（见图4.3.14）。

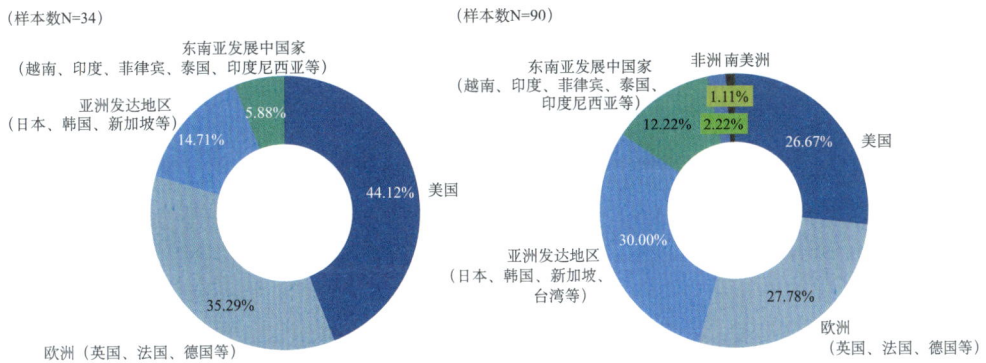

图 4.3.14 跨境并购基金目前及未来主要投资区域

资料来源：中国证券投资基金业协会调查问卷。

4.4 投后管理情况分析

4.4.1 并购基金的投后管理更侧重整合决策层

根据协会问卷调研情况，并购基金管理人并购后采取的整合措施主要集中在对决策监督层的改选和更换上。其中，改选董事会派驻董事是并购基金最常用的整合措施，占受访者比例的 19.22%。此外，13.09% 的受访者会改选股东会，10.22% 的受访者会改选监事会，即 42.53% 的受访者会改选被并购标的的决策监督层，这一比例较 2019 年的问卷调查结果增加了 3.19 个百分点。在管理层的整合上，并购基金管理人的介入相对较少。协会问卷调查结果显示，11.25% 的受访者在并购后更换了管理层，8.79% 的受访者更换了财务人员。除此以外，调查结果显示，有 9.20% 的并购基金管理人向并购企业注入资产，而 8.38% 的并购基金管理人从未对被投企业采取任何整合手段（见图 4.4.1）。

4.4.2 投后赋能被投企业综合经营情况有所改善

根据协会问卷调研情况，76.73% 的受访并购基金管理人表示被投企业收入提升，71.07% 的并购基金管理人表示被投企业估值有所提高，41.51% 的并购基金管理人表示被投企业的员工人数上升。在资本结构方面，50.94% 的并购基金

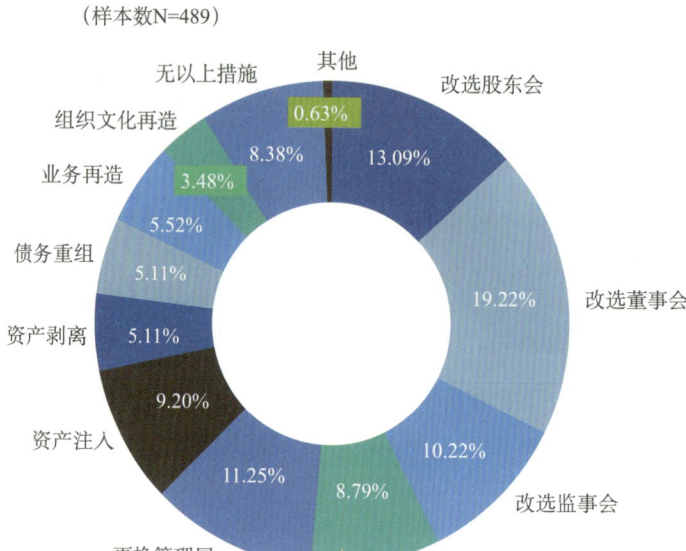

图 4.4.1　并购基金管理人对被投企业采取的并购整合措施分布

资料来源：中国证券投资基金业协会调查问卷。

管理人表示投资后被投企业的资产负债率有所下降；在经营成果上，62.89%的并购基金管理人表示投资后被投企业的市场占有率有所上升，竞争实力增强（见图4.4.2）。

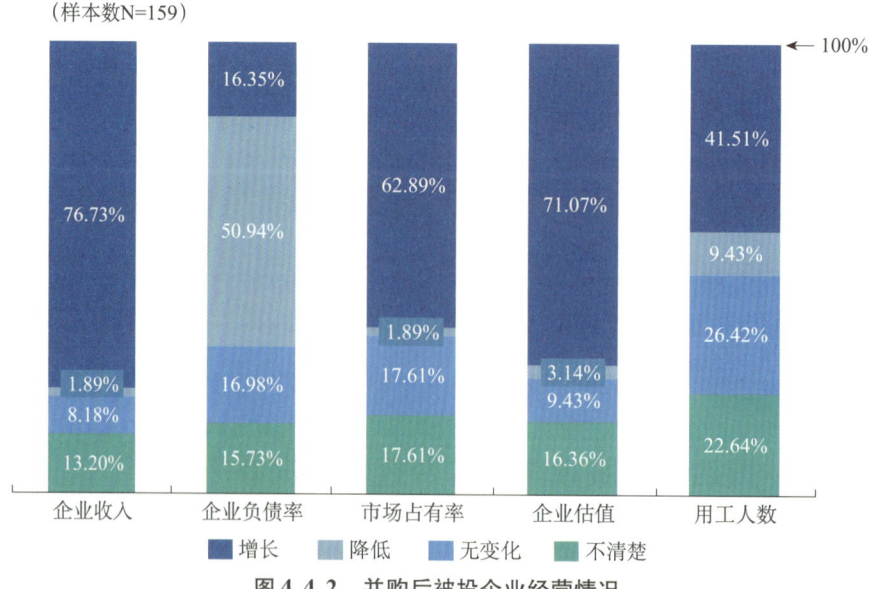

图 4.4.2　并购后被投企业经营情况

资料来源：中国证券投资基金业协会调查问卷。

4.5 退出情况分析

4.5.1 并购基金退出情况有所改善

2020年并购基金新增退出案例897个,同比增长8.46%;退出本金896.36亿元,同比减少15.87%;实际退出金额1 387.61亿元,同比增长9.28%。从退出回报倍数[①]看,2020年并购基金的退出回报倍数为1.55倍,较2019年的1.19倍有所增加(见图4.5.1)。

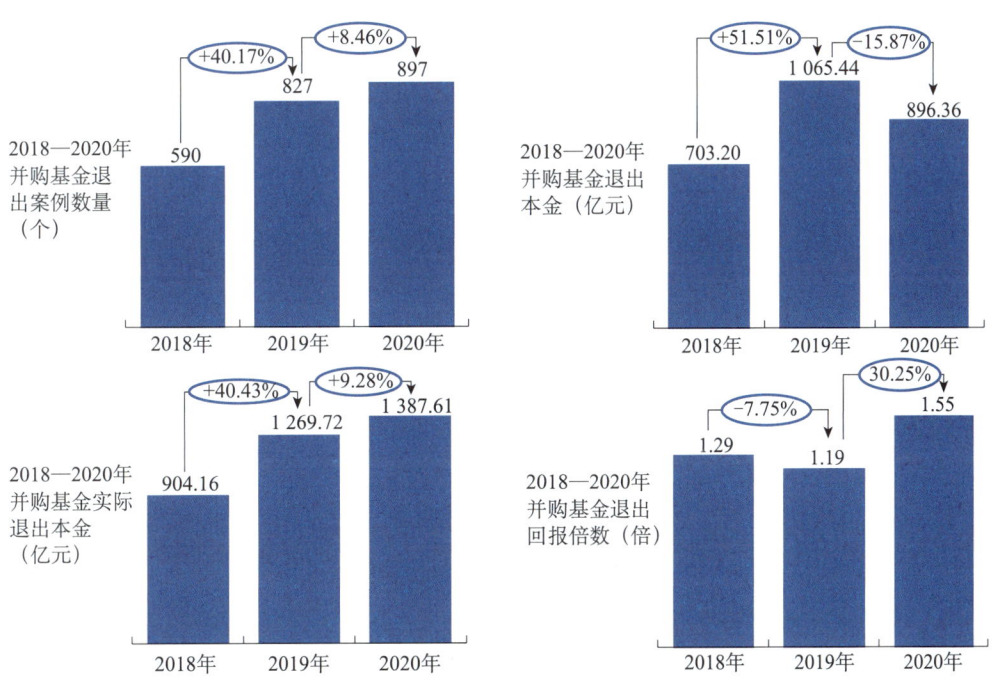

图4.5.1　2018—2020年并购基金新增退出案例数量和实际退出金额情况

资料来源:中国证券投资基金业协会AMBERS系统。

---

① 退出回报倍数=实际退出金额÷退出本金,下同。

4.5.2 上市和协议转让是并购基金退出的重要方式

并购基金退出以协议转让、被投企业分红、企业回购、融资人还款为主，分别退出420次、311次、277次和210次，分别占比28.61%、21.19%、18.87%和14.31%。此外，2020年通过整体收购退出的次数为20次，同比减少25.93%（见表4.5.1）。

表4.5.1　　　　　　　2020年并购基金退出方式退出次数情况

退出方式	协议转让	被投企业分红	企业回购	融资人还款	境内上市	清算	新三板挂牌	整体收购	债权转让	境外上市
退出次数（次）	420	311	277	210	124	62	23	20	13	8
退出次数占比	28.61%	21.19%	18.87%	14.31%	8.45%	4.22%	1.57%	1.36%	0.89%	0.53%

资料来源：中国证券投资基金业协会AMBERS系统。

并购基金以境内上市方式退出的金额最多。2020年境内上市实际退出金额为495.62亿元。从平均单笔实际退出金额上看，排在前四位的退出方式为境内上市、整体收购、债权转让和境外上市，平均单笔退出金额分别为4.00亿元、3.30亿元、3.22亿元、2.11亿元（见图4.5.2）。

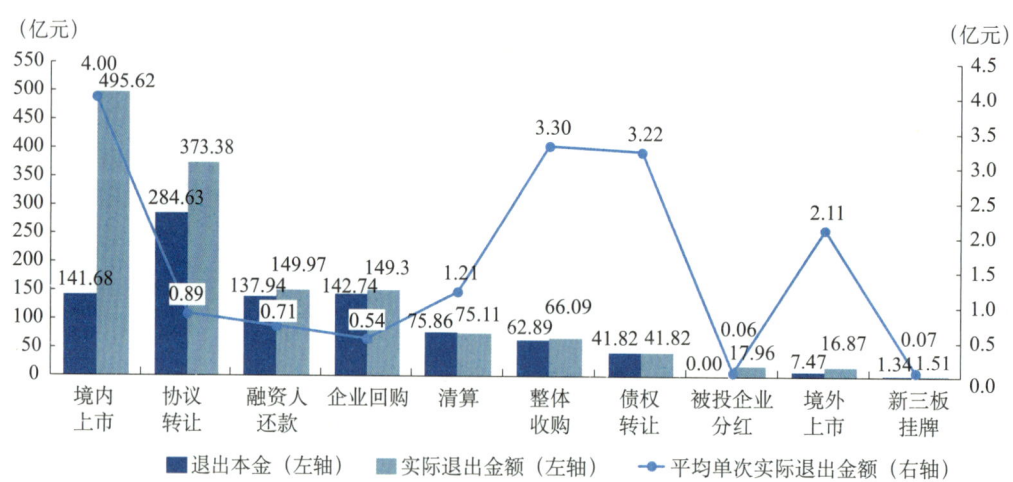

图4.5.2　2020年并购基金退出方式退出金额情况

资料来源：中国证券投资基金业协会AMBERS系统。

并购基金以境内上市方式退出的回报倍数最高。从退出回报倍数上看，

2020年并购基金总体退出回报倍数为1.55倍。其中，回报倍数最高的退出方式是境内上市，为3.50倍；其次为境外上市，为2.26倍；最后为协议转让，为1.31倍。通过对比，公开市场退出溢价最高。综合退出次数及实际退出金额来看，公开市场退出与协议转让是并购基金最重要的退出渠道（见图4.5.3）。

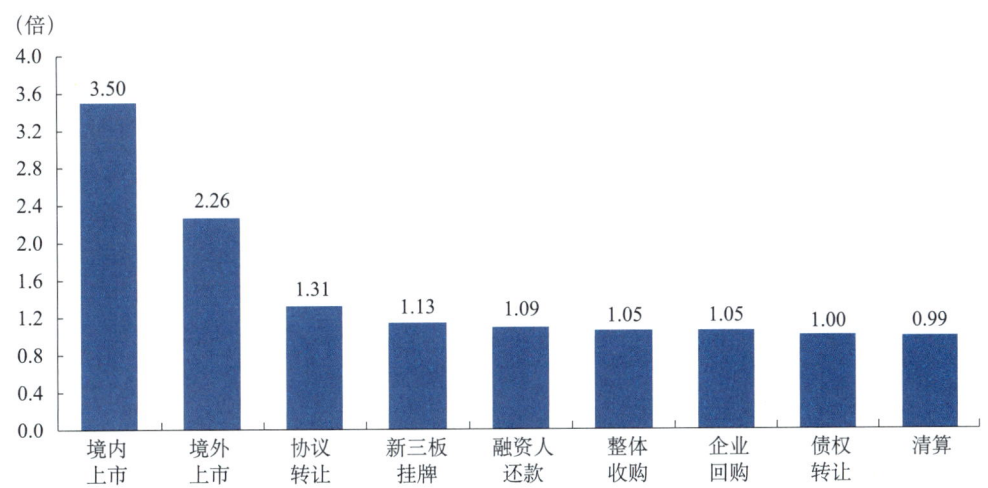

图4.5.3　2020年并购基金不同退出方式退出回报倍数

资料来源：中国证券投资基金业协会AMBERS系统。

4.5.3　半导体行业退出规模最大，耐用消费品与服装行业退出回报倍数最高

2020年，退出案例数量排在前五位的行业分别是计算机运用、房地产、资本品、医药生物和半导体行业，退出案例数量分别为157个、99个、78个、62个和62个，合计458个，占比达51.06%。退出金额排在前五位的行业分别是半导体、资本品、原材料、计算机运用和房地产行业，退出金额分别为443.75亿元、119.48亿元、110.17亿元、106.12亿元和102.43亿元，合计881.95亿元，占比达63.56%。退出回报倍数最高的前五大行业分别是耐用消费品与服装、半导体、计算机及电子设备、医疗器械与服务和计算机运用行业，退出回报倍数分别为11.68倍、4.39倍、1.96倍、1.58倍和1.36倍。

截至2020年末，退出案例数量排前五的行业分别是计算机运用、房地产、资本品、原材料、医药生物，退出案例数量分别为420个、223个、218个、149

个和142个，合计1 152个，占比达50.17%。累计实际退出金额排前五的行业分别是房地产、计算机运用、半导体、资本品、原材料，退出金额分别为795.21亿元、581.71亿元、575.39亿元、305.05亿元、264.28亿元，合计2 521.64亿元，占比达56.78%。退出回报倍数排前五的行业分别是家庭与个人用品、半导体、保险、医疗器械与服务、交通运输，退出回报倍数分别为4.07倍、3.01倍、2.28倍、2.08倍和1.83倍。（见图4.5.4）。

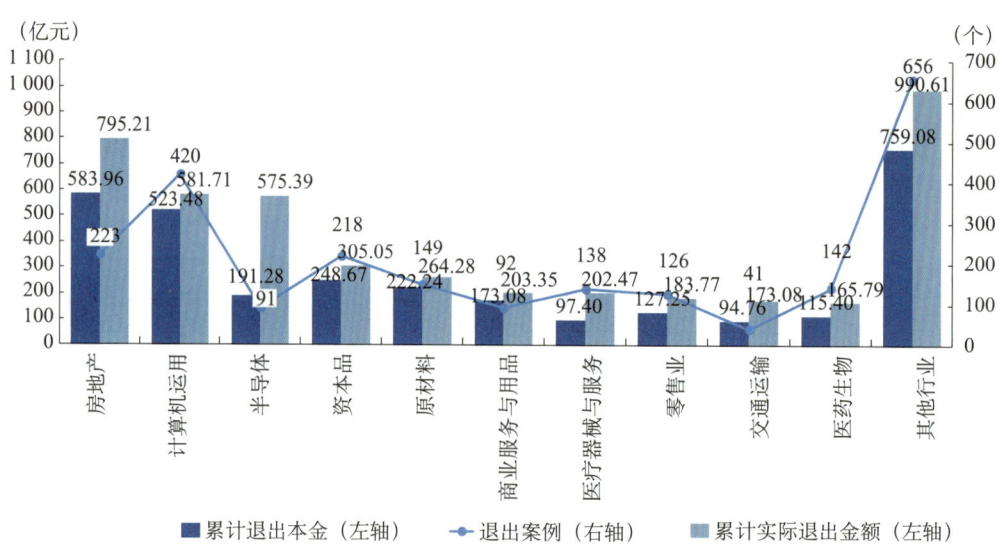

图4.5.4　截至2020年末并购基金退出案例及退出金额

资料来源：中国证券投资基金业协会AMBERS系统。

4.5.4　并购基金退出项目集中在沪、京、粤等地区

上海是并购基金退出规模最大且退出回报最高的地区。2020年，退出案例数位于前三的地区分别是北京、广东和上海，分别为152个、129个和115个；浙江和江苏的退出案例数量紧随其后，分别为103个和92个；5个区域的退出案例合计为591个，占比达65.89%。从实际退出金额看，上海地区的退出金额数最多，为464.22亿元，其次是北京、广东、浙江、江苏，退出金额分别为167.44亿元、134.10亿元、120.56亿元、94.67亿元；5个地区的退出金额合计占比达70.70%。从退出回报来看，上海市并购基金的退出回报倍数最高，为3.20倍，高于全国平均1.55倍的退出回报水平（见图4.5.5）。

图 4.5.5　2020 年并购基金实际退出金额及退出回报

资料来源：中国证券投资基金业协会 AMBERS 系统。

4.5.5　大部分并购基金持有项目期限较短

八成左右的并购基金持有项目期限不足 4 年。截至 2020 年末，并购基金累计退出项目 2 296 个，其中，持有期限在 4 年以下的项目共有 1 941 个，占比 84.54%，即八成左右的并购基金退出项目持有期限不足 4 年。从实际退出金额看，持有期限在 4 年以下的项目退出金额合计 3 752.45 亿元，占比 84.50%。并购基金退出时项目持有期限在两年以下的退出案例数量为 1 093 个，实际退出金额 1 534.71 亿元，在总体退出情况中占比分别为 47.60% 和 34.56%，同比下降 8.20 个百分点和 6.70 个百分点（见图 4.5.6）。

4.5.6　被投企业盈利能力是影响基金退出收益的主要原因

被投企业的盈利水平是影响并购基金退出收益的主要原因。根据协会问卷调研情况，33.96% 的受访管理人认为，2020 年在宏观环境的剧烈波动下，被投企业的盈利水平下滑幅度较大，成为影响基金退出收益不理想的最主要的原因。同时，有 30.19% 的受访管理人认为，退出方式选择变少降低了被投项目退出渠道的可选择性和退出收益。除此之外，有 20.13% 的受访管理人认为项目投资时估值过高挤压了基金退出的收益空间；6.92% 的受访管理人认为退出收益受到

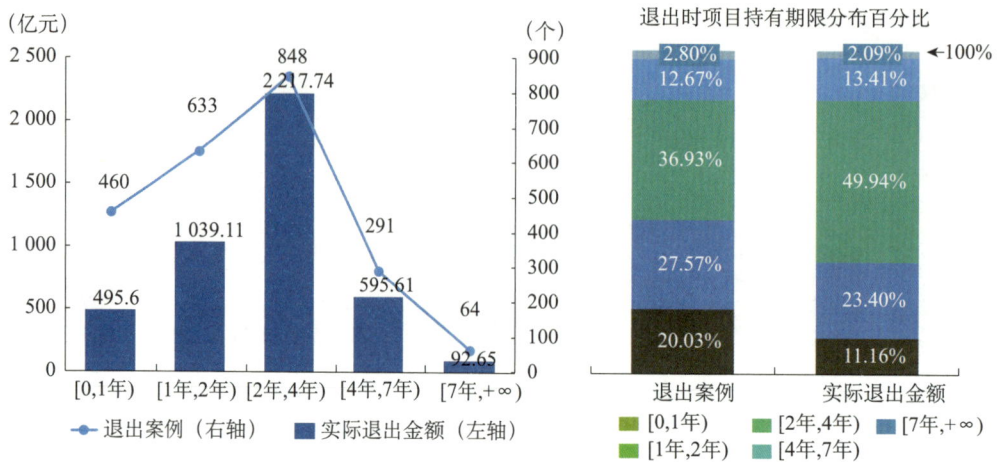

图 4.5.6　截至 2020 年末并购基金项目持有期限及退出情况

资料来源：中国证券投资基金业协会 AMBERS 系统。

限制的主要原因在于受行业竞争等中观因素影响，被投企业经营能力不善；5.03% 的受访管理人认为并购基金投后对项目价值提升有限，从而限制了退出收益（见图 4.5.7）。

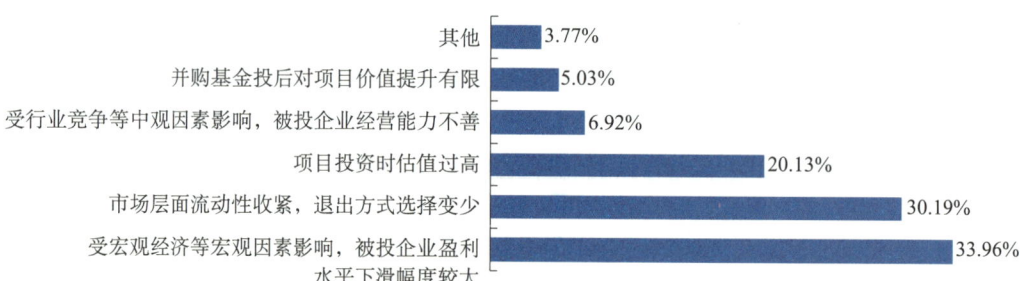

图 4.5.7　2020 年影响退出收益的主要原因

资料来源：中国证券投资基金业协会调查问卷。

5 私募股权母基金[①] 发展情况

[①] 本《报告》仅研究已在中国证券投资基金业协会备案的人民币母基金,未包含美元母基金、证券公司私募基金子公司。

5.1 母基金管理人情况分析

5.1.1 母基金管理人数量与管理规模整体增长,但增速明显放缓

2019年第二季度以来,受多方因素影响,母基金管理人的数量,以及母基金管理人所管理的各类基金数量、规模增速相对放缓。截至2020年末,在协会已登记的母基金管理人数量为1 098家,管理各类基金数量10 141只,管理基金规模37 319.65亿元(见图5.1.1和图5.1.2)。

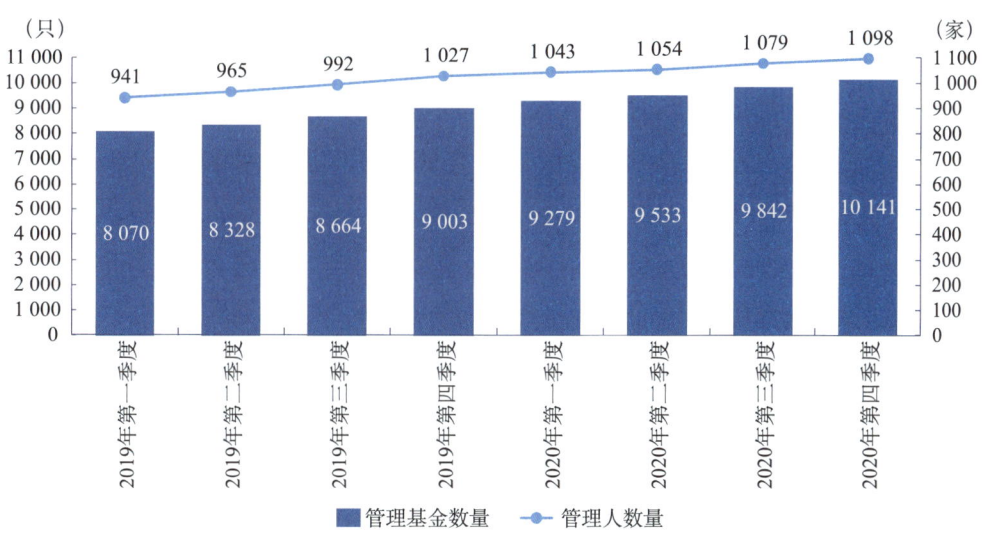

图 5.1.1 2019—2020年各季度末母基金管理人数量、基金数量情况

资料来源:中国证券投资基金业协会 AMBERS 系统。

5.1.2 国有控股母基金管理人资金集聚优势相对明显

2020年母基金管理人控股类型分布情况同2019年较为接近,民营控股母基金管理人数量领先,而国有控股母基金管理人的资金集聚优势有所呈现,数量

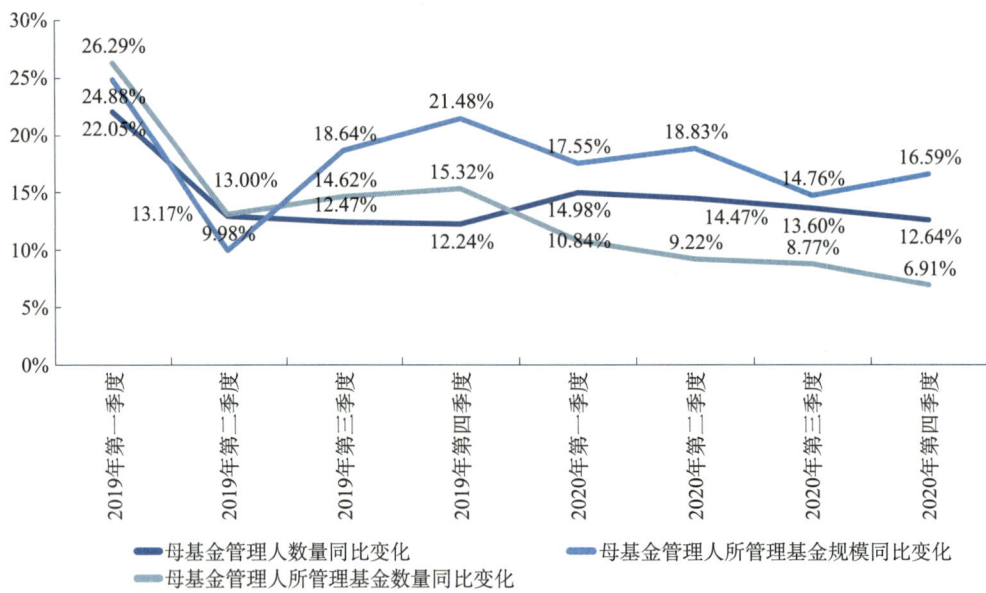

图 5.1.2　2019—2020 年各季度母基金管理人数量、管理基金数量与规模同比增速

资料来源：中国证券投资基金业协会 AMBERS 系统。

约占 28% 的国有控股管理人管理着约 39% 的母基金①。与 2019 年末相比，截至 2020 年末在协会已登记的国有控股母基金管理人数量占比从 25.41% 上升至 28.23%（见图 5.1.3）；但对应管理母基金规模占比由 47.58% 下降至 39.07%。2020 年末民营控股的母基金管理人与 2019 年末相比，机构数量占比由 64.26% 下降至 62.57%，对应管理的母基金规模从 37.98% 上升至 43.13%。2020 年末外商控股的母基金管理人数量占比较 2019 年末小幅下降，对应管理的母基金规模占比从 1.51% 上升至 3.70%。

5.1.3　母基金管理人呈现明显头部集聚效应

国内母基金管理人规模普遍较小，七成母基金管理人在管母基金规模不足 5 亿元，头部母基金管理人资金集聚能力较强。截至 2020 年末，母基金管理人的平均管理母基金规模为 11.07 亿元。其中，2020 年末在管母基金规模集中于 5 亿元及以下的母基金管理人数量占比近 70.22%，对应管理母基金规模占比约

---

①　母基金是指截至统计时点在协会备案的产品类型为私募股权投资类 FOF、创业投资类 FOF（不含单一资管计划）的私募基金，这里的母基金限制了管理人的类型是私募股权、创投基金管理人，因此在统计范围上大于下文中所有备案的母基金数据。

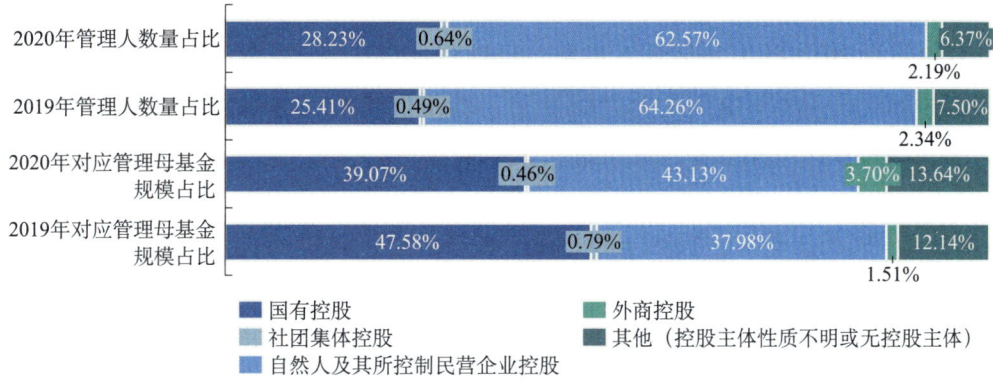

图 5.1.3　截至 2020 年末母基金管理人控股类型分布情况

资料来源：中国证券投资基金业协会 AMBERS 系统。

7%，而在管母基金规模超过 100 亿元的母基金管理人数量占 1.91%，对应管理母基金规模占比达 40.18%，资金向头部母基金管理人集中的特征明显（见图 5.1.4）。

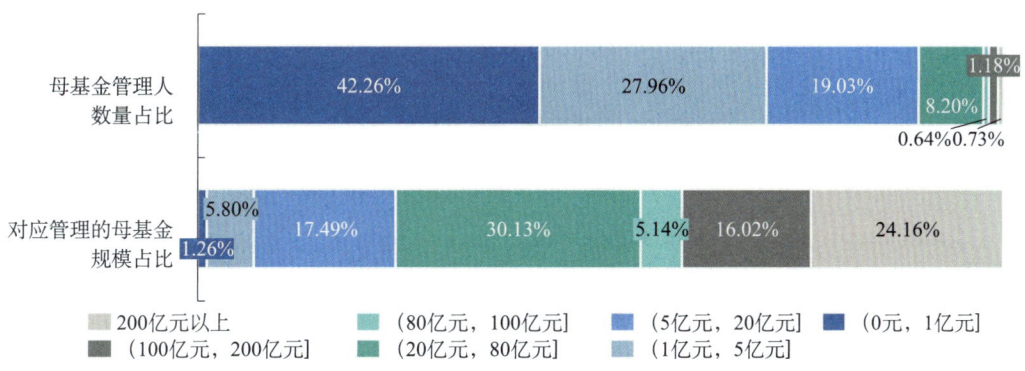

图 5.1.4　截至 2020 年末母基金管理人管理母基金规模分布情况

资料来源：中国证券投资基金业协会 AMBERS 系统。

5.1.4　母基金管理人主要集中在北、上、深

总体看，2020 年在北京办公的母基金管理人所管理的母基金规模保持在第一位，在深圳办公的母基金管理人管理规模保持全国第二，上海市继续排名第三。以证监会 36 个派出机构所在辖区划分，截至 2020 年末，在协会已登记的母基金管理人办公地主要集中在北京、上海、深圳，三地数量合计占比 56.38%，对应在管母基金规模合计占比 64.98%；"第二梯队"集中在江苏、广东（不包

括深圳)、湖北、山西和浙江（不包括宁波）等东部和中部发达地区，管理人数量合计占比 20.86%，对应在管母基金规模合计占比 20.59%。母基金地区发展程度差异大，主要与地区产业发展水平、股权市场发达程度、居民及企业财富实力和政策支持力度等因素密切相关（见图 5.1.5）。

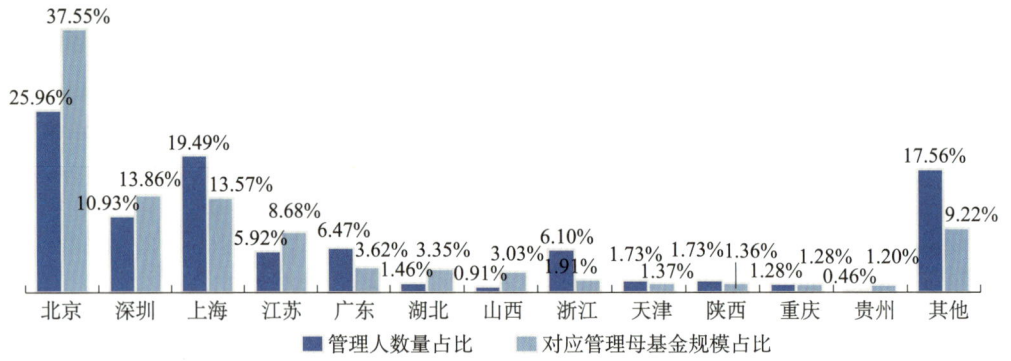

图 5.1.5 截至 2020 年末母基金管理人办公地区分布占比情况

资料来源：中国证券投资基金业协会 AMBERS 系统。

5.2 募资情况分析

5.2.1 私募股权母基金累计备案规模近年持续下降

截至 2020 年末，在协会已备案的母基金规模为 12 506.11 亿元，数量为 2 896 只。在经济波动与监管政策调整等因素影响下，母基金行业规模增速近年有所放缓，在协会累计备案母基金管理规模同比增速从 2018 年的 46.04% 下降至 2020 年末的 16.13%。相较于整个私募股权基金行业累计管理规模的同比增速，母基金行业累计管理规模增速略微领先。母基金在私募股权基金总规模的占比从 2018 年的 10.6% 上升至 2020 年的 10.7%，母基金规模在私募股权基金总规模中占比保持平稳（见图 5.2.1）。

从 2020 年季度新增情况来看，前三季度母基金规模增速 2%—3%，第四季度母基金规模增速达 8.39%，创 2019 年以来新高（见图 5.2.2）。由于受到 2020 年初新冠肺炎疫情冲击，母基金的投融资进一步收缩。伴随 2020 年下半年中国经济的复苏、资本市场改革深化和政府平台资金、产业集团资金、险资等资金的进场，母基金行业迎来"回暖"利好，以更为灵活的投资策略保持发展势能。

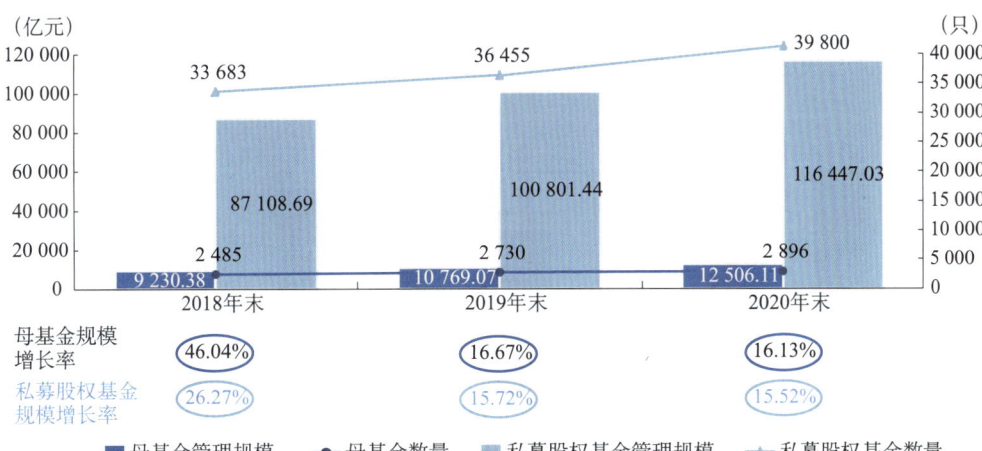

图 5.2.1　2018—2020 年末累计备案母基金和私募股权基金管理规模、数量及规模增长率

资料来源：中国证券投资基金业协会 AMBERS 系统。

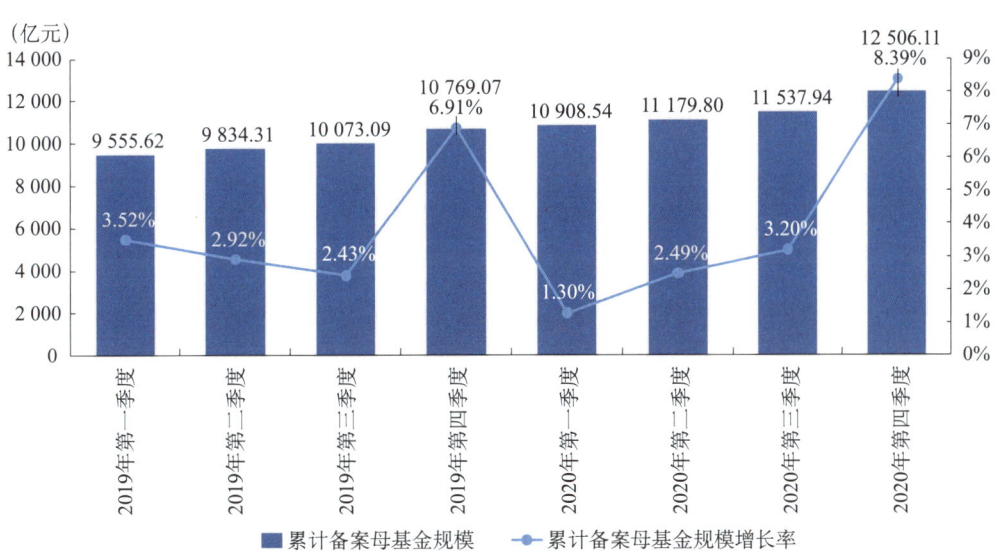

图 5.2.2　2019—2020 年各季度累计备案母基金年度管理规模及增长率

资料来源：中国证券投资基金业协会 AMBERS 系统。

2020 年新增备案的母基金规模下降，清算的母基金规模大幅上升，母基金逐步迎来退出高峰。2020 年新增备案母基金规模 405.92 亿元，数量 361 只，较

2019年同比分别下降20.1%、12.6%。延续上一年的下滑态势，2020年第一季度，受疫情影响，新增母基金规模与数量同比大幅下降，第四季度情况出现好转，新增母基金规模与数量较2019年同期相比增幅显著（见图5.2.3）。2020年母基金清算规模上升，全年清算母基金规模282.35亿元，较2019年同期上升92.0%，母基金行业经过快速发展后，存量母基金逐步迎来退出潮（见图5.2.4）。

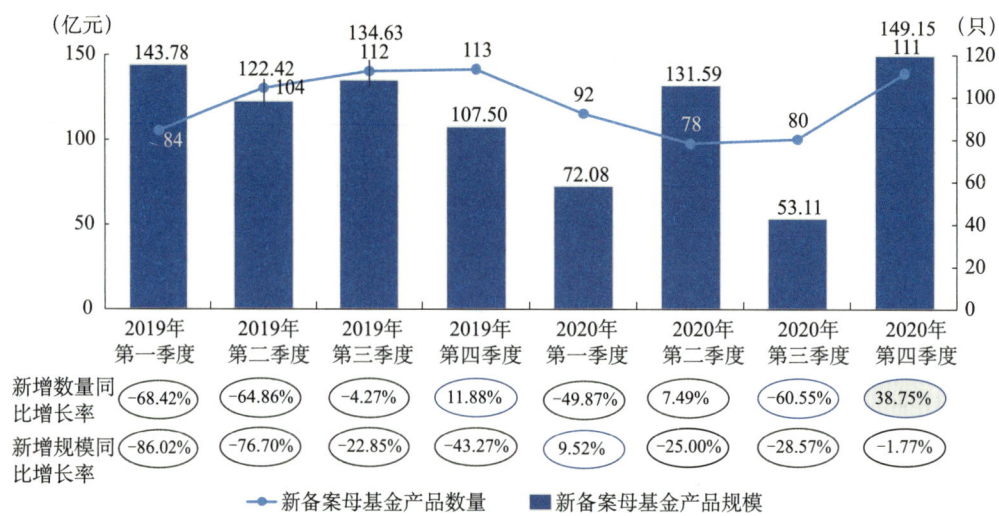

图5.2.3　2019—2020年各季度新增备案母基金数量与规模情况

资料来源：中国证券投资基金业协会AMBERS系统。

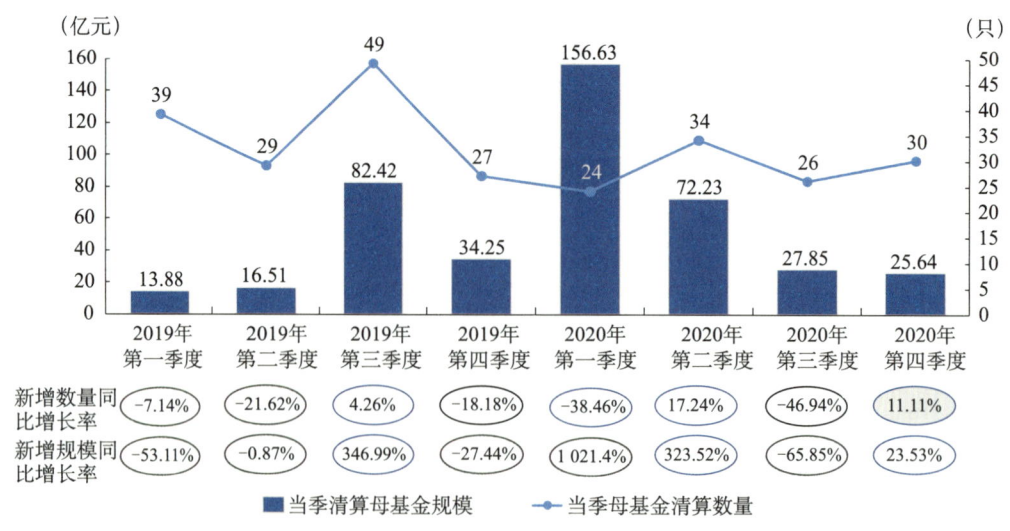

图5.2.4　2019—2020年各季度清算母基金数量与规模

资料来源：中国证券投资基金业协会AMBERS系统。

针对母基金行业的募资形势，协会调查问卷反馈显示募资难度不减往年。同时，受访机构认为，造成募资难的主要因素包括社会资金（金融机构、上市公司等）缺乏、监管政策趋严等。受疫情逐步缓解影响，50.52%的受访机构对2021年的募资持乐观态度；仅33.51%受访机构认为与2020年相比，2021年市场资金依然会较紧张，甚至更困难，该比例较2019年调研结果（60.40%）明显下降。34.54%的受访机构表示长期资金将有所增加，该比例较2019年调研结果（6.93%）大幅上升，反映出机构对于长线资金的期待相对乐观（见图5.2.5、图5.2.6和图5.2.7）。

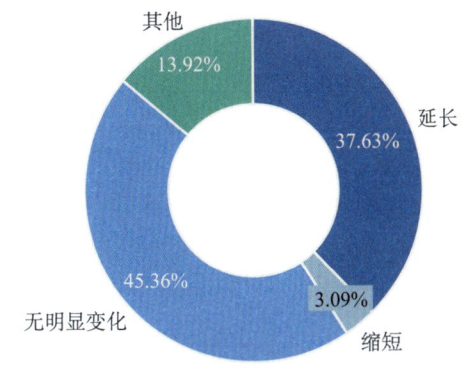

图 5.2.5　2020 年母基金的平均筹款周期变化

资料来源：2021 年中国证券投资基金业协会调研。

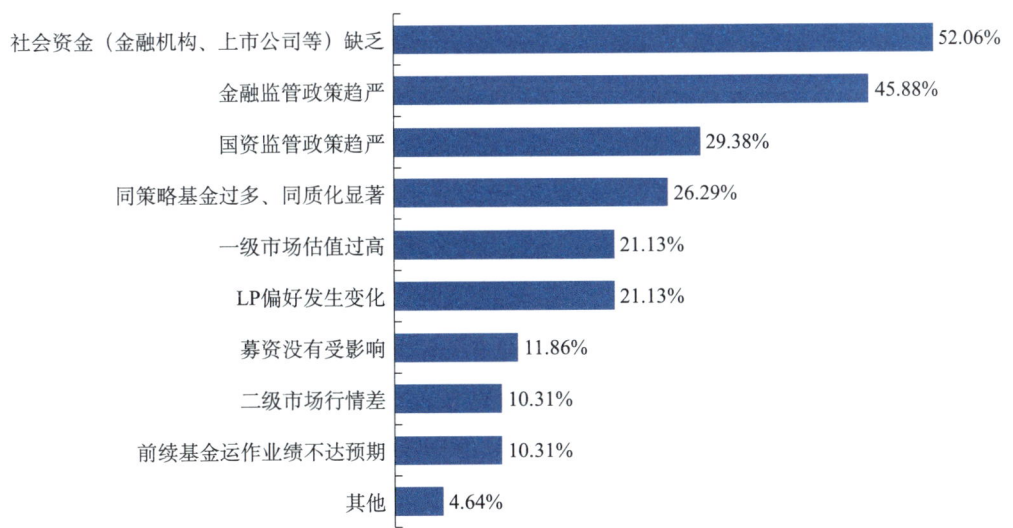

图 5.2.6　2020 年募资与 2019 年相比难度加大的原因

资料来源：2021 年中国证券投资基金业协会调研。

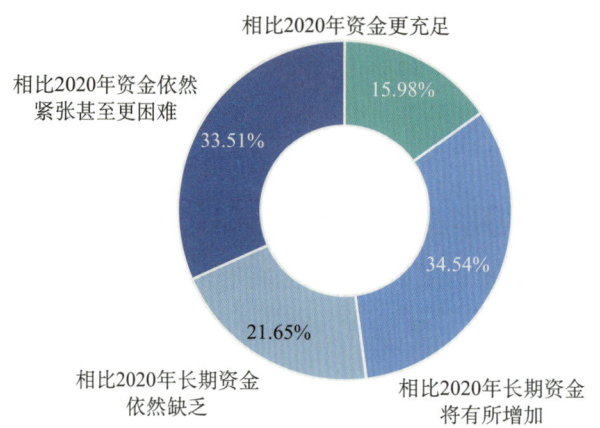

图 5.2.7　母基金管理人对 2021 年行业募集环境预测情况

资料来源：2021 年中国证券投资基金业协会调研。

5.2.2　母基金平均规模上升，头部效应明显

母基金产品中，规模较小的基金数量占比大，规模较大的基金数量少但整体规模更大，头部集中趋势明显。截至 2020 年末，在协会已备案的母基金产品平均规模为 4.32 亿元，较 2019 年的平均规模 3.98 亿元有所上升。单只产品规模分布在 5 亿元及以下的"小规模基金"合计数量占比 86.18%，合计规模占比 18.27%；单只产品规模分布在 20 亿元以上的母基金合计数量和规模分别占比 3.77%、59.75%；单只产品规模在 100 亿元以上的大规模基金，数量仅占比 0.56%，但基金规模合计占比 30.57%。与头部管理人的资金集聚效应类似，大体量母基金是行业规模的主要贡献者（见图 5.2.8）。

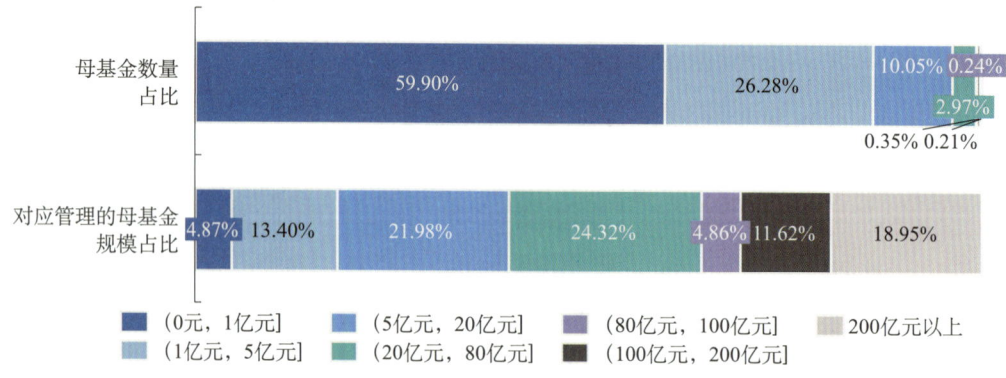

图 5.2.8　截至 2020 年末私募基金管理人管理母基金规模分布情况

资料来源：中国证券投资基金业协会 AMBERS 系统。

从收入来源看，我国母基金以固定比例管理费为主，整体管理费率与国外水平接近。截至 2020 年末，在协会已备案的母基金中，采取固定比例管理费的母基金数量占 60.74%，平均费率为 1.14%；无管理费的母基金数量占 23.58%；采取差异化管理费的母基金数量占 10.50%，平均费率为 0.83%，差异化费率区间最大为 1.4%、最小为 0.61%。整体上我国母基金管理费率与海外市场中位数 0.81% 接近。

基金业协会 AMBERS 系统数据显示，规模在 1 亿—5 亿元的母基金固定比例管理费率为 0.85%—1.23%，规模在 5 亿—80 亿元的母基金固定比例管理费率 0.54%—0.91%，规模在 80 亿—200 亿元的母基金固定比例管理费率为 0.15%—1.00%，规模在 200 亿元以上的母基金固定比例管理费率约为 0.76%。整体来看小规模母基金管理费率居高，中型规模母基金管理费率居中，80 亿元以上大型母基金费率略低。

5.2.3 母基金产品注册地主要集中在一线城市

母基金产品的注册地集中在北京、深圳、江苏、上海。根据证监会 36 个派出机构所在辖区划分，截至 2020 年末，按照规模分布来看，母基金主要集中在北京、深圳、江苏和上海 4 个地区，占比分别为 21.41%、12.33%、12.18% 和 9.35%，合计为 55.27%，母基金产品注册集中地与母基金管理人办公地情况基本一致（见图 5.2.9）。

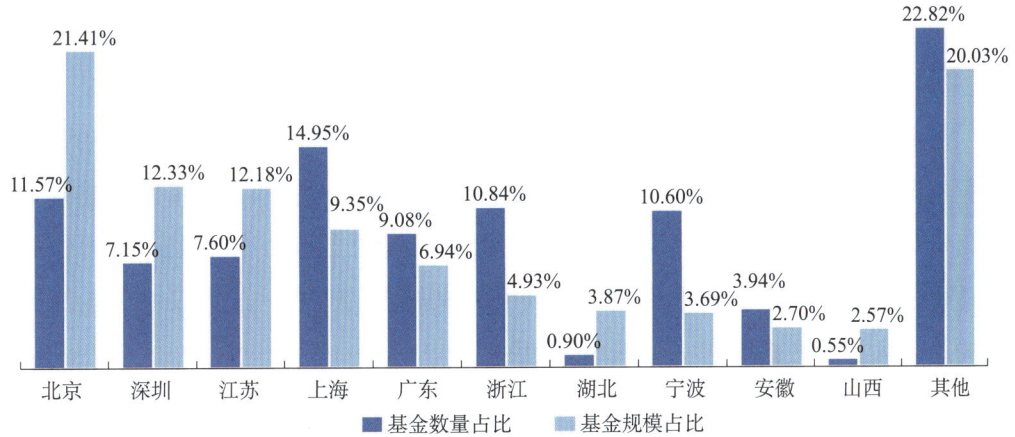

图 5.2.9 截至 2020 年末母基金产品注册地分布情况

资料来源：中国证券投资基金业协会 AMBERS 系统。

5.2.4 母基金主要资金来源是企业和资管计划

母基金行业的主要出资人为企业和资管计划，财政出资日益发挥重要的作用，但仍缺乏社保基金、慈善基金、企业年金、保险资金等长期资本。截至 2020 年末，母基金主要资金来源于企业、资管计划、居民、政府等，对应出资金额占比分别为 59.60%、18.21%、11.15% 和 10.50%。从数据来看，企业是母基金最主要的投资人。同时，养老金、社会基金等长期资金出资金额合计占比仅为 0.44%，长线资金对母基金的参与度仍有待提升（见图 5.2.10）。

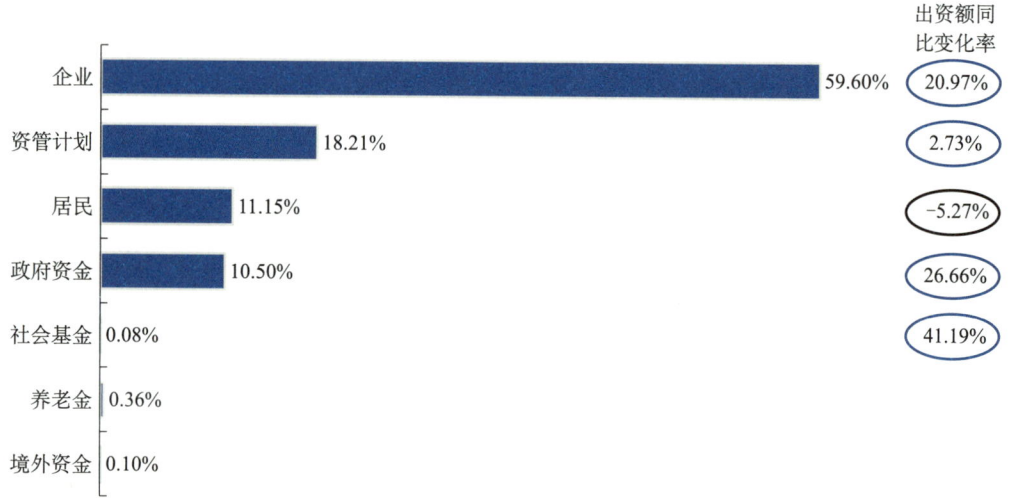

图 5.2.10 截至 2020 年末母基金各类投资人出资金额占比情况

资料来源：中国证券投资基金业协会 AMBERS 系统。

母基金投资者配置时的核心考虑因素是业绩回报，其次是产业引导和资产配置情况。根据协会问卷调研结果，78.35% 的受访机构表示，业绩回报是投资者出资母基金时的首要考虑因素。同时，伴随国资的支持力度加大，46.91% 的受访机构表示母基金的产业引导功能受到越来越多的重视，成为仅次于业绩回报的第二大核心考虑因素（见图 5.2.11）。

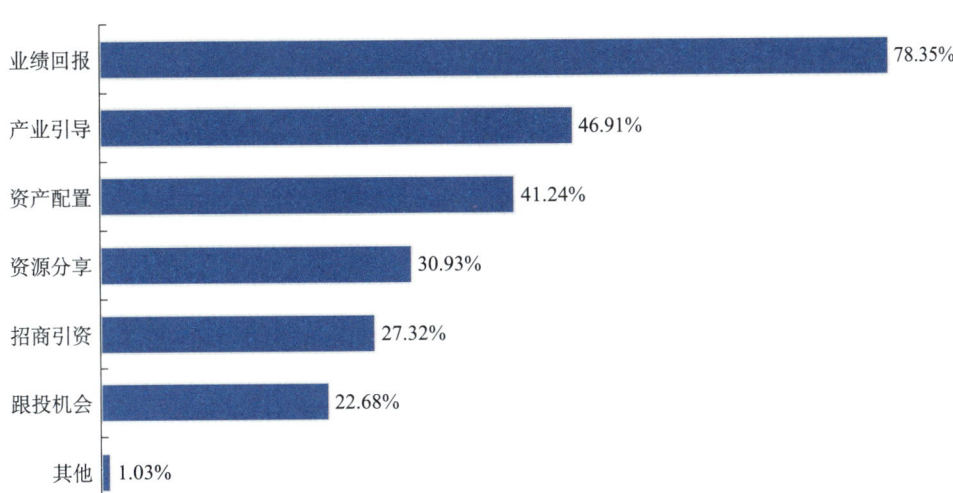

图 5.2.11　我国投资者选择投资母基金的原因

资料来源：2021 年中国证券投资基金业协会调研。

5.3　投资情况分析

5.3.1　母基金投资保持增长

2020 年母基金整体投资规模保持增长，在所投子基金中的出资到位率以及杠杆放大倍数[①]相对于 2019 年基本持平。如图 5.3.1 所示，截至 2020 年末，母基金累计投资子基金 3 901 只，累计认缴规模 12 185.55 亿元，实际出资 6 802.02 亿元，所投子基金管理规模达 23 898.51 亿元，母基金累计认缴规模同比增长 34.10%，累计出资规模同比增长 26.51%，累计投资子基金数量同比增长 32.75%，母基金整体投资规模仍保持增长。截至 2020 年末，母基金在所投子基金中的出资到位率为 55.82%，较 2020 年末出资到位率 59.19% 略微下降，母基金出资的杠杆放大倍数为 2.51 倍，与 2019 年末的杠杆放大倍数 2.35 倍基本持平。

---

① 杠杆放大倍数 = 子基金总规模/母基金出资规模-1。例如，某子基金总规模为 10 亿元，其中某母基金出资 2 亿元，则该母基金的出资的杠杆放大倍数为 4 倍。

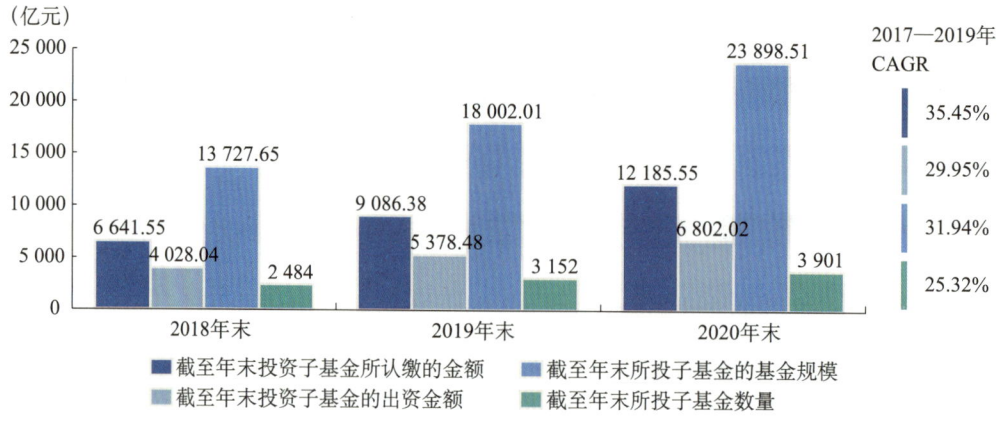

图 5.3.1　截至 2020 年末母基金所投子基金数量与规模情况

资料来源：中国证券投资基金业协会 AMBERS 系统。

协会问卷调查结果显示，41.24% 的受访机构反映其实际投资节奏未放缓，甚至有所加快，而 58.76% 的受访机构认为其 2020 年的投资节奏有所放缓，这一比例较 2019 年有所下降。受访机构认为投资放缓主要是受到资产标的质量、资金储备情况以及一二级市场行情等因素影响，具体包括未找到好的投资标的、新基金未募集到位、一级市场估值调整等原因，分别占比为 29.38%、20.62% 和 9.28%（见图 5.3.2）。

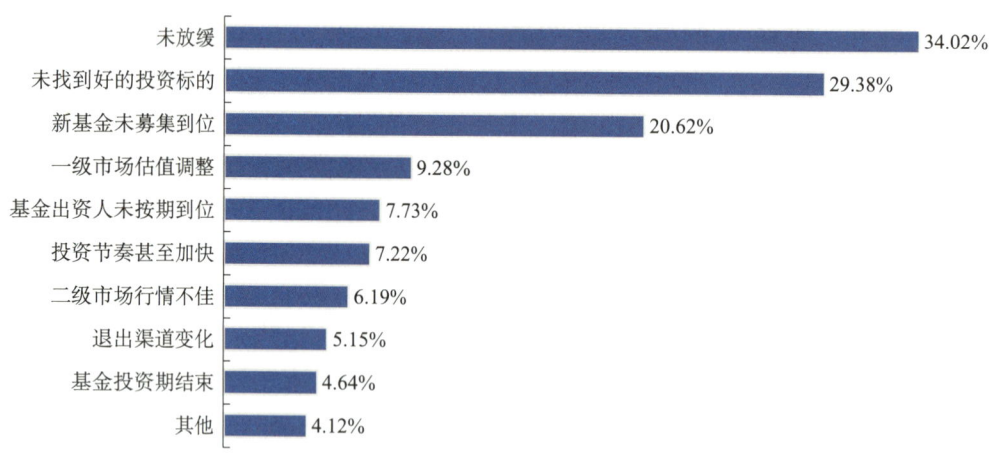

图 5.3.2　2020 年母基金投资节奏是否放缓及其原因

资料来源：2021 年中国证券投资基金业协会调研。

5.3.2 母基金投资有力支持区域经济发展

母基金在所投资子基金管理规模中合计出资比例约 28.46%，行业平均放大倍数为 2.51 倍。截至 2020 年末，按照数量划分，母基金所投子基金注册地主要分布在江苏、浙江、北京、广东和深圳，合计占比 53.88%；按照被投子基金规模划分，前五位的分别是北京、江苏、上海、深圳、浙江，合计占比 60.77%；母基金出资金额前五名分别是北京、江苏、上海、深圳、浙江，合计占比 56.94%；母基金助力被投子基金撬动更多社会资金，放大倍数最大的前三名分别是深圳、安徽、宁波，均超过 4.0 倍，深圳最高达 4.97 倍（见图 5.3.3）。

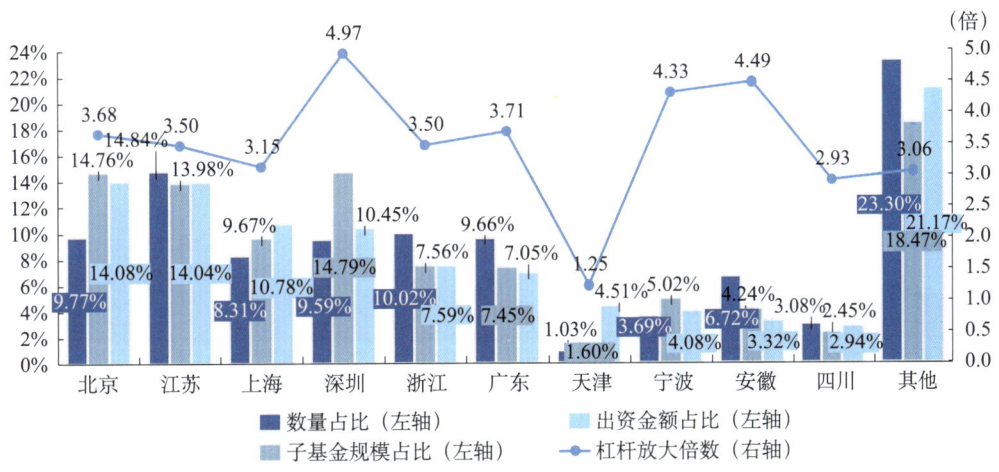

图 5.3.3 截至 2020 年末母基金所投资子基金注册地分布情况

资料来源：中国证券投资基金业协会 AMBERS 系统。

广东为母基金直投规模最大地区[①]。2020 年，母基金直接投资项目数量 556 个，在投金额 769.1 亿元，母基金直接投资项目主要集中在江苏、上海、广东、北京等地，直投项目数量合计 308 个、投资金额 252.05 亿元，投资数量与金额占比分别为 54.42%、32.77%。截至 2020 年末，广东是直投项目最终投向最集中的辖区，项目数量和投资本金占比分别为 15.12%、16.26%（见图 5.3.4 和图 5.3.5）。

北京成为项目最终投向最集中的地区，上海紧随其后。截至 2020 年末，母

---

① 以证监会 36 个派出机构所在辖区划分。

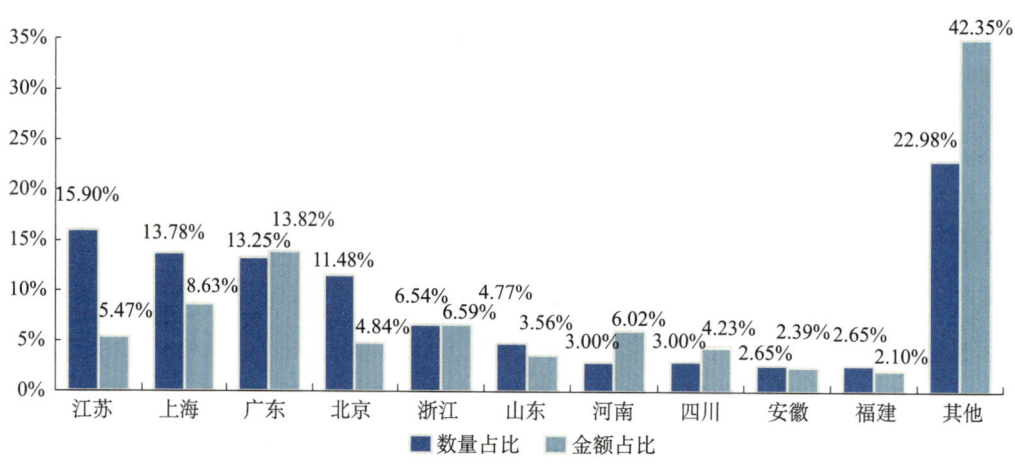

图 5.3.4　2020 年母基金直接投资项目所在地区分布情况

资料来源：中国证券投资基金业协会 AMBERS 系统。

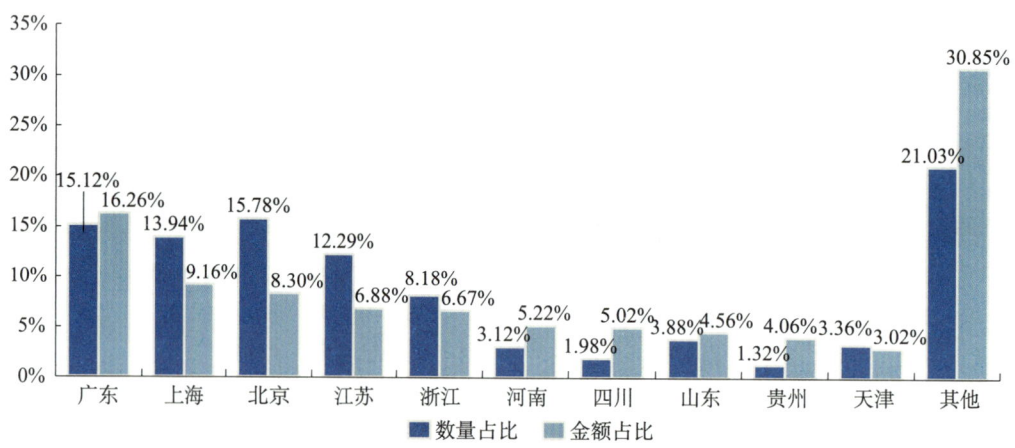

图 5.3.5　2020 年末母基金直接投资项目所在地区规模及数量分布

资料来源：中国证券投资基金业协会 AMBERS 系统。

基金直接投资项目及其所投子基金投资项目合计案例数量 24 880 个，投资本金 15 129.05 亿元，其中母基金直接投资及所投子基金的投资主要集中在北京、上海、广东、江苏、浙江等地，累计投资项目 18 840 个、投资金额 9 111.35 亿元，投资数量与金额占比分别为 75.72%、60.22%（见图 5.3.6）。

5.3.3　母基金的投资有力支持新兴行业与部分传统行业发展

母基金直接和间接投资项目主要分布在信息技术、医疗健康、半导体等战略新兴行业，以及航空航天与国防、机械制造、房地产等传统行业，有力地支

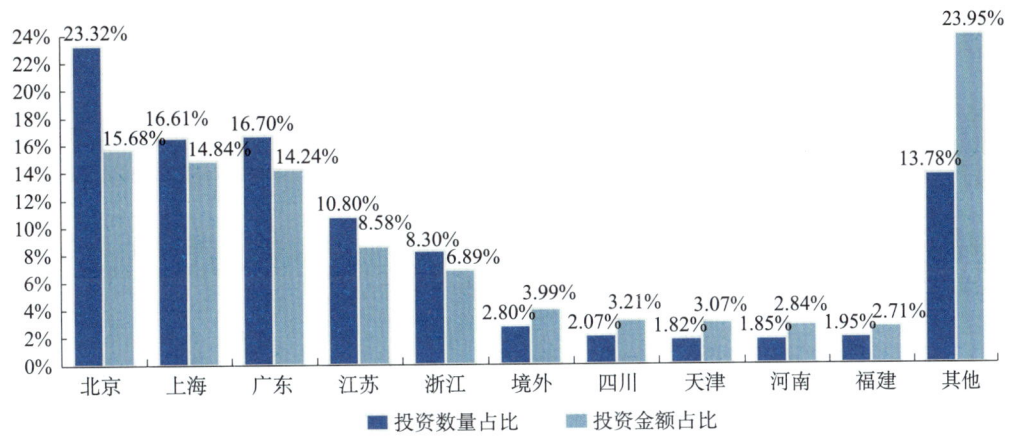

图 5.3.6 截至 2020 年末母基金直接投资项目和所投子基金投资项目辖区分布情况

资料来源：中国证券投资基金业协会 AMBERS 系统。

持实体企业的创新发展。按照中证行业分类标准的二级行业来看，如图 5.3.7 所示，截至 2020 年末，母基金直接投资项目及其所投子基金投资项目合计案例数量 24 880 个，在投本金 15 129.05 亿元；其中资本品[①]、计算机运用、其他金融、半导体、房地产、医药生物、交通运输、医疗器械与服务[②]、原材料、计算机及电子设备行业投资分别占比 16.23%、14.05%、7.88%、6.56%、6.54%、6.36%、5.70%、5.66%、4.81%、3.02%，合计占比 79.71%，累计投资 12 058.78 亿元。母基金偏好投资创投基金与成长型基金。

协会问卷调查结果显示，64.43% 的母基金管理人表示未来将重点布局医疗健康领域，超过四成的受访机构表示会关注信息化及 IT 技术（含计算机运用、计算机设备等）、高端装备制造、人工智能、新材料。较 2019 年，受访机构对于高端装备制造、人工智能的投资热情下降，而对于信息化及 IT 技术（含计算机运用、计算机设备等）、新材料的投资意愿上升（见图 5.3.8）。

5.3.4 母基金投资子基金核心关注因素是团队背景和过往业绩等

母基金投资子基金的决策周期集中在 3—6 个月，在投资子基金时最关注团

---

① 资本品大项包含航空航天与国防、建筑产品、建筑与工程、电气设备、工业集团企业、机械制造、环保设备、工程与服务行业。
② 医疗器械与服务行业包括医疗器械、医疗用品与服务提供商行业。

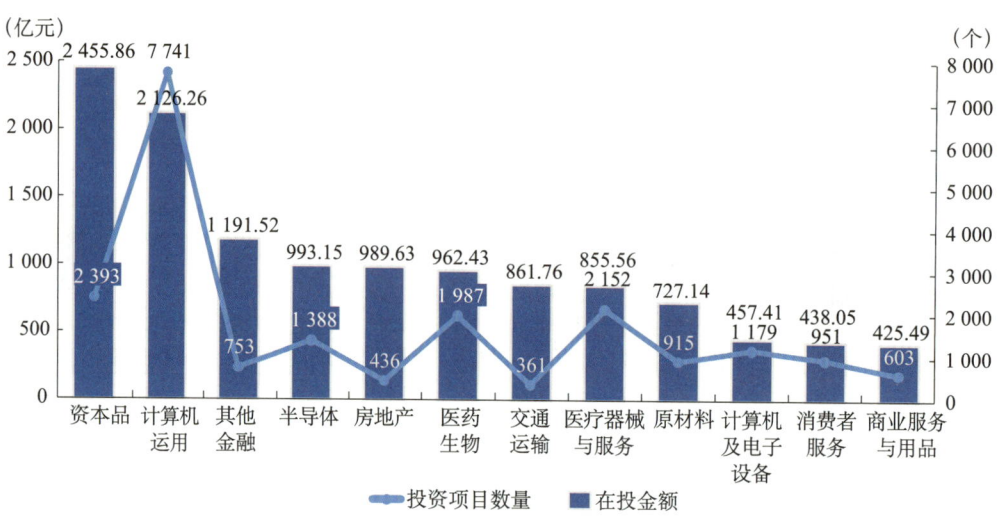

图 5.3.7　截至 2020 年末母基金直接投资项目及所投子基金所投项目行业分布情况

资料来源：中国证券投资基金业协会 AMBERS 系统。

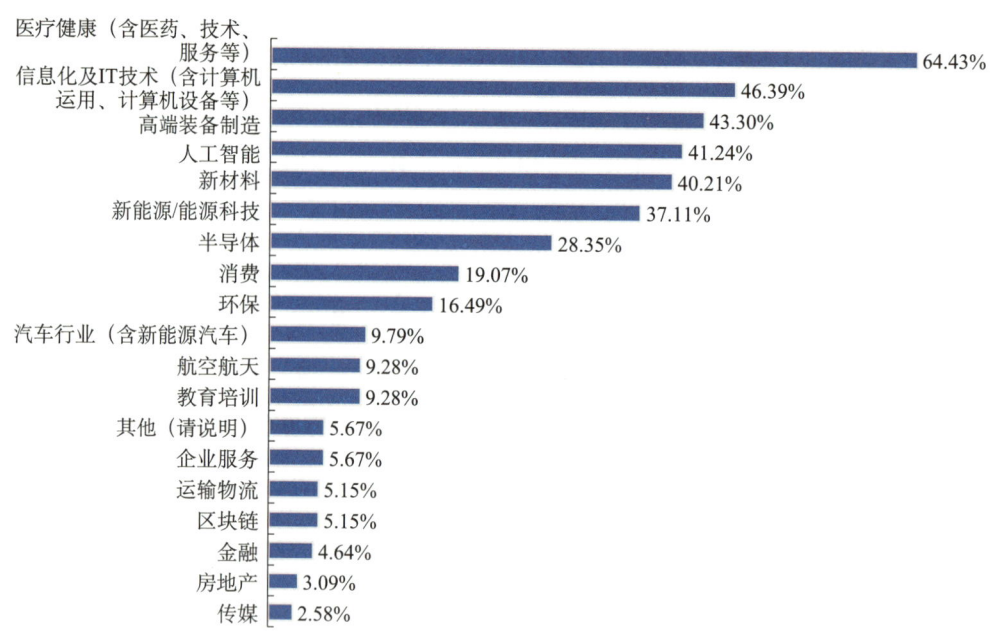

图 5.3.8　2020 年重点投资的方向

资料来源：2021 年中国证券投资基金业协会调研。

队背景，在复投子基金时最关注基金策略是否变化以及团队是否能在该领域展示出优势。决策时间一定程度上反映了母基金管理人的投资效率，协会问卷调查结果显示，多数母基金管理人的决策周期在3—6个月，其次是6—12个月。在筛选备选子基金时，母基金管理人最看重的因素依次是团队背景、过往业绩、所投行业及轮次；相反，不再复投子基金的最主要原因是过往业绩未达预期、基金策略发生重大变化且未能展示团队在该领域的优势，以及主要管理团队发生变化等（见图5.3.9、图5.3.10和图5.3.11）。

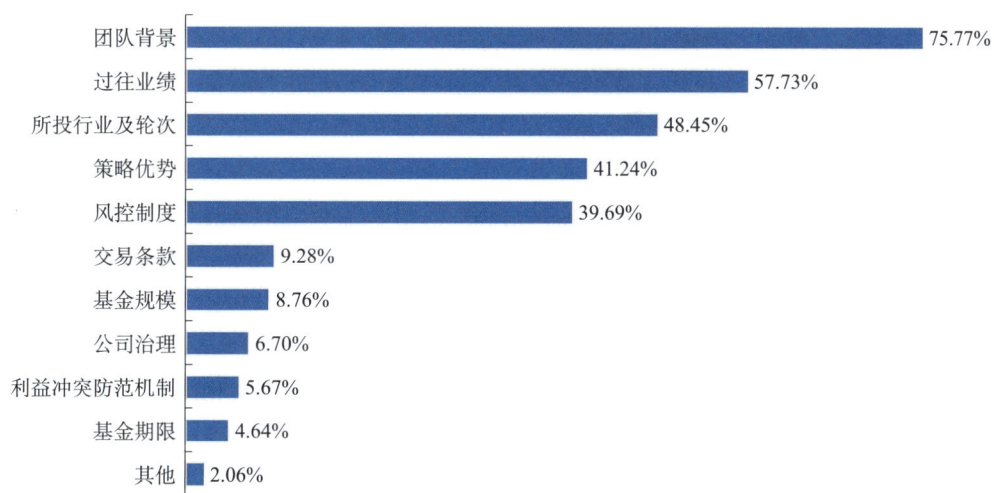

图5.3.9　母基金筛选被投基金的标准[①]

资料来源：2021年中国证券投资基金业协会调研。

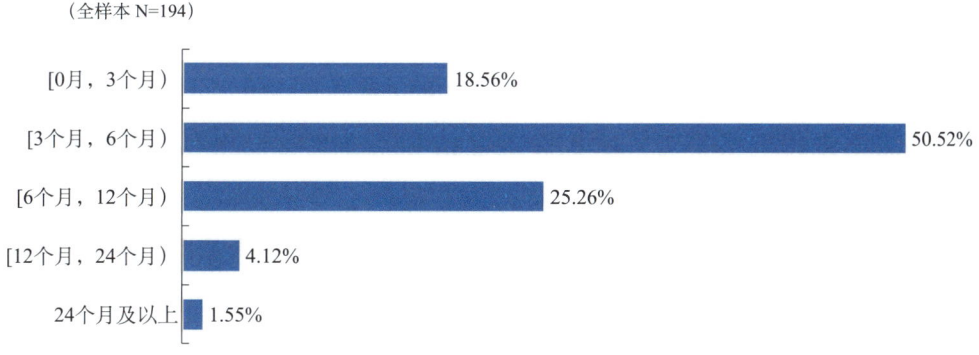

图5.3.10　母基金从接触子基金到做出投资决定所用平均时间

资料来源：2021年中国证券投资基金业协会调研。

---

① 受访母基金在问卷中选择筛选被投基金时最重要的3个标准。

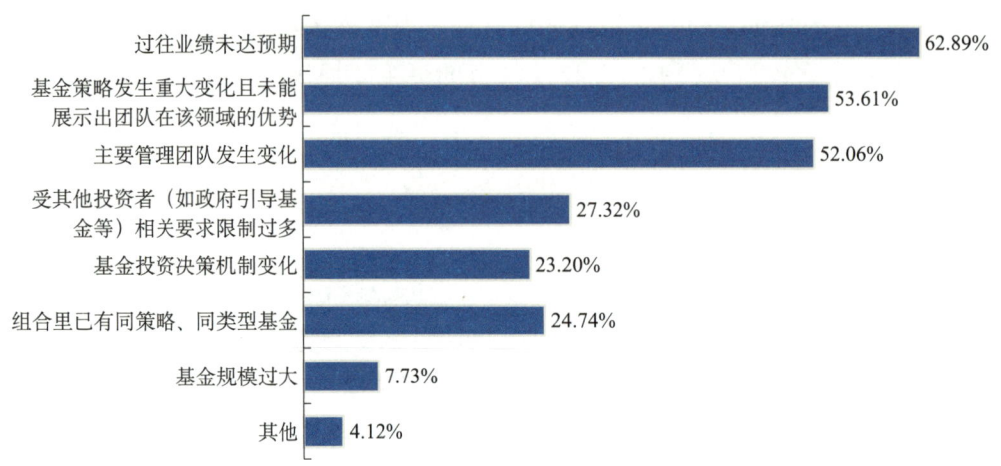

图 5.3.11　母基金考察曾经投资团队的新募集基金时最终不进行再次投资的原因

资料来源：2021 年中国证券投资基金业协会调研。

5.3.5　创投及成长型基金是母基金主要投资方向

母基金实际投资中倾向投资创投及成长型基金。根据协会问卷调查结果显示，母基金偏好投资创投基金与成长期基金，约 40% 的受访母基金管理人对创投基金、成长型基金的配置比例高于 40%，而对于房地产基金、基础设施基金、自然资源基金配置比例相对较少。母基金配置状况与我国私募股权市场产品体量分布较为接近。

母基金对直投项目的配置相对有限。协会问卷调查结果显示，20.62% 的受访母基金不进行直接投资，35.05% 的受访母基金有直投项目，但比例小于 20%，有 35.57% 的母基金直投比例在 20%—50%，为占比最多的区间。此外，78.87% 的受访母基金表示不会提升 2020 年的直投比例，基金策略将整体保持不变（见图 5.3.12 和图 5.3.14）。

2021 年新募母基金将主要投资于创投基金与成长型基金。协会问卷调查结果显示，62% 的受访母基金 2021 年无新一期母基金募集计划，有募集计划的母基金管理人计划将新基金主要投资于创投基金和成长型基金，有计划募集新基金的受访机构中，两者的比例分别为 55% 和 62%（见图 5.3.15）。

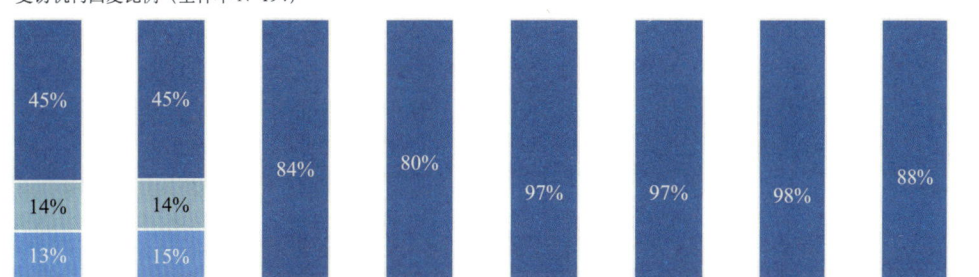

图 5.3.12 母基金实际投资中主要投向子基金种类及具体比例

资料来源：2021年中国证券投资基金业协会调研。

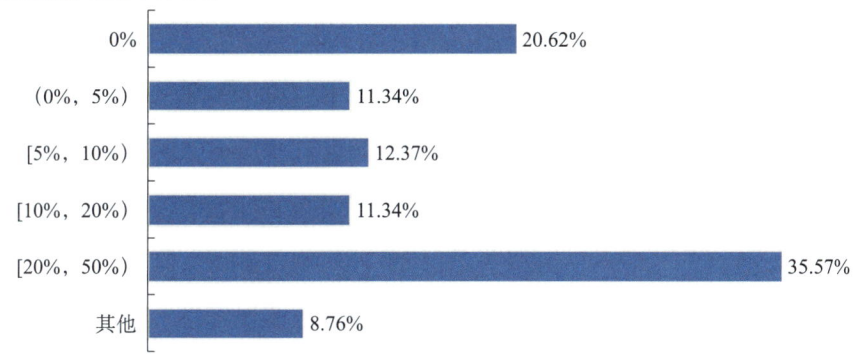

图 5.3.13 母基金直接投资项目的比例

资料来源：2021年中国证券投资基金业协会调研。

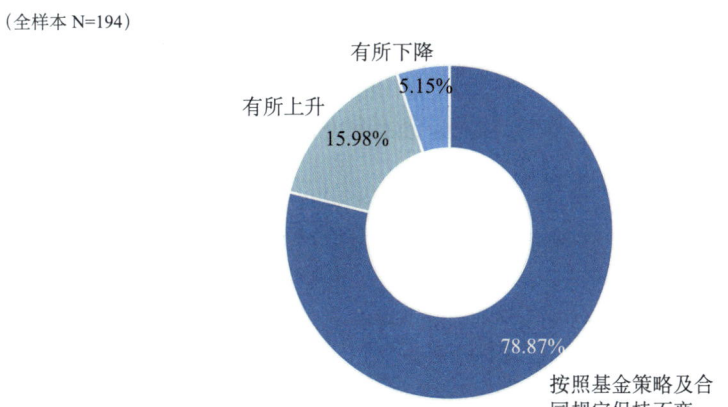

图 5.3.14 2021年相比2020年对直接投资项目的投资比例偏好变化

资料来源：2021年中国证券投资基金业协会调研。

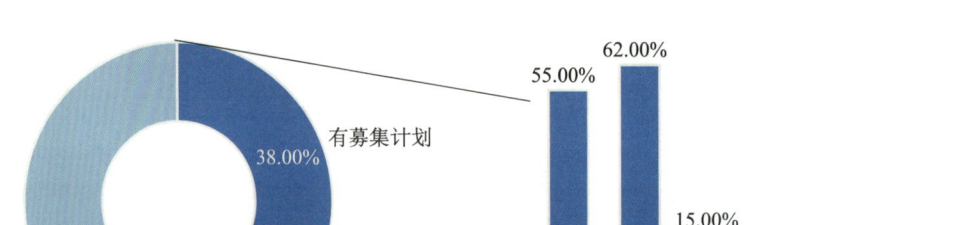

图 5.3.15　2021 年新募母基金将采取何种投资策略

资料来源：2021 年中国证券投资基金业协会调研。

5.4　投后管理情况分析

5.4.1　母基金对子基金的投后管理更加重视

协会问卷调查结果显示，过半受访母基金已实现管理软件与管理体系构建。55.00%的受访母基金通过自建、外购等方式构建信息系统，用于日常监测被投基金情况。41.00%的受访机构认为应该加入子基金的投资决策委员会，以避免母基金利益受到损害。同时，29.00%的受访机构表示应该视情况干预子基金的发展，仅有28.00%的受访母基金认为不应干预子基金（见图5.4.1）。

协会问卷调查结果显示，母基金有较强的跟投意愿，主要驱动因素是跟投的收益高，且往往契合政策支持方向。受访母基金中，56%有意向跟投，35%的受访母基金倾向跟投高收益项目，28%的母基金倾向跟投符合政策方向的项目（见图5.4.2）。

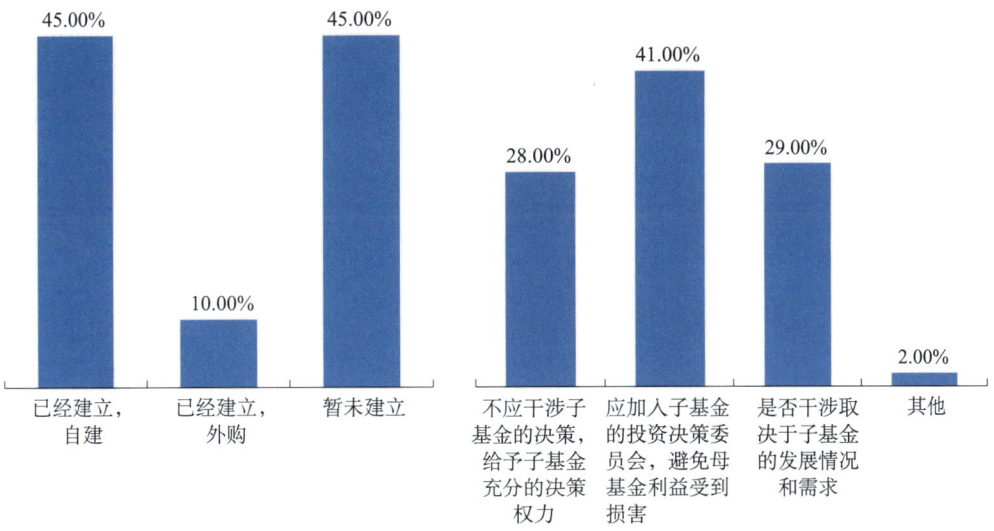

图 5.4.1 母基金建立信息管理系统的具体情况以及对参与子基金的决策的态度

资料来源：2021 年中国证券投资基金业协会调研。

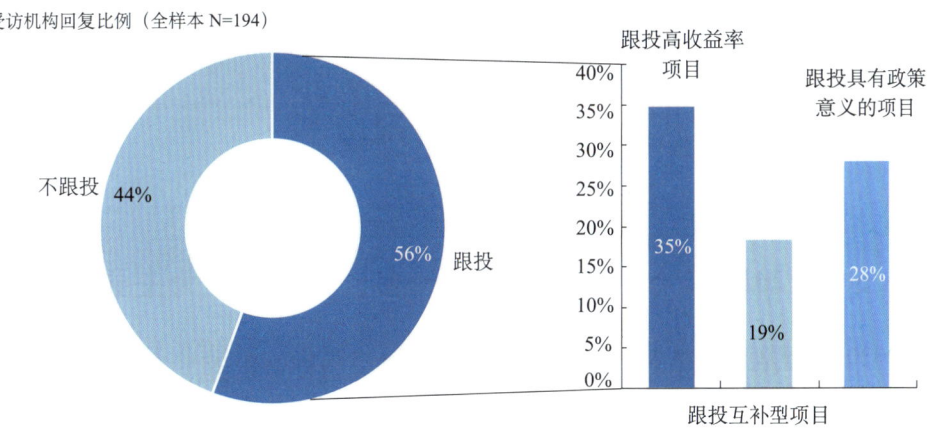

图 5.4.2 母基金跟投情况

资料来源：2021 年中国证券投资基金业协会调研。

5.4.2 母基金对子基金提供更为丰富的增值服务

伴随母基金行业发展壮大，多数母基金开始为被投子基金提供增值服务。协会问卷调查结果显示，80%的受访母基金为被投子基金提供增值服务，60%为子基金推介项目，56%帮助子基金开拓融资渠道，38%为子基金设计战略规划，31%为子基金进行人才推介，33%为子基金提供退出指导。随着母基金行业逐步走向成熟，母基金由单一的"投资"向"投资＋投后赋能转型"，为被投基金提供全生命周期的赋能，推动投资生态更加完善（见图5.4.3）。

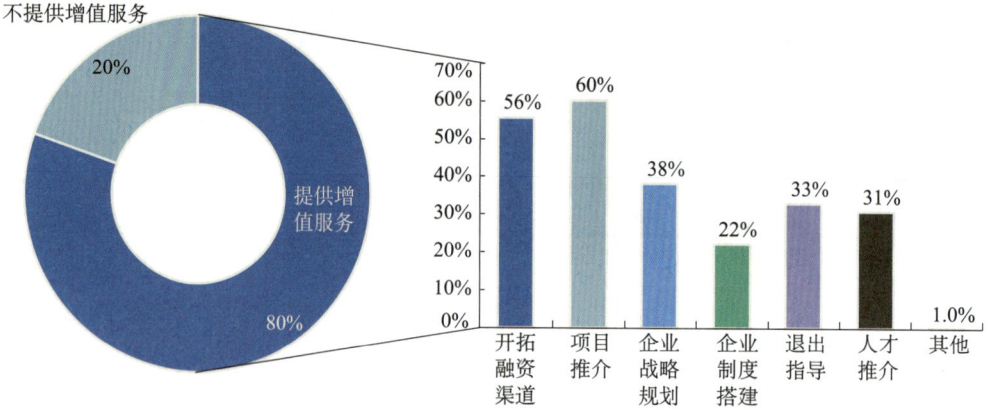

图5.4.3　母基金对所投资基金提供的增值服务

资料来源：2021年中国证券投资基金业协会调研。

5.5　退出情况分析

5.5.1　2020年母基金退出大幅增多，协议转让为主要退出方式

2020年母基金退出大幅增多，行业迎来退出高峰。2020年母基金直接投资项目和所投子基金投资项目实现退出[①]4 672个，同比增长55.42%，发生退出[②]7 633次，同比增长55.78%，累计退出本金[③]2 908.86亿元，累计实际退出金额5 153.44亿元[④]。

2020年母基金直接投资项目及所投子基金投资项目的主要退出渠道为协议转让与企业回购，2020年通过协议转让退出的实际金额占36.69%，较2019年的

---

① 实现退出个数是指截至统计时点所投资案例退出（含完全退出）的数量。
② 发生退出次数是指截至统计时点产品投资案例发生退出的次数。
③ 退出本金数额是指截至统计时点产品退出案例时累计投资案例的金额。
④ 实际退出金额是指至统计时点产品退出案例时实际退出金额。实际退出金额＝退出本金＋股权增值。

50.05%的占比有所下降（见图5.5.1）。母基金行业经历长期发展，已经进入密集退出期。此外，中国每年境内上市公司数量有限，远远不能满足市场退出需求，并且尚未形成完备的并购市场。在此背景下，协议转让成为包括母基金在内的私募股权基金重要的退出渠道。伴随着母基金的退出压力增加，协议转让占比持续保持高位。

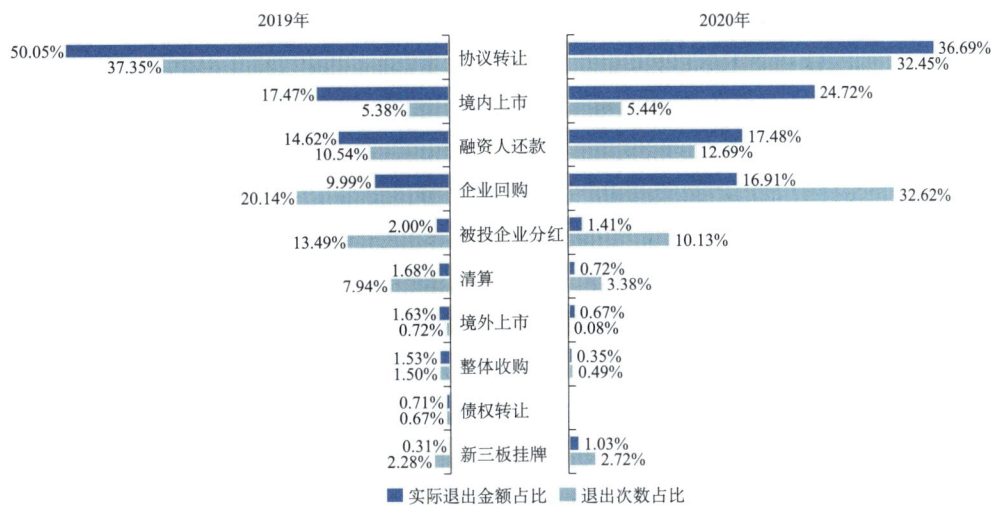

图 5.5.1　2019—2020 年母基金直接投资项目及所投子基金投资项目退出渠道分布

资料来源：中国证券投资基金业协会 AMBERS 系统。

5.5.2　退出倍数[①]整体有所上升，境内上市退出倍数最高

2020年退出项目的整体退出倍数有所上升，项目境内上市退出倍数最高。2020年各类退出方式平均退出倍数为1.74倍，较2019年的1.44倍有所提升。2020年各类退出方式中，境内上市以5.08倍的退出倍数位列第一，较2019年境内上市2.50倍的退出倍数大幅上升，主要原因是疫情期间货币、财政政策持续提振，再加上新三板精选层转板细则出台、创投基金股东减持新规[②]发布、企业科创属性有据可循、创业板注册制正式落地等，助推2020年疫情下的IPO市场依然活跃（见图5.5.2）。

---

① 本章退出倍数计算公式为：退出倍数＝实际退出金额÷退出本金。
② 2020年证监会对反向挂钩政策做了修订和完善，进一步拓宽了享受反向挂钩政策适用主体范围等。

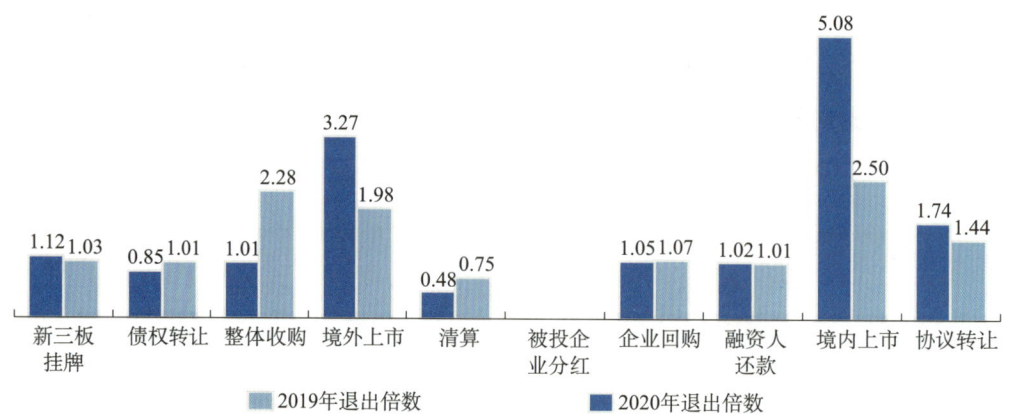

图 5.5.2　2019—2020 年母基金直接投资项目及所投子基金投资项目退出倍数

资料来源：中国证券投资基金业协会 AMBERS 系统。

5.5.3　退出项目主要集中在计算机等领域，半导体行业退出倍数最高

计算机运用成为退出案例数量最多的行业，半导体行业的退出倍数居全行业第一。2020 年，母基金直接投资项目及所投子基金投资项目退出案例主要来自计算机运用、资本品、房地产等行业。其中计算机运用行业发生 549 个退出案例，数量占比 23.17%，实际退出金额占比 12.59%，资本品发生 259 起退出案例，数量占比 10.93%，实际退出金额占比 21.98%。从退出的平均回报率倍数来看，半导体超越计算机及电子设备行业，位居行业第一，退出倍数为 7.96 倍（见图 5.5.3）。

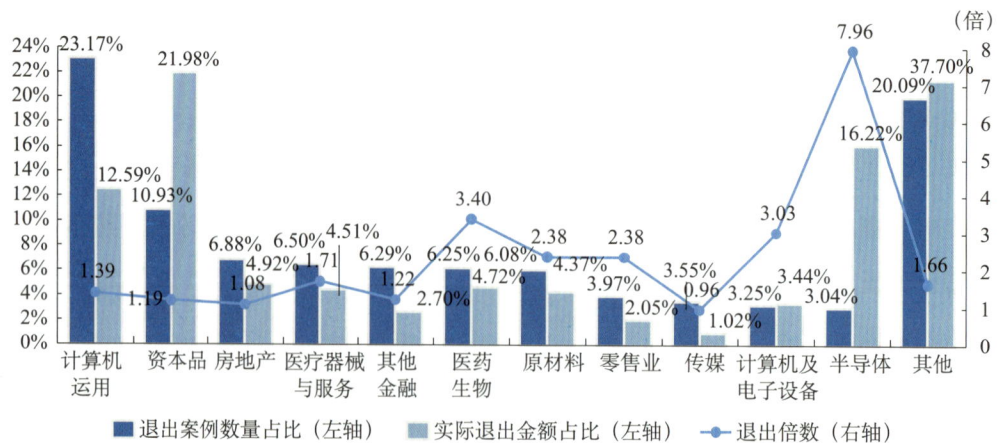

图 5.5.3　2020 年母基金直接投资项目及所投子基金投资项目行业退出案例数量及退出倍数

资料来源：中国证券投资基金业协会 AMBERS 系统。

5.5.4 母基金存在一定的清算退出困难

到期母基金退出存在一定的清算退出困难。据受访机构反馈，13.92%的受访母基金认为资本市场退出节奏不易预期，14.95%的母基金认为基金的投资收益及退出安排不及预期。仅有9.79%的母基金表示基金清算不存在困难，而占比最多的是66.49%的母基金管理人由于基金未到期尚未考虑这一问题（见图5.5.4）。

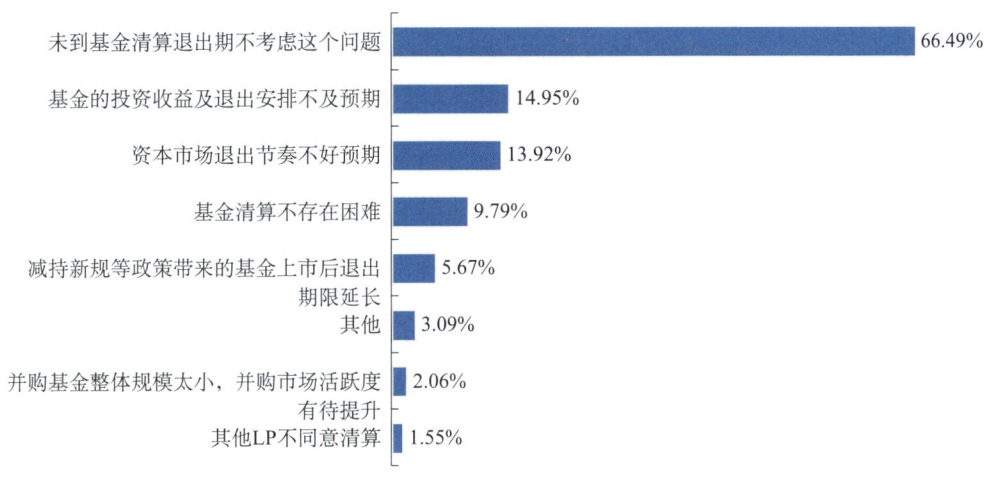

图 5.5.4 母基金清算退出的主要困难

资料来源：2021年中国证券投资基金业协会调研。

5.5.5 母基金存在转让份额的诉求，但S基金发展尚面临一定挑战

母基金的出资人存在份额转让的诉求。协会问卷调查结果显示，39.18%的受访的机构表示其LP有份额转让需求，主要是满足资金流动性需求，或者为了调整投资组合，或者是受政策和监管影响（见图5.5.5）。

目前市场信息不对称严重，缺少了解S基金（Secondary Fund）渠道，且市场上缺乏专业S基金等是S基金发展的主要挑战。协会问卷调查结果显示，仅有1.55%的受访机构使用过S基金作为退出手段，42.27%的机构考虑采取S基金。43.81%的受访母基金表示市场信息不对称，严重缺少了解S基金的渠道，

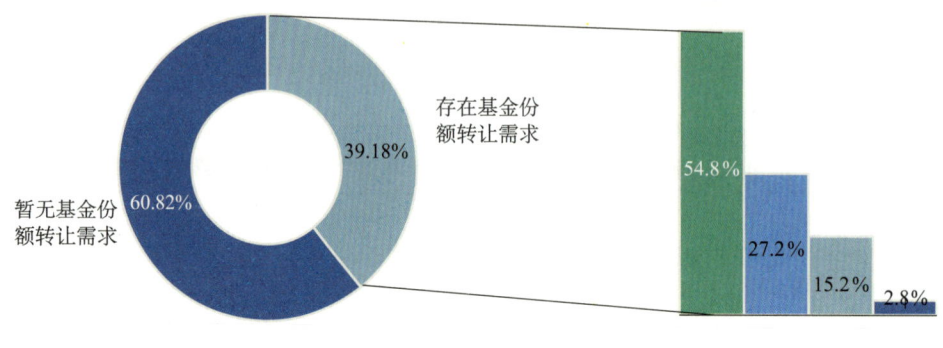

图 5.5.5　2020 年母基金 LP 份额转让需求情况

资料来源：2021 年中国证券投资基金业协会调研。

42.78%的受访母基金表示市面上缺乏专业 S 基金，37.63%的受访母基金表示不了解 S 基金（见图 5.5.6）。基于受访机构调研结果，目前 S 基金尚未被大范围使用的主要原因是市场信息不对称，严重缺少了解 S 基金的渠道以及市场上缺乏专业 S 基金。目前母基金管理人对于 S 基金的了解也十分有限，市场急需参考能够呈现 S 基金具体运作方式的典型案例。

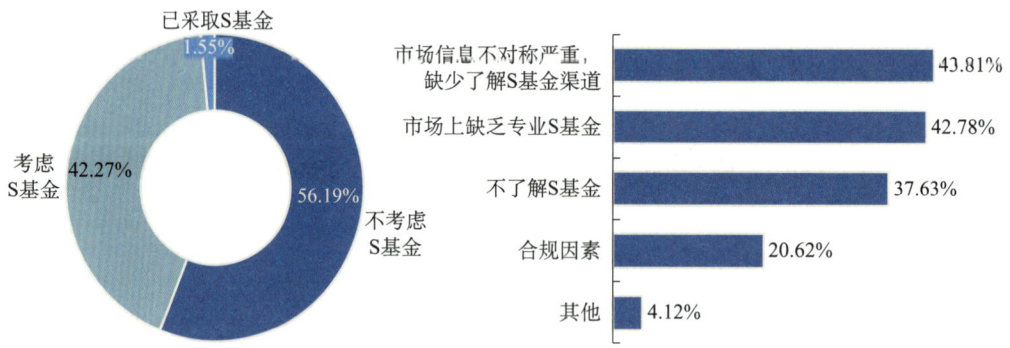

图 5.5.6　机构采取 S 基金意愿情况以及认为采取 S 基金退出主要的困难

资料来源：2021 年中国证券投资基金业协会调研。

5.6 政府引导基金[①]发展情况

5.6.1 政府引导基金数量与规模稳步上升

2020年政府引导基金管理人与基金数量持续稳步上升。截至2020年末,政府引导基金数量为1 621只,规模为9 834.32亿元,同比分别上涨13.04%和17.87%。2020年政府引导基金增长较快,市场影响力日益凸显,为政府在招商引资、招才引智方面提供了重要的抓手(见图5.6.1和图5.6.2)。

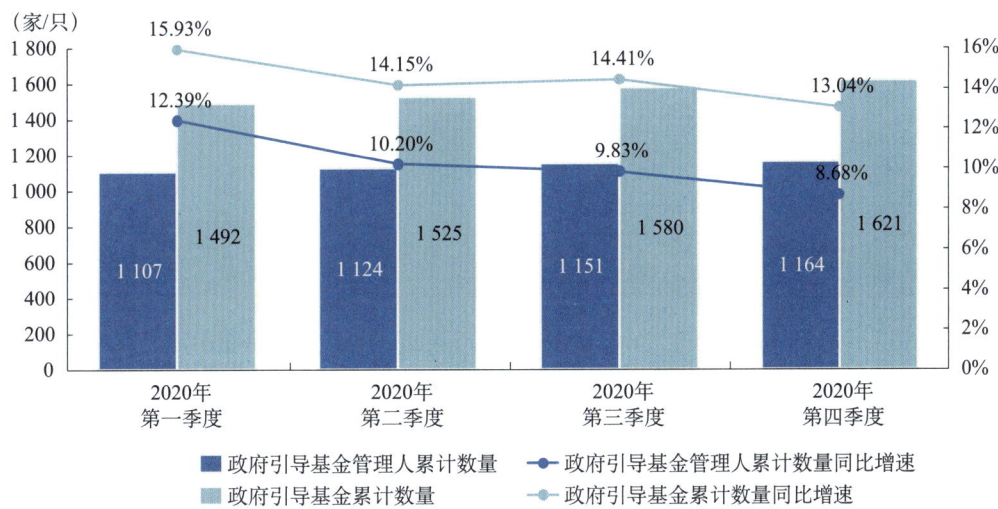

图5.6.1 2020年各季度政府引导基金管理人及政府引导基金累计数量及同比增速

资料来源:中国证券投资基金业协会AMBERS系统。

2020年政府引导基金新增规模有所下降。2020年新增政府引导基金211只,新增规模642.94亿元,较2019年分别同比下降14.92%、16.17%(见图5.6.3)。

政府引导基金头部效应明显。规模在20亿元以下的政府引导基金数量占

---

① 2015年11月财政部发布的《政府投资基金暂行管理办法》(财预〔2015〕210号)对政府引导基金做出定义,政府投资基金是指由各级政府通过预算安排,以单独出资或与社会资本共同出资设立,采用股权投资等市场化方式,引导社会各类资本投资经济社会发展的重点领域和薄弱环节,支持相关产业和领域发展的资金。

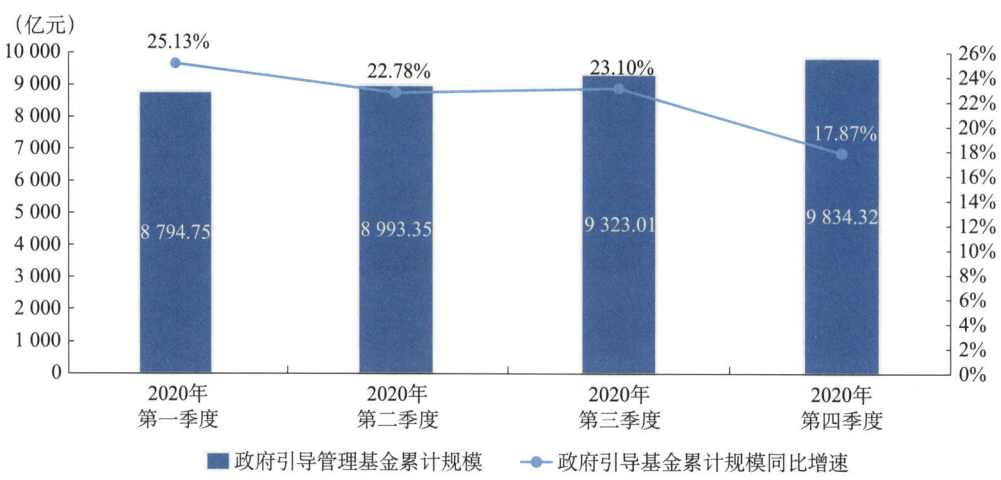

图 5.6.2　2020 年各季度政府引导基金累计规模及同比增速

资料来源：中国证券投资基金业协会 AMBERS 系统。

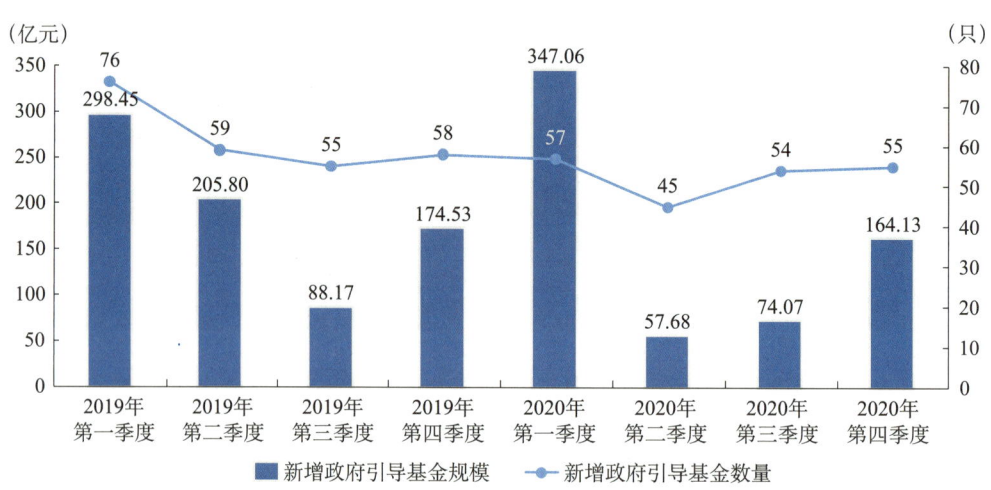

图 5.6.3　2019—2020 年各季度政府引导基金新增数量与规模

资料来源：中国证券投资基金业协会 AMBERS 系统。

94.33%，规模仅占 37.23%，而 100 亿元以上大型政府引导基金数量占 1.11%，管理规模则占到 31.78%（见图 5.6.4）。

5.6.2　政府引导基金的主要资金来源为企业与政府

在协会备案的政府引导基金主要资金来源为企业，其次是资管计划和政府资金，但考虑到企业中包含大量政府平台企业，整体上政府引导基金以政府和企业资金为主。截至 2020 年末，在协会备案的政府引导基金出资人中企业出资

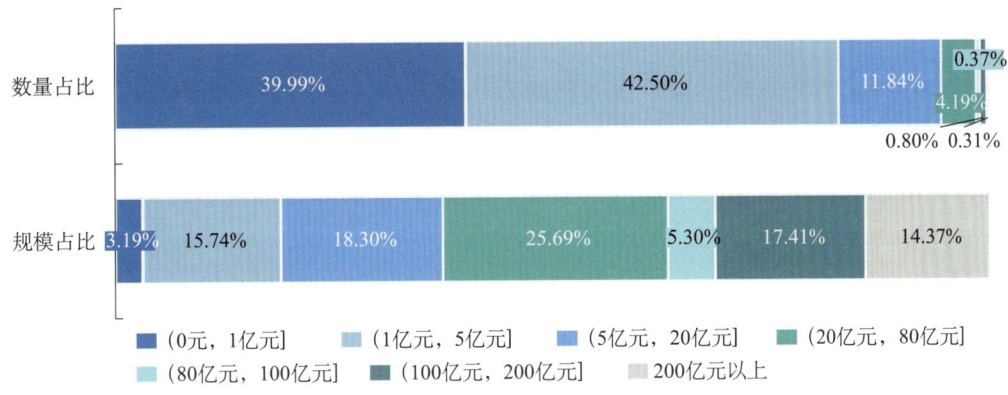

图 5.6.4　截至 2020 年末政府引导基金规模分布情况

资料来源：中国证券投资基金业协会 AMBERS 系统。

金额占比超过 50%，资管计划和政府资金出资金额占比相当，均为 20% 左右，三者合计占比 98.45%；从资金来源分布看，政府引导基金通过财政资金撬动了 3.58 倍的社会资本，包括产业资本、国有企业、金融机构等参与产业投资（见图 5.6.5）。

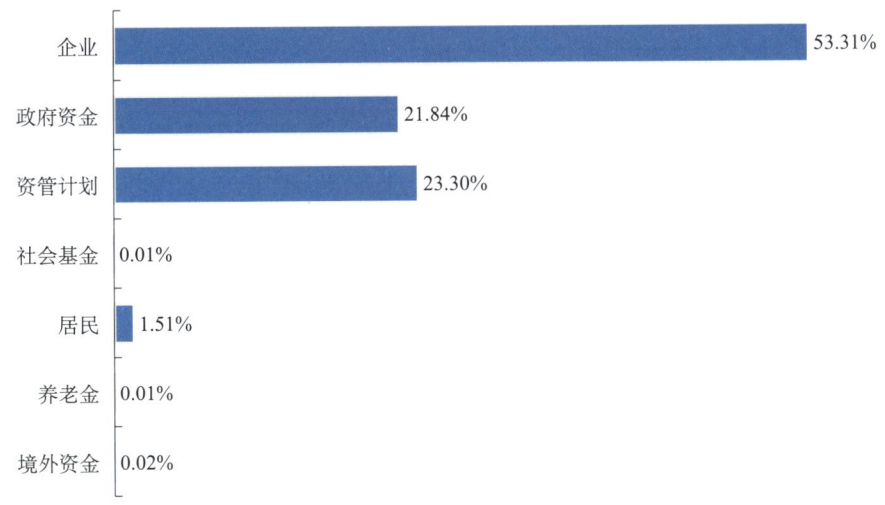

图 5.6.5　截至 2020 年末政府引导基金资金来源分布

资料来源：中国证券投资基金业协会 AMBERS 系统。

5.6.3　2020 年政府引导基金以投资子基金为主

2020 年政府引导基金投资持续上升，整体以子基金投资为主。2020 年政府引导基金直接投资项目 1 690 个、投资子基金 3 853 个，直投规模 808.38 亿元、投资子基金规模 1 873.54 亿元，对于子基金的投资规模是直投规模的 2.32 倍。政府引导基金对于直投项目平均出资额为 0.48 亿元，对于子基金的平均投资规模为 0.49 亿元。2020 年政府引导基金直投与投资子基金的数量与规模持续上升，在市场化母基金募资困难的背景下，政府引导基金在母基金市场的重要性日益凸显（见图 5.6.6）。

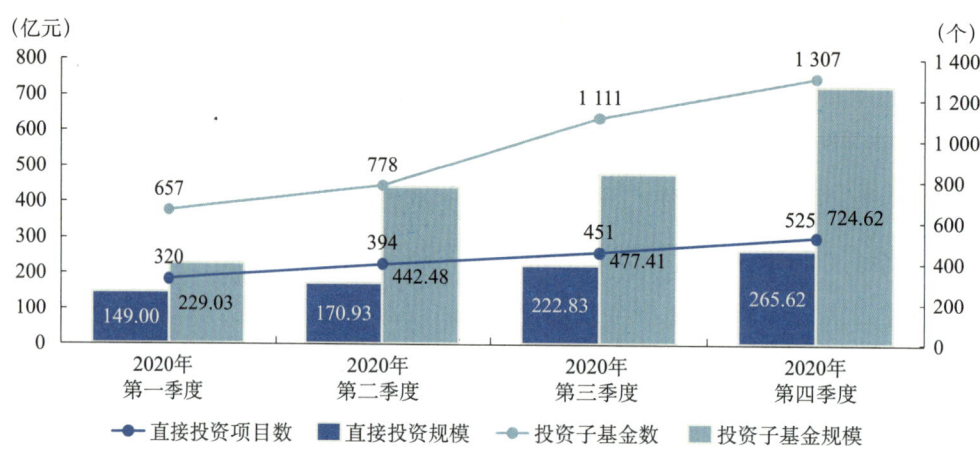

图 5.6.6　2020 年政府引导基金直投与投资子基金情况

资料来源：中国证券投资基金业协会 AMBERS 系统。

5.6.4　政府引导基金直投集中于广、上、北，投资兼顾新兴行业与传统行业

截至 2020 年末，在协会备案的政府引导基金直接出资的在投项目为 9 399 个，在投金额 4 817.91 亿元。在协会备案的政府引导基金直接投资的项目集中分布在广东、上海、北京地区，重点投向其他金融、工业资本品、交通运输等产业。

以 34 个省级行政区域划分，截至 2020 年末，在协会备案的政府引导基金直接出资的在投项目所属地区主要集中在广东、上海、北京、江苏、福建等地，前五大省、直辖市合计在投项目数量占比 51.48%，合计在投本金占比 52.23%（见图 5.6.7）。

政府引导基金投资兼顾新兴行业与传统行业。按照中证行业分类标准的二级行业来看，截至 2020 年末，在协会备案的政府引导基金直接出资的在投项目主要集中在机械制造等工业资本品、其他金融、交通运输、互联网等计算机运用、半导体等领域。前五大行业合计在投项目数量占比 50.89%，合计在投本金

占比 59.42%（见图 5.6.8）。

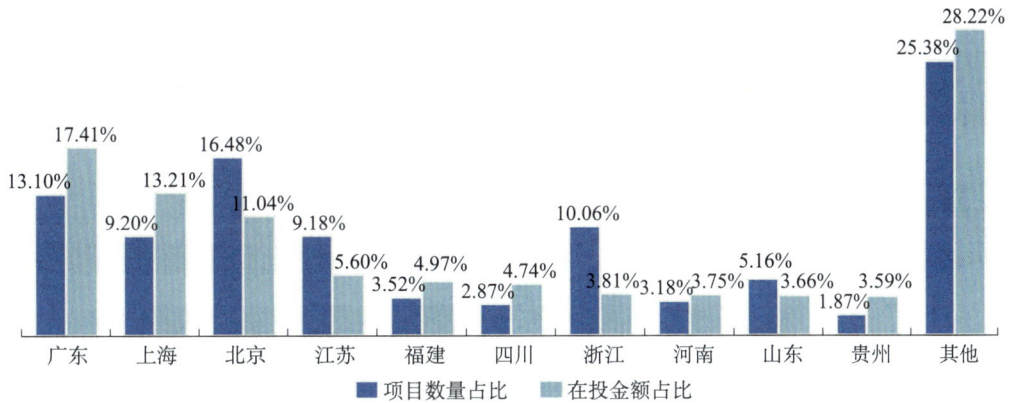

图 5.6.7　截至 2020 年末政府引导基金直投项目地域分布

资料来源：中国证券投资基金业协会 AMBERS 系统。

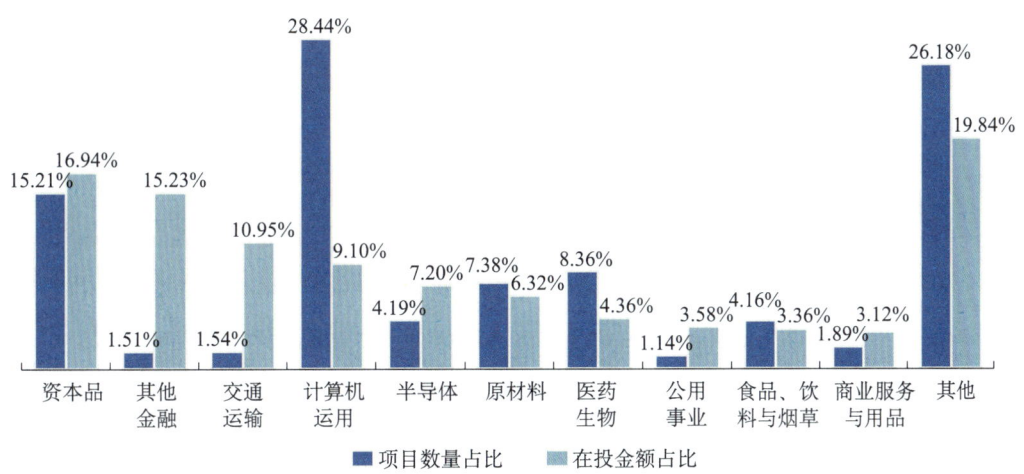

图 5.6.8　截至 2020 末政府引导基金投资项目行业分布

资料来源：中国证券投资基金业协会 AMBERS 系统。

5.6.5　政府引导基金主要投资于创投基金、成长型基金，被投基金聚焦新兴产业

政府引导基金最主要投资的私募股权基金为创投基金与成长型基金。截至 2020 年末，按照累计投资规模划分，已备案的政府引导基金所投私募股权基金中，53.56% 为其他基金（包括成长型基金），23.04% 为创投基金，10.93% 为并购基金。按照累计投资数量划分，已备案的政府引导基金所投私募股权基金

中，45.02%为其他基金（包括成长型基金），38.90%为创投基金，10.30%为并购基金。整体来看，政府引导基金通过投资成长型基金、创投基金支持新兴产业发展，同时通过反投机制支持优质产业，通过私募股权投资的方式带动当地新兴产业发展（见图5.6.9）。

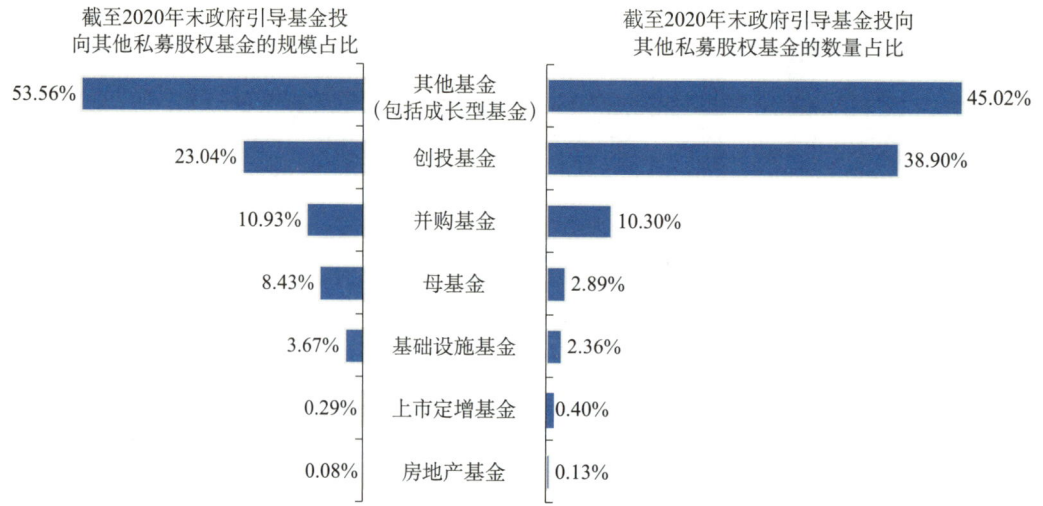

图5.6.9 截至2020末政府引导基金所投向其他私募股权基金的规模及数量占比

资料来源：中国证券投资基金业协会AMBERS系统。

政府引导基金所投基金的最终投向更多集中于新兴产业。按照中证行业分类标准的二级行业来看，截至2020年末，已统计的政府引导基金通过所投的其他私募基金投资的项目主要集中在资本品、互联网等计算机运用、半导体、交通运输、医药生物领域，前五大行业合计在投项目数量占比59.16%，合计在投本金占比55.03%。相比于政府引导基金直接投资的方式，通过市场化子基金投资项目在支持半导体、医药生物等技术壁垒高的行业方面更有优势。整体来看，政府引导基金对于新兴产业配置比例高于传统行业（见图5.6.10）。

政府引导基金所投基金最终投资集中在广东、上海、北京。以省级行政区域划分，截至2020年末，已统计的政府引导基金通过所投的其他私募基金投资的项目，其所属地区主要集中在广东、上海、北京、江苏、浙江等地，前五大省（市）在投项目数量和规模数占比分别为73.15%与61.34%（见图5.6.11）。

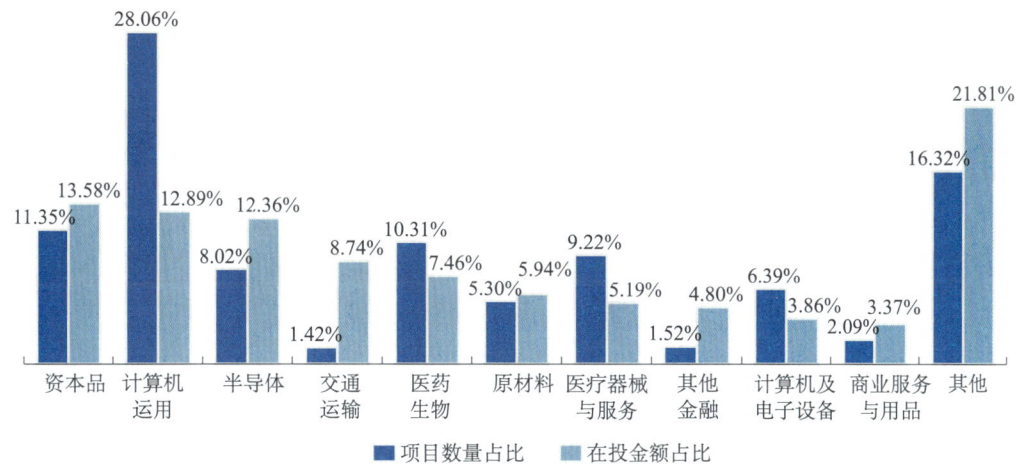

图 5.6.10　截至 2020 年末政府引导基金所投基金的投资行业分布

资料来源：中国证券投资基金业协会 AMBERS 系统。

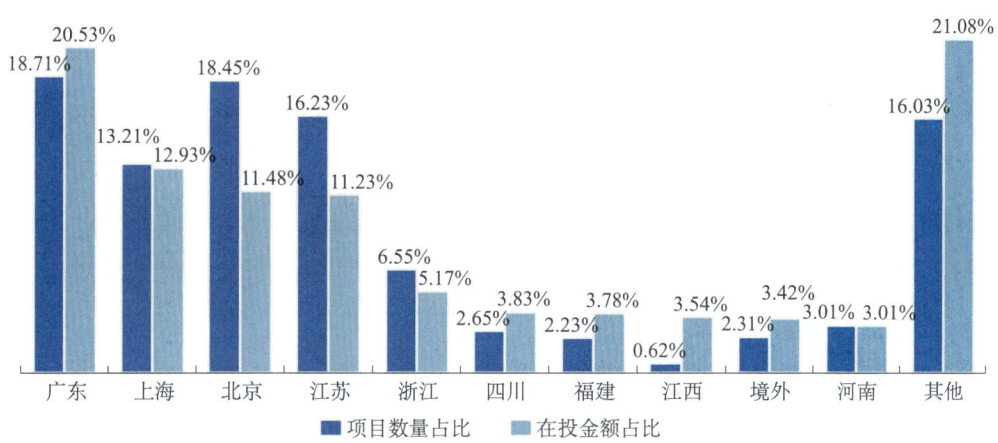

图 5.6.11　截至 2020 年末政府引导基金所投基金的投资地域分布

资料来源：中国证券投资基金业协会 AMBERS 系统。

5.6.6　战略新兴行业退出收益较高

从退出行业来看，2020 年在协会备案的政府引导基金直接出资的项目退出行业中，实际退出金额占比最高的是资本品、其他金融、计算机运用、医药生物以及半导体行业，前五大行业实际退出金额占比 60.10%，退出次数占比 55.83%，退出倍数最高的行业是医疗器械与服务业，退出倍数为 2.41 倍。此外，医疗器械与服务、半导体、原材料、传媒、计算机及电子设备、计算机运用行业退出倍数亦较高，均在 1.5 倍以上（见图 5.6.12）。

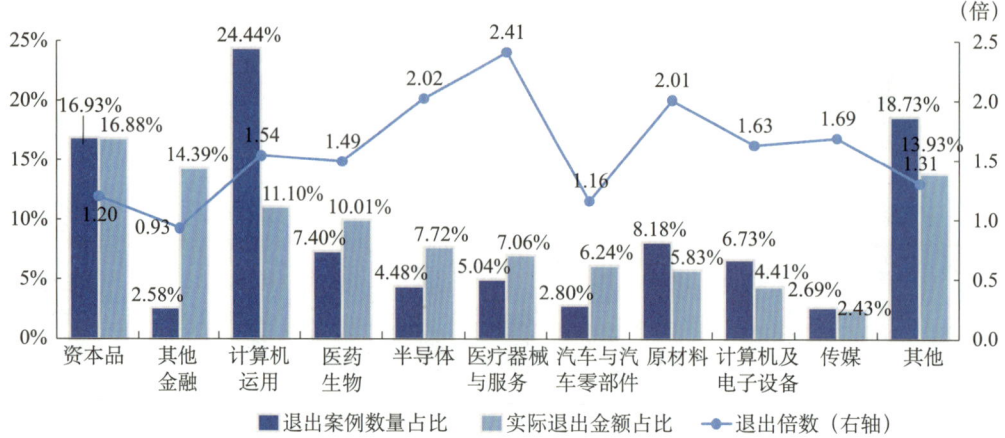

图 5.6.12　2020 年母基金直接投资项目及所投子基金投资项目行业退出情况

资料来源：中国证券投资基金业协会 AMBERS 系统。

5.6.7　市场化母基金与政府引导基金的合作存在挑战

目前政府引导基金的市场化运营存在不足。协会问卷调查结果显示，42.78% 的受访市场化母基金与政府引导基金建立合作，其中政府引导基金提出的返投比例要求、投资领域、资金结构化安排是市场化母基金与政府引导基金合作过程中的主要难点。上述合作难点反映出政府引导基金管理的政府资金往往有较多附加诉求，因此导致子基金投资面临较多限制条件。与此同时，政府引导基金的管理人在运营过程中也存在多重目标挑战，部分政府引导基金管理人体制机制不健全，市场化运营水平仍有提升空间（见图 5.6.13）。

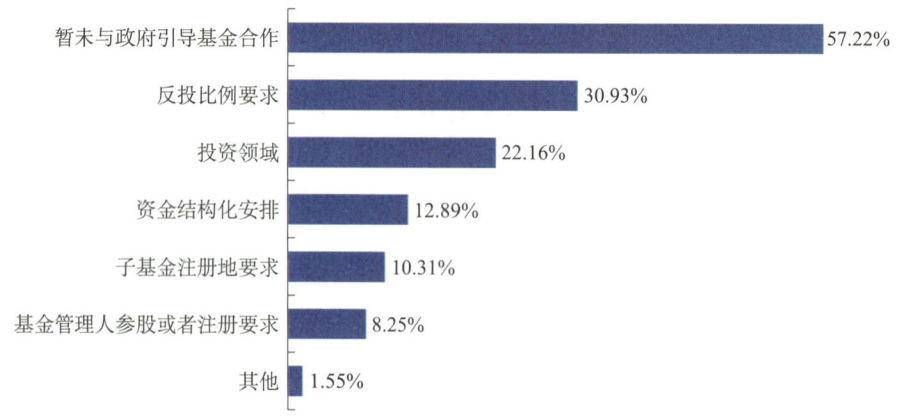

图 5.6.13　母基金与政府引导基金合作的难点

资料来源：2021 年中国证券投资基金业协会调研。

6 我国私募股权基金总体发展趋势

协会问卷调查显示，中国私募股权基金管理人对2021年市场发展环境保持中性偏乐观的态度，其中投资环节相较募资与退出环节更为乐观。89.89%的受访私募股权基金管理人对行业整体环境持中立及相对乐观态度。

分阶段来看，2021年在投资环节的情绪更为乐观。如图6.0.1所示有37.97%的受访私募股权基金管理人表示投资环境为积极或非常积极，54.55%为中性（见图6.0.1）。在募资环节情绪则中性偏悲观，有20.22%的受访私募股权基金管理人表示，2021年的募资环境将会消极或非常消极，54.55%表示中性。在退出环节市场情绪较为中立，有65.14%的受访私募股权基金管理人表示2021年退出环境为中性。随着科创板试点注册制改革工作推进，创业板改革并试点注册制，创投基金减持新规发布等举措实施，私募股权投资基金行业退出环境得到了优化，市场情绪明显好转。

2020年全样本 N = 1 777

	行业整体	募资	投资	退出
非常积极	7.32%	1.63%	2.70%	1.35%
积极	36.02%	14.12%	25.94%	14.97%
中性	45.19%	50.82%	55.66%	60.89%
消极	10.35%	28.25%	14.41%	20.54%
非常消极	1.13%	5.18%	1.29%	2.25%

2021年全样本 N = 2 097

	行业整体	募资	投资	退出
非常积极	8.58%	2.05%	3.30%	1.33%
积极	37.63%	18.55%	34.67%	20.03%
中性	43.68%	59.18%	54.55%	65.14%
消极	9.35%	17.79%	6.72%	12.64%
非常消极	0.76%	2.43%	0.76%	0.86%

0%—20%　21%—40%　41%—60%　61%—80%　81%—100%

图6.0.1　对私募股权投资行业总体看法

资料来源：中国证券投资基金业协会调查问卷。

6.1　行业分工更加精细化，提升专业化水平成为重中之重

行业分工更加精细化，财务和法务中介机构使用比例较高。私募股权行业

使用中介服务是行业专业化水平不断提升、分工效率不断提高的表现。2020年，使用最多的中介服务是法律服务和财务服务，占比分别为76.54%和68.81%，使用较多的包括研究服务和人力资源服务等（见图6.1.1）。

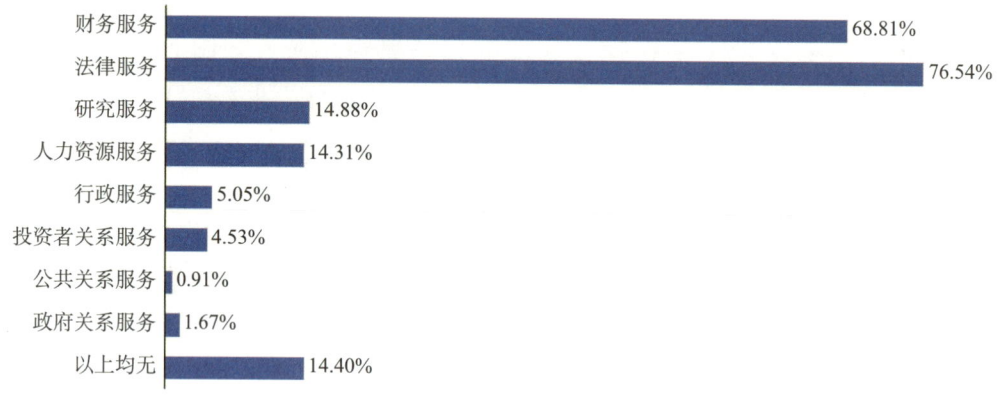

图6.1.1 私募股权机构中介服务使用情况

资料来源：中国证券投资基金业协会调研。

未来行业的专业化水平提高将体现在三个方面：

第一，投资方向的专业化。事实证明，只有专注于一个或几个投资方向，走专业化道路，不断提升专业水平，才会在未来的投资市场占据主动。在当前的市场环境下，仅能够提供资金的投资机构将难以为继，培养在细分领域的专业化服务能力，将成为投资机构的重要竞争砝码。

第二，投后管理的专业化。目前私募投资基金能为被投企业提供的增值服务还比较有限。在投后管理上，应由专业人士组成投后管理部门，采取积极管理型模式，提供全方位增值服务，在公司治理、行业整合、金融服务、管理经营、战略规划、市场整合、团队建设等多维度为企业赋能，助力企业价值提升。

第三，产业链整合的专业化。最优秀的投资团队将能够从产业发展的高度出发，加强供应链上下游企业之间的协同，从产业链整合的高度通过组合投资促进整个产业的升级发展。

6.2 随着 QFLP 制度不断完善，行业国际化程度不断提升

自 2010 年上海首先推出合格境外有限合伙人（QFLP）试点政策以来，QFLP 政策在我国的试点已经长达 11 年。尤其 2018 年后，我国金融开放程度不断提高，《外商投资法》及相关配套制度的实施推动 QFLP 进入快速发展期。截至 2021 年，全国 QFLP 试点地区已达 17 个[①]。为了加强国家金融行业发展、响应国家对外开放号召，近年来我国上海、粤港澳大湾区等多地相继放宽对 QFLP 的诸多限制性要求，同时以北京、深圳为代表的早期试点城市也已积极修订与完善既有试点政策（见表 6.2.1）。2020 年资金内流倾向明显。

表 6.2.1　　　　　　　　QFLP 部分试点政策重要变化

地区	各地政策部分重要变化
北京	（1）QFLP 基金增加了契约制模式； （2）不对管理企业的注册资本、首次出资比例、货币出资比例、出资期限等方面提出要求； （3）单支基金规模下限由 5 亿元人民币降至 1 亿元人民币； （4）取消外资认缴金额不超过基金规模 50% 上限限制； （5）取消 QFLP 基金投资重点领域要求； （6）取消 QFLP 部分业务限制，即不在负面清单的业务均可开展
上海	允许 QFLP 基金投资优先股、定增、可转债、夹层、不良债务、FOF、S 基金等标的，可通过定增方式投资上市公司
深圳	（1）不再对 QFLP 管理企业、投资企业以及 LP 的准入门槛设置要求，并取消最低资本注册、最低出资、LP 净资产、高管任职等条件要求； （2）放开双 GP 基金架构； （3）一定条件下允许 GP 和管理人分离； （4）允许投资 A 股一级半市场
海南	不设 QFLP 管理企业和 QFLP 基金的最低注册资本或认缴出资金额限制，在首次出资比例、货币出资比例、出资期限等方面也无限制

注：以上地区均新开放至"外管外""外管内"及"内管外"3 种管理模式；
QFLP 可按照意愿方式按 100% 的比例对外汇资本金进行结汇。
资料来源：各地方金融监管局、国家外汇管理局。

QFLP 试点政策的放开不仅能为境外投资者提供投资便利，而且能进一步改

[①] 试点分别为上海、北京、天津、重庆、深圳、贵州、青岛、平潭、珠海、广东、厦门、苏州、海南、沈阳、嘉兴嘉善县、南宁及雄安新区。

善境内机构募资环境。QFLP"内资管外资"管理模式的扩充意味着境内管理人可以受托管理面向境外投资者募集资金的 QFLP 基金，对境内机构募资环境将进一步提振。各试点关于 QFLP 试点政策的差异主要体现在可投资领域，最低注册资本、出资期限以及税收等方面。可投资领域的大幅放开使 QFLP 基金也具备了更多投资组合的灵活性。以上海为例，不仅对 QFLP 开放了优先股、定增、可转债、夹层、不良债务、FOF、S 基金等标的的投资，同时试点基金也被允许投资仓储物流设施、城市改造等重要领域。

根据协会问卷调研情况，2020 年，有 18.57% 的内资私募管理人发行过或计划发行 QFLP，已经发行或有计划发行 QFLP 的外资私募管理人比例达到 46.81%（见图 6.2.1）。

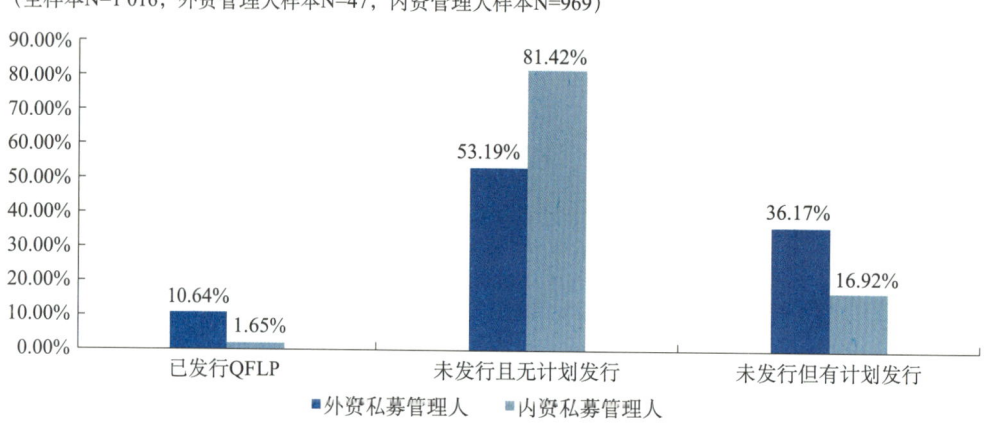

图 6.2.1　2020 年不同股权性质的创投机构对发行 QFLP 的看法

资料来源：中国证券投资基金业协会调查问卷。

QFLP 加剧国际化竞争的同时带来新发展机遇。未来中国的私募基金管理人不只面对来自理财子公司、保险资管机构、证券公司私募子公司的内部竞争，还要面对来自国际优秀资产管理机构的竞争。随着众多优秀国际机构的到来，国际化监管经验和市场化操作也将传播到中国。在私募股权投资和风险投资市场上，中国的投资机构无论在管理的资产总额，还是管理方式的专业化程度上，都有很大的发展空间。

6.3　出资人多元化将带来资金多元化需求

对于私募股权基金管理人而言，应该结合自身禀赋选择差异化的目标出资人，同时根据不同出资人的诉求定制差异化募资策略，积极构建机构化的募资能力。私募股权基金管理人需要基于自身特点选择最佳出资人组合，同时打造募资的机构化能力。如建设专业化的投资者关系团队，从战略意义、量级、合作历史等因素考虑对出资人进行分级，理解出资人诉求及筛选标准，并通过系统性方法积极接触并高效管理投资者关系，为优质出资人提供专户服务，满足出资人在费率、直投条款及具体投资组合上的特殊需求。因而不同的出资人需要不同的机构提供不同的现金流匹配模式，客观上多元化了资金来源。

以保险资金和家族办公室资金为代表的资金将不断发展。目前，我国家族办公室制度正处于起步阶段，但根据福布斯集团和平安银行的调研[1]，2020 年有 63.2% 的参与者表示有兴趣进一步了解家族办公室。同时，16.2% 的参与者表示未来 1 年内考虑使用家族办公室服务，22.1% 的参与者将在 1—3 年内使用，36.8% 的参与者表示将在 3—5 年内使用，表明未来中国家族办公室服务的前景是广阔并积极的。同时，私募股权方面[2]，中国家族办公室在"直接投资"和"基金投资"上平均配置为 11% 和 9.2%，比公开股票市场更受欢迎，也较全球家族办公室均值更高。随着家族办公室业务模式不断发展，监管、法律制度不断完善和从业人员素质的不断提高，该领域的资金将成为私募股权资金的重要支撑力量。

另外，2021 年初中共中央办公厅、国务院办公厅印发的《建设高标准市场体系行动方案》提出，要培育资本市场机构投资者，稳步推进银行理财子公司和保险资产管理公司设立，鼓励银行及银行理财子公司依法依规与符合条件的证券基金经营机构和创业投资基金、政府出资产业投资基金合作，研究完善保险机构投资私募理财产品、私募股权基金、创业投资基金、政府出资产业投资基

---

[1]　福布斯、平安银行私人银行：《2020 年中国家族办公室白皮书》。
[2]　Campden Wealth 与惠裕全球家族智库：《2020 中国家族财富与家族办公室调研报告》。

金和债转股的相关政策。提高各类养老金、保险资金等长期资金的权益投资比例，开展长周期考核。这意味着从政策上给保险资金和银行理财"松绑"，有利于长线资金流入私募股权行业。

如图 6.3.1 所示，根据协会问卷调研情况，虽然政府引导基金及国企等国资仍是期望募资的主要来源，但小规模基金侧重点更在于高净值个人与民营企业，而管理规模在 100 亿元以上的头部机构侧重点更在于保险等金融机构。头部私募股权基金管理人在募资、投资及投后赋能环节的优势将更加明显，更容易赢得优质的投资标的等，并将通过更多的模式创新引领市场，与保险资金的现金流结构更吻合。

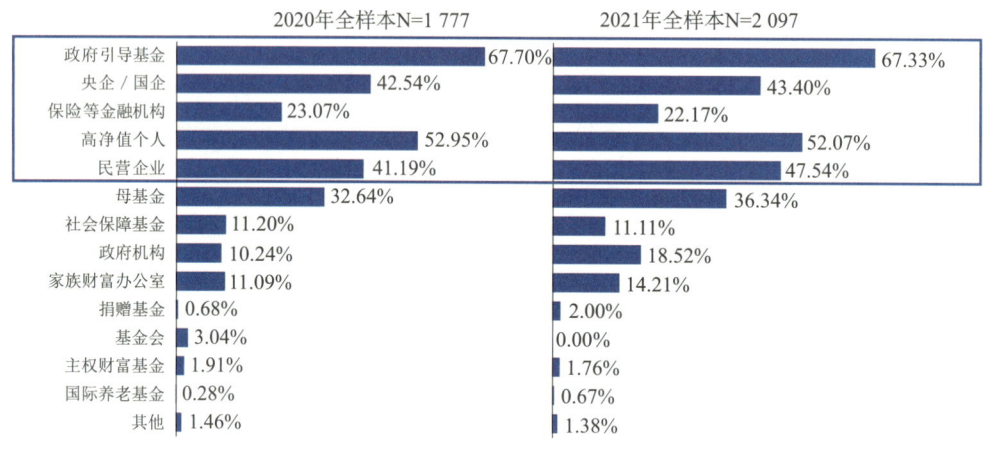

图 6.3.1　预期出资人类型

资料来源：中国证券投资基金业协会调研。

6.4　投资行业聚焦科技、碳中和和医疗，ESG 理念得到强化

医药、信息科技、新能源与消费和零售业仍然是投资热点。根据协会问卷调研情况，私募股权基金管理人表示将在 2021 年优先考虑医疗健康（71.67%）、人工智能（54.03%）、IT 及信息化（53.79%）、高端装备制造（54.03%）、新材料（51.17%）和新能源（50.55%）等行业投资，特别是新能

源概念，在气候变化关注度日趋提高的背景下，随着中国"2030 年碳达峰、2060 年碳中和"目标的提出，关注度较 2020 年提高了近 15 个百分点（见图 6.4.1）。

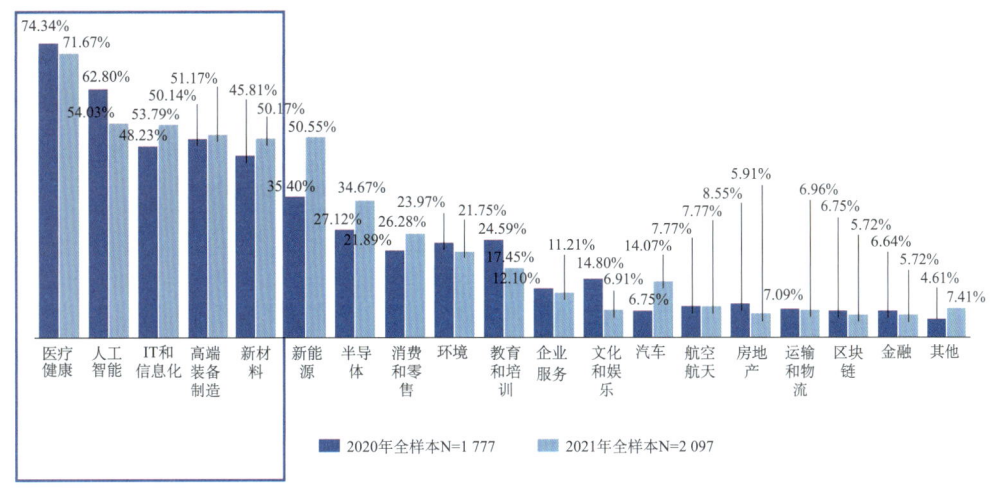

图 6.4.1　中国私募股权投资行业意向

资料来源：中国证券投资基金业协会调研。

关注 ESG 的管理人比例在上升。根据协会问卷调研情况，只有 4.39% 的全部私募股权基金管理人将 ESG 因素正式纳入投资决策，尚有 23.94% 的私募股权基金管理人并无任何 ESG 考量，而且只有 2.96% 已经建立 ESG 团队（见图 6.4.2）。对于管理人而言，通过将 ESG 纳入投资策略，一定程度上可以规避企业的环境风险、道德风险、治理风险等；对于企业而言，ESG 考量可以帮助其降低成本、减少不必要干预、优化投资与资本支出等。此外，伴随募资渠道愈发国际化，国内管理人需愈加重视海外资金方提出的 ESG 审核要求。未来 ESG 要素将在企业、资金方和管理人中得到全方位体现，将有利于推动整个市场的高质量发展。

碳中和或与 ESG 协同式发展。ESG 是金融机构应对气候变化带来的物理风险和转型风险的重要落脚点，也是践行责任投资与低碳投资的重要理念。人民银行在 2021 年的工作会议上指出，要落实碳达峰、碳中和的重大决策部署，需完善绿色金融政策框架和激励机制，引导金融资源向绿色发展领域倾斜，增强金融体系管理气候变化相关风险的能力，推动建设碳排放交易市场为"排碳"合理定价。对于投资类金融机构来说，碳中和的提出进一步对投资市场及投资

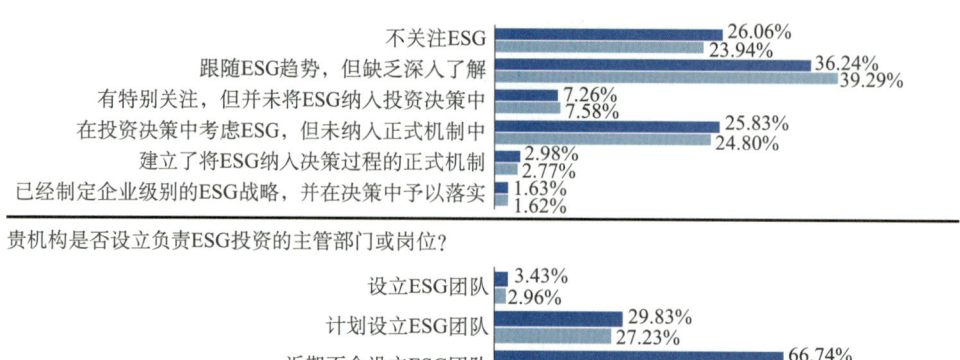

图 6.4.2　ESG 加速发展趋势

策略产生了影响。通过将 ESG 纳入投资决策流程，投资类金融机构可以根据碳中和目标适时调整投资战略，主动识别和控制与碳中和密切相关的风险，积极践行低碳投资，为我国经济实现绿色低碳转型提供重要支持。

6.5　投后管理进入"下半场"，投后赋能能力更加显性化

投后管理重要性愈发凸显。被投企业在发展初期运营效率普遍不高，既有人力资源的制约，也有法人治理结构未健全的影响。在某些被投企业中，决策权高度集中在 CEO 手中，这时需要基金行使股东权利以协助的身份在企业内部帮助其完善企业治理架构，倡导决策与管理的分层，引导股东会、董事会参与企业决策，监督企业章程的修订和遵行。

私募股权基金管理人将因势利导选择适合自身投资策略的最佳投后管理模式。基金管理人对投后管理的参与，由浅至深可逐层分为董事会影响者模式、战略支持合作方模式、业绩成长伙伴模式。现实中选择何种形式，往往与被投企业的发展阶段、私募股权投资机构的自身能力、投资策略及整体持股比例密切相关。这三种模式各有特征，价值创造的路径也不尽相同。

出色的增值服务有利于提升被投项目的收益水平。一是增加谈判砝码。具有全面增值服务能力的投资机构，因其对项目的价值提升能提供重要支持，所以在协议定价时具有一定谈判优势，为将来的投资回报争取了空间。二是降低

投资风险。投资后持续的跟踪和监督,能够最大限度降低投资风险,保证投资效率和资金安全。三是形成机构的品牌力。良好的增值服务能够增加投资机构品牌的内涵和价值,成为投资机构展示投资实力的直接渠道。四是产业链内被投企业之间互相支持。如果机构所投项目之间在供应链、市场、技术等方面有一定的关联性,做好上下游资源的整合增值有利于各被投企业分享到更多的外部资源。

6.6 公开市场退出渠道更加重要,PE 二级市场交易机会频现

随着资本市场基础制度的不断完善,公开市场退出比例预计将持续提升。随着企业上市、锁定期及减持等各项改革政策陆续出台,私募股权投资基金在公开市场上的退出便利性得到提升。伴随科创板、创业板注册制试点落地,以及注册制全面改革的深化,未来公开市场退出渠道的重要性将更加凸显。

2020 年成为 S 基金(又称私募股权二级市场、S 基金市场)的关键一年。国际市场上私募股权二级投资是提供市场流动性的重要来源,也是重要的基金退出渠道之一。但在我国,S 基金之前仅作为母基金"P+S+D"投资策略的补充。2020 年市场化母基金、政府等背景基金开始纷纷布局 S 基金以及独立 S 基金的成立,标志着 S 基金作为一种成熟私募股权投资行为逐渐得到市场的认可。根据执中数据公司[①]资料,2020 年,PE 二级市场交易数量与规模均创历史新高,累计交易 267 起,覆盖 251 只基金,可获知的累计交易金额达 264.45 亿元,同比增长 38.89%,近 5 年复合增长率达 21.83%。

S 基金的快速发展主要有三方面原因。第一,行业发展阶段到达成熟期,全行业人民币基金募集高峰期为 2010—2013 年,以 7—10 年的存续期计,预计在 2020—2023 年左右将迎来首次到期高峰,在国内的退出环境下,存在大量基金已到期但仍有项目未完成退出的情况,将产生新的投资机遇。第二,资管新规落地后日益增长的流动性需求以及 S 基金交易参与决策流程简单灵活吸引了资

---

① 执中数据公司:《2021 年中国私募股权二级市场白皮书》。

金入场。同时，2020年政策利好频现，7月国务院常务会议首次明确提出，在区域性股权市场开展股权投资和创业投资份额转让试点；12月，证监会正式批复同意在北京股权交易中心开展股权投资和创业投资份额转让试点，S基金交易市场基础设施不断完善。第三，市场配套服务机构预计也将不断完善，如出现专业的能够为基金份额提供估值、尽调及交易结构设计服务的财务顾问机构（FA）和法律事务部，催生了国内S基金交易的逆势上扬行情。

对比国际看，我国S基金在政策环境、机构配套、估值体系和人才培育等方面尚处于起步摸索阶段。根据执中数据公司资料，2020年全球PE二级市场交易渗透率为9%，是中国2.51%渗透率的3.59倍，中国PE二级市场仍有巨大的发展空间[①]。

---

① 执中数据公司：《2021年中国私募股权二级市场白皮书》。

附 录

附录 1　全球母基金发展特征及中外比较

1.1　全球母基金发展特征

1.1.1　全球母基金新增规模和占比整体呈下降趋势

2020年全球母基金新增募集规模降至265亿美元，较2017年的524亿美元减少约50%。在各类私募基金新增募资规模中，母基金占比从2009年约12%的峰值下降至2020年的3%。此外，市场的新加入者也在减少甚至消失，根据Pitchbook的数据，2016—2020年首次募集的母基金总数仅为20只，规模仅28亿美元，且2018年无首次募集的母基金。LP对成本的敏感度持续增长导致其更偏好直接投资直投基金，而非投资母基金（见附图1.1.1）。

附图1.1.1　全球母基金新增募集规模和数量

资料来源：Pitchbook 2020 Annual。

1.1.2　全球母基金头部集中现象明显

2020年募集规模10亿美元以上的大型母基金数量占比为13%，对应的基金规模占比为47%，达到125亿美元。1亿美元以下的小规模基金数量占比逐年下降，从 2010 年的 42% 降至 2020 年的 20%，对应的基金规模占比不到 3%。在市场资金趋紧的背景下，头部基金管理机构凭借出色的投资业绩和管理能力更能得到 LP 的青睐（见附图 1.1.2）。

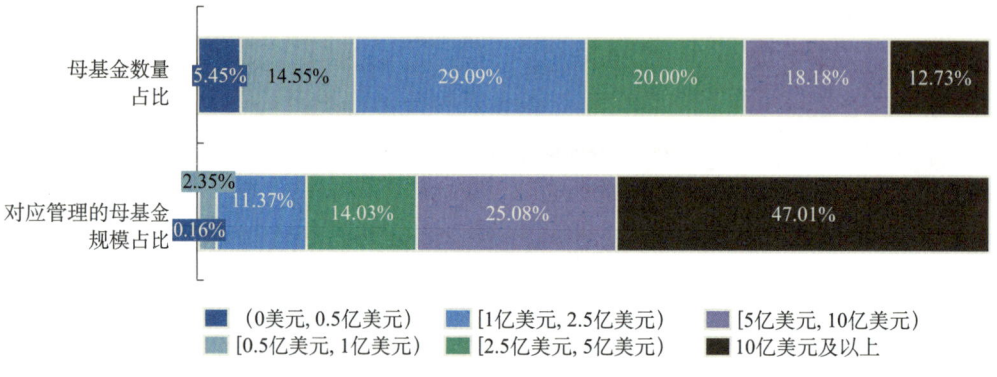

附图 1.1.2　2020 年全球母基金规模分布情况

资料来源：Pitchbook 2020 Annual。

1.1.3　全球母基金市场仍以北美洲和欧洲为主

北美洲市场在全球母基金市场中占比最高，欧洲次之。2020 年，北美洲母基金新增募集 35 个，规模达 192 亿美元，分别占全球市场母基金数量和规模的 57% 和 72%，单支基金平均规模较大。欧洲母基金新增募集 20 个，规模达 48 亿美元，分别占全球市场母基金数量和规模的 33% 和 18%，基金规模相对较小（见附图 1.1.3 和附图 1.1.4）。

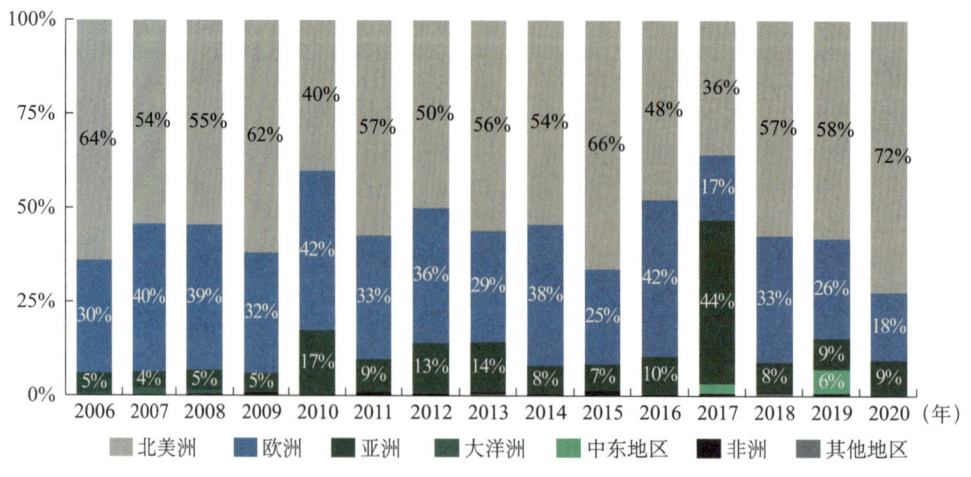

附图 1.1.3　2020 年全球母基金规模按地域分布情况

资料来源：Pitchbook 2020 Annual。

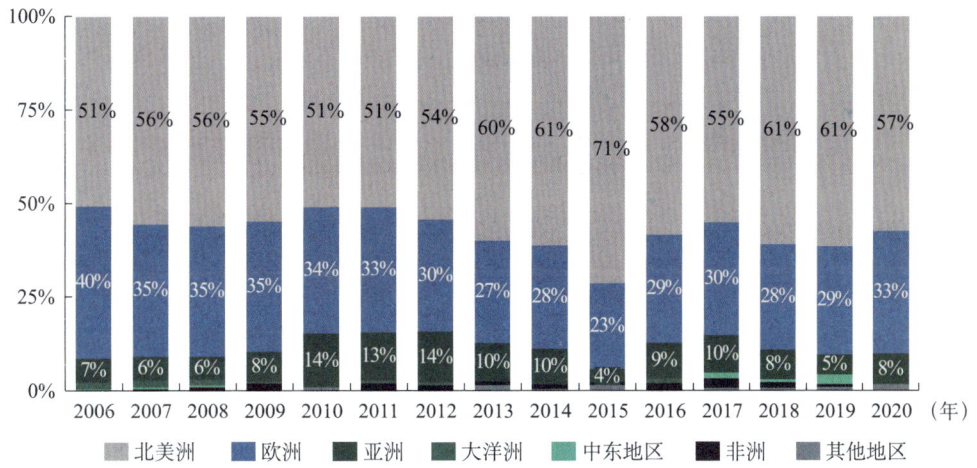

附图 1.1.4　2020 年全球母基金数量按地域分布情况

资料来源：Pitchbook 2020 Annual。

1.1.4　疫情影响下头部集中加速

从 Preqin 公司调查结果来看，疫情影响下短期内募资规模可能下降。考虑到市场不确定性增加，占比 60% 的机构投资者表示可能将减少对另类资产的预期认缴规模。疫情下各国政府的隔离政策导致 LP 对母基金的实地尽调难以开展，有限合伙协议签订、工商登记等事项都可能面临延期，募资周期可能延长。

尽管如此，全球知名母基金管理机构募资规模可能不降反升，头部效应愈发凸显。疫情影响下，LP 避险意识增强，心态趋于保守，资金将进一步向头部机构集中（见附图 1.1.5）。

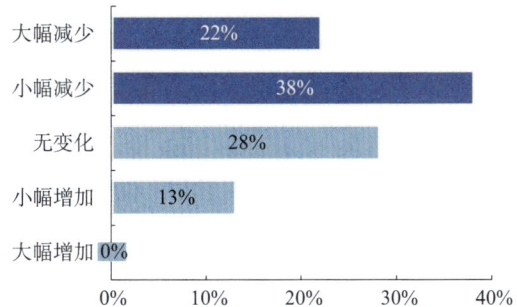

附图 1.1.5　机构投资者 2020 年对另类资产认缴规模预期变化

资料来源：Preqin 公司 2020 年 3 月资料。

1.2 中外母基金发展情况对比

1.2.1 中国母基金私募股权总规模占比高于全球平均水平

2020年中国母基金在私募股权基金总规模中的占比为10.7%,而全球母基金私募股权基金的总规模占比仅为5.5%。近年来,中国母基金占比稳中有增,体现了在整个私募行业增长放缓状态下的强韧性。海外市场则由于PE、私募债权基金等的发展,母基金占比持续下降(见附图1.2.1)。

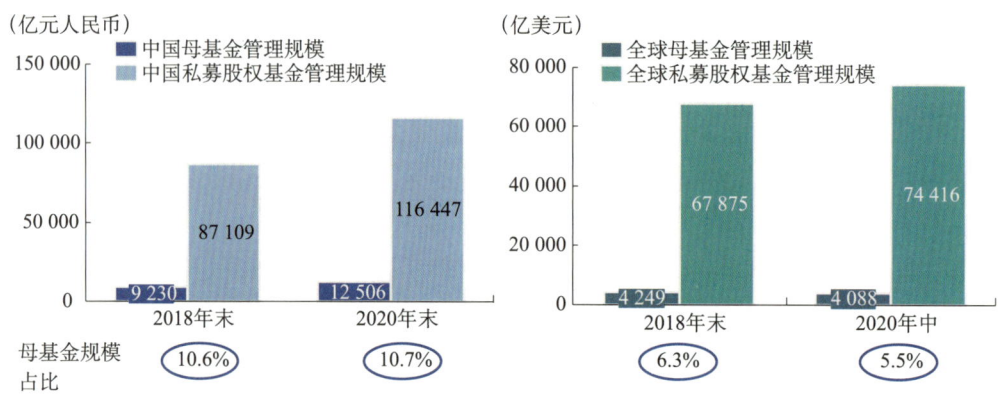

附图1.2.1 中国和全球母基金、私募股权基金管理规模和占比

资料来源:Pitchbook 2020 Annual,中国证券投资基金业协会 AMBERS 系统。

1.2.2 中国母基金管理规模远低于全球领先水平

根据 Pitchbook 统计,全球前十大母基金管理机构规模均在800亿美元以上,是中国最大母基金管理机构规模的5倍以上。以全球规模第六的 ATP Private Equity Partner 为例,该机构成立于2001年,目前基金管理规模约达1566亿美元。ATP Private Equity Partner 主要投资欧洲和北美洲的基金,子基金投资企业类型以中小企业为主。在中国,曾认缴5支红杉资本成立的专注于投资中国的创投基金和成长基金(见附图1.2.2)。

1.2.3 长线基金全球母基金资金参与度高于中国

养老金、保险等长线资金对全球母基金的出资金额远高于中国。中国与全

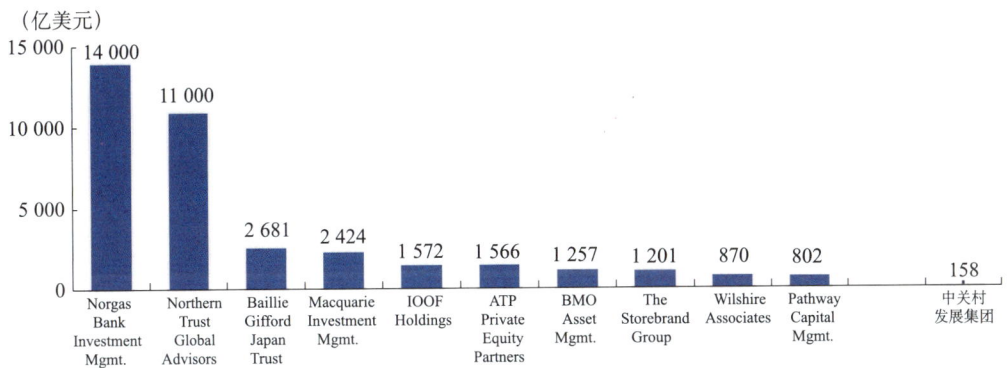

附图1.2.2 全球前十大及中国最大母基金管理机构规模

资料来源：Pitchbook 数据库。

球母基金资金来源的差异来自于不同资金类型在整体私募基金市场的参与度。根据 Preqin 公司统计，养老金是全球私募基金最主要的投资方，占 40% 左右，而中国占比不到 0.5%（见附图 1.2.3）。

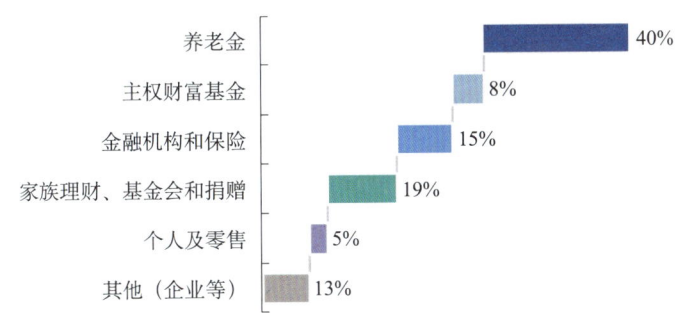

附图1.2.3 2020年全球私募基金资金来源

资料来源：Preqin 私募基金报告。

附录2 中国私募股权投资基金行业发展情况调查问卷

第一部分 总报告篇

一、总体市场情况

1. 在2021年，贵机构最关注私募股权价值链的哪个阶段？（　　）

   A. 资金募集　　　　B. 项目投资　　　　C. 投后管理

   D. 项目退出　　　　E. 管理人专业能力建设

2. 贵机构认为当前制约国内私募股权投资基金行业发展的主要因素有哪些？（　　）（选三项）

   A. 募资来源困难，长期资金缺乏

   B. 金融监管政策趋严影响高净值个人和金融机构资金进入

   C. 投资策略同质化显著，且以资源型基金为主

   D. 基金估值方式不一，账面价值高但现金返回比率低

   E. 经济处于转型过程，优质项目缺乏

   F. 基金退出不畅，很多存续基金一直在延期

   G. 并购基金和PE Secondary（二级份额转让市场）未成熟

   H. 部分政府引导基金的要求和考核机制不利于基金的市场化运作

   I. 以税收体系为代表的营商环境有待完善

   J. 行业发展环境未形成稳定预期

   K. 其他_____

3. 贵机构最希望出台的政策措施为（　　）。

   A. 完善私募股权行业税收优惠政策

   B. 推进主板注册制试点，畅通退出渠道

   C. 推动长期资本配置私募股权及创投基金的政策措施

   D. 更加便利的上市公司私募股权基金股东减持政策

   E. 创新创业企业减税措施

F. 完善政府创业投资基金风险补偿机制

G. 其他_____

二、基金募集情况

4. 贵机构如何看待当前的募资环境？（　　）

   A. 非常积极　　　　B. 积极　　　　　C. 中性

   D. 消极　　　　　　E. 非常消极

5. 贵机构认为，就整个募资周期而言，2020年完成募集的基金，平均需要多久？（　　）

   A. （0，3个月]　　　　　　　　　B. （3个月，6个月]

   C. （6个月，9个月]　　　　　　　D. （9个月，12个月]

   E. 12个月以上　　　　　　　　　F. 过去一年内没有募集资金

6. 如从贵机构募资实际出发，贵机构认为哪类出资人（LP）能为出资结构做出更大贡献？（　　）（请按照预期承诺规模的增加选出前三大LP类型，在选项后的括号内填写顺序）

   A. 高净值个人（　　）　　　　　B. 社会保障基金（　　）

   C. 政府引导基金（　　）　　　　D. 捐赠基金/基金会（　　）

   E. 保险等金融机构（　　）　　　F. 央企/国企（　　）

   G. 民营企业（　　）　　　　　　H. 母基金（　　）

   I. 家族财富办公室（　　）　　　J. 主权财富基金（　　）

   K. 国际养老基金（　　）　　　　L. 其他（　　）

7. 在选择管理人时，贵机构认为出资人最注重什么？（　　）（多选，最多不超过5项，在选项后的括号内填写顺序）

   A. 管理人团队（　　）

   B. 历史表现（　　）

   C. 风险控制（　　）

   D. 投资策略（　　）

   E. 激励与利益分配（费用结构）（　　）

   F. 管理人决策机制（　　）

   G. 管理人股东背景（　　）

H. 当前出资人结构及背景（　　）

I. 国际合作关系（　　）

J. 其他_____（　　）

8. 2021 年，对于募集新基金的总规模（如非人民币基金请按当前汇率换算成人民币），贵机构倾向于（　　）。

　　A. 1 亿元及以下　　　　　　　　　　B.（1 亿元—10 亿元]

　　C.（10 亿元—20 亿元]　　　　　　　D.（20 亿元—50 亿元]

　　E.（50 亿元—100 亿元]　　　　　　F.（100 亿元—200 亿元]

　　G. 200 亿元以上

9. 2021 年，计划募集新基金为哪些种类？（　　）（多选）

　　A. 创业投资基金　　　　　　　　　　B. 成长/扩张期投资基金

　　C. 并购基金　　　　　　　　　　　　D. 房地产基金

　　E. 私募股权类/创业投资类母基金　　F. 定增基金

　　G. 其他_____

10. 2021 年，贵机构募资准入门槛（起募金额）设置在以下哪个资金段以上？（　　）（按人民币换算）

　　A.［100 万元—300 万元]　　　　　　B.（300 万元—500 万元]

　　C.（500 万元—1 000 万元]　　　　　D.（1 000 万元—5 000 万元]

　　E.（5 000 万元—10 000 万元]　　　F. 1 亿元以上

11. 2021 年，对于募集新人民币基金的存续期，贵机构倾向于（　　）。

　　A. 4 年及以下　　　　　　　　　　　B. 5—6 年

　　C. 7—8 年　　　　　　　　　　　　D. 9—10 年

　　E. 11 年及以上

12. 贵机构是否有和政府引导基金合作？如已经获得政府引导基金的资金，贵机构认为政府引导基金的哪些要求会是基金投资中的难点？（　　）（可多选或只选 A）

　　A. 暂未与政府引导基金合作（排他）

　　B. 基金管理人参股或者注册要求

　　C. 子基金注册地要求

　　D. 反投比例要求

E. 投资领域

F. 资金结构化安排

G. 管理费及支付期限

H. 尽调及审计程序性要求

I. 其他_____

三、投资情况

13. 贵机构如何看待当今的投资环境？（　　）

  A. 非常积极　　　　B. 积极　　　　　C. 中性

  D. 消极　　　　　　E. 非常消极

14. 除了中国，贵机构是否分散投资地域？最优先考虑哪些地区？（　　）（多项选择，不超过 3 项或仅选 J）

  A. 北美洲　　　　　B. 拉丁美洲　　　C. 西欧

  D. 中欧和东欧　　　E. 非洲　　　　　F. 中东

  G. 东南亚　　　　　H. 亚洲（除东南亚）　I. 大洋洲

  J. 没有海外投资计划

15. 2021 年优先考虑投资的行业是？（　　）（多选，前五名，在选项后的括号内填写顺序）

  A. 医疗健康（含医药、技术、服务等）（　　）

  B. 信息化及 IT 技术（含计算机运用、计算机设备等）（　　）

  C. 人工智能（　　）

  D. 传媒（　　）

  E. 教育培训（　　）

  F. 高端装备制造（　　）

  G. 半导体（　　）

  H. 新材料（　　）

  I. 环保（　　）

  J. 航空航天（　　）

  K. 新能源/能源科技（　　）

  L. 金融（　　）

M. 消费（   ）

N. 企业服务（   ）

O. 区块链（   ）

P. 汽车行业（含新能源汽车）（   ）

Q. 运输物流（   ）

R. 房地产（   ）

S. 其他（   ）

16. 贵机构项目储备的来源为（   ）。（请按照重要程度选择三项，在选项后的括号内填写顺序）

    A. 主动寻找项目（   ）

    B. 财务顾问推荐（   ）

    C. 内部员工推荐（   ）

    D. 同业人员推荐（   ）

    E. 项目自荐（   ）

    F. 众创空间（孵化器）（   ）

    G. 科技金融服务平台（   ）

    H. 其他_____（   ）

17. 贵机构投资策略的最核心驱动因素是什么？（   ）

    A. 高成长性   B. 扭亏为盈的机会

    C. 容易退出   D. 低估值

    E. 其他_____

18. 贵机构对拟投资企业最重要的判断标准是（   ）。（请按照重要程度选择三项，在选项后的括号内填写顺序）

    A. 潜在的市场规模（   ）

    B. 细分领域的领军或垄断地位（   ）

    C. 产品、技术的创新性（   ）

    D. 商业模式的创新性（   ）

    E. 优秀的企业创始团队（   ）

    F. 较明确的 IPO/并购预期（   ）

    G. 当前较高的收入与利润（   ）

H. 业绩的高成长（   ）

I. 行业监管政策带来的机会与风险（   ）

J. 新三板挂牌预期（   ）

K. 项目所处地区（   ）

L. 其他_____

19. 贵机构对于投资项目的决策机制一般是（   ）。

A. 合伙人一致通过，不设置一票否决权

B. 合伙人少数服从多数，不设置一票否决权

C. 合伙人一致通过，设置一票否决权

D. 合伙人少数服从多数，设置一票否决权

E. 项目综合打分高于标准线通过

F. 每位合伙人可选择独立项目投资

G. 其他_____

20. 贵机构是否允许 LP 机构在项目层面共同投资？（   ）

A. 允许　　　　　　　　　　　　B. 不允许

21. 贵机构最常使用以下哪种项目估值方法？（   ）

A. 参考最近融资价格法　　　　　B. 市场乘数法

C. 行业指标法　　　　　　　　　D. 现金流折现法

E. 净资产法　　　　　　　　　　F. 其他估值方法_____

22. 对于当前项目估值的平均水平，贵机构倾向于以下何种观点？（   ）

A. 估值水平普遍偏高，存在一定投资风险，如____行业

B. 估值水平普遍正常，可以接受

C. 估值水平普遍较低，存在大量投资机会

D. 各行业与企业差异较大，需要根据实际情况做出判断

23. 贵机构对于投资项目内部回报率（IRR）的预设要求一般是____%。

24. 贵机构所投资的项目中，获得下一轮融资的项目占比为（   ）。

A.（0%，10%］　　B.（10%，20%］　　C.（20%，30%］

D.（30%，40%］　　E.（40%，50%］　　F. 50%以上

25. 贵机构选择联合投资的原因一般是（   ）。（不超过3项）

A. 资金约束　　　　B. 风险分担　　　　C. 专业互补

D. 与联合投资方建立联系

E. 满足被投企业不同诉求

F. 其他_____

26. 贵机构在 ESG（环境、社会、企业治理）投资方面展开的工作是（　　）。

A. 没有实际需求，尚未关注 ESG

B. 关注 ESG，但缺少深入研究

C. 有专门研究，但未纳入投资决策流程

D. 投资决策中考虑 ESG，但未形成正式体系

E. 已形成正式制度，将 ESG 纳入实际投资决策流程

F. 已在公司层面制定 ESG 战略，并贯彻到具体投资决策

27. 贵机构是否设立负责 ESG 投资的主管部门或岗位？（　　）

A. 有

B. 没有，近期打算设立

C. 没有，近期不打算确立

28. 从风控角度，请问贵机构投资的主要保障条款包括？（　　）（多选）

A. 对赌协议　　　　B. 领售权　　　　C. 跟售权

D. 拖售权　　　　　E. 随售权　　　　F. 股权锁定

G. 股权质押　　　　H. 股票质押　　　I. 排他性条款

J. 反稀释条款　　　K. 清算优先权　　L. 优先回购权

M. 其他_____

四、投后管理情况

29. 贵机构如何进行被投企业的管理？（　　）

A. 投资经理负责制

B. 投后管理专门机构负责制

C. 投资＋投后共同负责制

D. 外部管理咨询制

E. 没有特殊的投后管理安排

30. 贵机构已设立专门投后管理专门部门或机构____年（填空），有____人？

A. 未设置　　　　　B. 1—5 人　　　　C. 6—10 人

D. 11—20 人　　　　　　　E. 21 人及以上

31. 贵机构为被投企业提供的投后增值服务有哪些？（　　　）（多选）

　A. 上下游客户推介　　　　　　B. 品牌推介

　C. 人才引荐　　　　　　　　　D. 企业战略规划

　E. 企业制度搭建　　　　　　　F. 开拓融资渠道

　G. 内部管理（如 PMO）　　　　H. 退出方式指引

　I. 收购整合　　　　　　　　　J. 法务咨询

　K. 信息服务　　　　　　　　　L. 其他_____

32. 贵机构认为在投后管理中遇到的最主要挑战是（　　　）。

　A. 被投企业要求高，无法满足

　B. 机构部门间协调配合力不足

　C. 在被投企业话语权低，对企业增值服务有限

　D. 机构资源和精力有限，无暇顾及

　E. 其他_____

33. 对于未来投后管理工作，贵机构倾向于做如何改变（　　　）。

　A. 新设投后管理团队或扩充现有投后管理团队

　B. 维持现有投后管理团队规模不变并保持现有投后管理方式

　C. 转变现有投后管理方式，投入更多人力与时间，帮助企业实现业绩与效率提升

　D. 其他_____

五、退出情况

34. 您如何看待当今的退出环境？（　　　）

　A. 非常积极　　　　B. 积极　　　　　C. 中性

　D. 消极　　　　　　E. 非常消极

35. 2020 年，贵机构实现的项目退出回报水平：（　　　）。

　A. 项目退出回报水平超出预期

　B. 项目退出回报水平与预期无明显差异

　C. 项目退出回报水平低于预期

　D. 2020 年未有退出项目

六、基金管理人概况

36. 贵机构现在的团队结构是什么样的？并填写每个类别的百分比（加总为100%）。

团队结构	人员数量
合伙人	
投资部门人员	
募资部门人员	
投后管理及基金运营人员	
合规风控人员	
其他	
合计	100%

37. 贵机构2021年有扩大团队规模的计划吗？哪些人才最需要增加？（　　）（请按需要程度选择三项）

　　A. 高级投资管理人员（MD/ED）

　　B. 中级投资管理人员（D/VP）

　　C. 初级投资管理人员（Asso/Analyst）

　　D. 投后管理及运营成员

　　E. 募资/投资者关系部门成员

　　F. 风控专员

　　G. 法律专员

　　H. 其他人才_____

　　I. 我不想扩大我的队伍

　　J. 我想减少雇用人数

38. 2020年，贵机构人员离职率是（　　）。

　　A. 5%及以下　　　　　　　　　　B.（5%，10%］

　　C.（10%，15%］　　　　　　　　D.（15%，20%］

　　E. 20%以上

39. 贵机构目前开展业务类型包括（　　）。（多选）

　　A. 创业投资基金　　　　　　　　B. 成长和扩张期投资

C. 并购基金 D. 地产金融
E. 夹层基金 F. 私募股权母基金
G. 财富管理 H. 定增业务
I. 其他_____

40. 2020年贵机构使用的投资中介机构服务包括（   ）。（多选）

A. 财务服务 B. 法律服务
C. 研究服务 D. 人力资源服务
E. 行政服务 F. 投资者关系服务
G. 公关服务 H. 政府关系服务
I. 没有使用中介机构服务

41. 贵机构给予投资团队的激励部分，一般占GP获得carry的比例是：（   ）。

A. 20%以下 B. 20%—30%
C. 30%—40% D. 40%—50%
E. 50%以上 F. 不适用

42. 贵机构收入来源结构占比为：

（单位：%）

收入来源	2020年
项目退出收益	
分红收入	
管理费、咨询费收入	
其他收入	
合计	100%

第二部分　创投基金篇

本部分问卷请正在运作创业投资基金（不含FOF）的私募股权及创业投资基金管理人填写。

一、管理机构概况

1. 贵机构股权性质及计划发行外商投资股权投资企业（QFLP）的情况：（   ）。（单选）

A. 为外资私募基金管理人，已发行 QFLP

B. 为外资私募基金管理人，未发行 QFLP，未来不计划发行

C. 为外资私募基金管理人，未发行 QFLP，未来计划发行

D. 为内资私募基金管理人，已发行 QFLP

E. 为内资私募基金管理人，未发行 QFLP，未来不计划发行

F. 为内资私募基金管理人，未发行 QFLP，未来计划发行

2. 2020 年为新注册创投基金新设 GP 的管理人，GP 注册地选取情况：（　　）。（多选）

A. 未新设 GP	B. 北京市	C. 天津市
D. 河北省	E. 山西省	F. 内蒙古自治区
G. 辽宁省	H. 大连市	I. 吉林省
J. 黑龙江省	K. 上海市	L. 江苏省
M. 浙江省	N. 宁波市	O. 安徽省
P. 福建省	Q. 厦门市	R. 江西省
S. 山东省	T. 青岛市	U. 河南省
V. 湖北省	W. 湖南省	X. 广东省
Y. 深圳市	Z. 广西壮族自治区	AA. 海南省
BB. 重庆市	CC. 四川省	DD. 贵州省
EE. 云南省	FF. 西藏自治区	GG. 陕西省
HH. 甘肃省	II. 青海省	JJ. 宁夏回族自治区
KK. 新疆维吾尔自治区		

3. 贵机构股东中，管理团队持股情况：（　　）。（单选）

A. 暂未有团队持股，且不计划设立

B. 暂未有团队持股，正在进行相关规划

C. 已有团队持股

二、管理机构募资情况

1. 贵机构 2020 年当年募集完成的新创业投资基金所需募资平均时长为：（　　）。（单选）

A. （0，6 个月］　　　　　　　　　　B. （6 个月，12 个月］

C. （12 个月，18 个月］ D. （18 个月，24 个月］

E. 24 个月以上 F. 未募集新创投基金（排他）

2. 2020 年新募集创业投资基金是否如期到位？（　　）（多选或只选 A、F）

A. 已全部如期到位（排他）

B. 银行资金未能如期到位

C. 上市公司及高净值客户资金未能如期到位

D. 民营企业资金未能如期到位

E. 市场化母基金资金未能如期到位

F. 未募集创投基金（排他）

G. 其他（请说明）_____

3. 2021 年，对于人民币创业投资基金的募集，贵机构最青睐的投资者类型（请按照重要程度选择三项）：（　　）。（多选）

A. 政府投资基金 B. 市场化母基金

C. 国企/央企 D. 民营非上市企业

E. 民营上市企业 F. 信托

G. 证券 H. 保险

I. 家族财富办公室 J. 社保基金/养老金

K. 企业家 L. 普通高净值个人

M. 大学捐赠基金 N. 主权财富基金

O. 其他（请说明）_____

4. 相较于 2019 年，2020 年创业投资基金募资难度：（　　）。（单选）

A. 募资难度大幅增长 B. 募资难度小幅增长

C. 募资难度基本与 2019 年持平 D. 募资难度有所减小

E. 其他_____

5. 相较于 2019 年，2020 年创业投资基金募资难度加大的原因包括：（　　）。（请按重要程度选择三项）（多选）

A. 社会资金（上市公司、金融机构）缺乏

B. 同策略基金过多，同质化显著

C. 过往基金运作业绩不达预期

D. 多数投资者未获得实际收益回报

E. 投资者偏好发生转变

F. 政府引导基金资金缩紧，投资趋谨慎

G. 投资者与管理人未有效匹配

H. 长期资金缺乏

I. 其他（请说明）_____

6. 2021 年，贵机构是否计划募集新创业投资基金：（　　）。（单选）

　　A. 计划募集新创业投资基金，尚未启动

　　B. 目前正在募集新创业投资基金

　　C. 暂不考虑募集新创业投资基金

　　D. 不确定，需要根据未来形势再做判断

7. 2021 年，贵机构如计划设立新创业投资基金，设立数量倾向于：（　　）。（单选）

　　A. 1 只　　　　　　　B. 2 只　　　　　　　C. 3 只

　　D. 4 只及以上　　　　E. 暂无募集计划

8. 2021 年，对于新创业投资基金募集总规模（如非人民币基金请按当前汇率换算为人民币），贵机构倾向于（单位：亿元）（　　）。（单选）

　　A. ≤1 亿元　　　　　　　　　　　B. （1 亿元，2 亿元］

　　C. （2 亿元，3 亿元］　　　　　　D. （3 亿元，5 亿元］

　　E. （5 亿元，10 亿元］　　　　　F. （10 亿元，20 亿元］

　　G. >20 亿元

9. 2021 年，对于募集新人民币创业投资基金的存续期，贵机构倾向于（　　）。（单选）

　　A. 4 年及以下　　　B. 5—6 年　　　C. 7—8 年

　　D. 9—10 年　　　　E. 11 年及以上

三、管理机构投资与估值情况

1. 2021 年，贵机构创业投资基金将重点关注的行业为（请按照重要程度选择五项）：（　　）。（表格文本题）

　　A. 医疗健康（含医药、技术、服务等）

　　B. 信息化及 IT 技术（含计算机运用、计算机设备等）

C. 人工智能

D. 传媒

E. 教育培训

F. 高端装备制造

G. 半导体

H. 新材料

I. 环保

J. 航空航天

K. 新能源/能源科技

L. 金融

M. 消费

N. 企业服务

O. 区块链

P. 汽车行业（含新能源汽车）

Q. 运输物流

R. 房地产

S. 其他（请说明）_____

2. 2021年，贵机构创业投资基金计划单笔投资规模，倾向于以下何种状况：（　　）。（单选）

A. 预计提升单笔投资规模

B. 预计单笔投资规模与往年无明显差异

C. 预计缩减单笔投资规模

D. 不确定，需要根据未来形势再作判断

3. 2021年，贵机构创业投资基金计划投资企业的数量，倾向于以下何种状况（　　）。（单选）

A. 预计增加投资企业的数量

B. 预计投资数量与往年无明显差异

C. 预计减少投资企业的数量

D. 不确定，需要根据未来形势再作判断

4. 相较于2019年，贵机构认为2020年创业投资市场战略新兴领域的项目

估值：（　　）。（表格文本题）（请按照不同时期及行业单项打勾选择）

2020 年相比于 2019 年					
行业分类	显著上升	略微上升	持平	略微下降	明显下降
新一代信息技术					
高端装备制造					
新材料					
新能源					
生物产业					
节能环保					
新能源汽车					

5. 贵机构对于目前创投基金战略新兴领域项目估值的平均水平，倾向于以下何种观点：[表格文本题]（请按照不同时期及行业单项打勾选择）

行业分类	估值水平普遍偏高，存在一定投资风险	估值水平普遍正常，可以接受	估值水平普遍较低，存在大量投资机会
新一代信息技术			
高端装备制造			
新材料			
新能源			
生物产业			
节能环保			
新能源汽车			

6. 贵机构认为新冠肺炎疫情对创业投资基金的影响是（　　）。（请按重要程度选择三项，或只选 G）

　　A. 资金募集难度加大

　　B. 项目融资需求提升，投资机会增加

　　C. 优质标的投资竞争加大，估值提升

　　D. 对管理人项目考察、尽调等工作进度造成影响

　　E. 已投项目受疫情影响增长缓慢，退出时间延长

　　F. 已投项目投后管理、增值服务难度加大

　　G. 无明显影响

　　H. 其他（请说明）_____

7. 贵机构创业投资基金投资决策团队成员构成情况：（　　）。（单选）

A. 全部为管理人内部成员

B. 存在投资者委派投委参与投资决策

C. 存在外部投委参与投资决策

D. 其他（请说明）＿＿＿＿＿＿

四、机构投后管理情况

1. 贵机构投后管理人员中，平均从业年限为：（　　）。（单选）

A. 0—3 年　　　　　　B. 4—5 年　　　　　　C. 6—7 年

D. 8—10 年　　　　　E. 11 年及以上

2. 贵机构针对创业投资基金的投后管理人员中，过往从业背景多为：（　　）。（单选）

A. 财务　　　　　　B. 法务　　　　　　C. 股权投资

D. 人力资源管理　　E. 产业背景　　　　F. 公共关系

G. 咨询/顾问　　　　H. 金融（如银行、投行、券商）

I. 其他（请说明）＿＿＿＿＿＿

3. 贵机构针对创业投资基金的投后管理内容包括（　　）。（多选）

A. 被投机构数据持续跟踪

B. 与被投企业定期沟通、定期诊断

C. 信息资料收集与归档

D. 风险监测

E. 外派"董监高"等人员管理

F. 提供多样化增值服务

G. 其他（请说明）＿＿＿＿＿＿

4. 贵机构投后管理是否设置了专门的风险项目处置部门或人员：（　　）。（单选）

A. 已设置专门的风险项目处置部门或人员

B. 未设置专门的风险项目处置部门或人员，不计划设置

C. 未设置专门的风险项目处置部门或人员，计划设置

5. 贵机构在完成创投基金投资后，除被投企业定期文件报送外，与被投企

业沟通频率为：（　　）。（单选）

  A. 每周沟通　　　　B. 每月沟通　　　　C. 每季度沟通

  D. 每半年沟通　　　E. 每年或更久　　　F. 不定期进行沟通

五、机构退出与回报情况

1. 贵机构创业投资基金投资项目中，破产清算项目投资数量占总投资数量比例为：（　　）。（单选）

  A. 暂无　　　　　　　B. （0，10%］　　　　C. （10%，20%］

  D. （20%，30%］　　　E. （30%，40%］　　　F. （40%，50%］

  G. （50%，60%］　　　H. （60%，70%］　　　I. （70%，80%］

J. 80%以上

2. 贵机构创业投资基金如有清算，原因为：（　　）。（多选）

  A. 基金存续期到期

  B. 基金份额持有人大会（股东大会或全体合伙人）决定进行基金清算

  C. 全部投资项目都已退出

  D. 法律法规规定或符合合同约定的清算条款

  E. 其他（请说明）_____

3. 2021年，对于投资企业的退出路径，贵机构倾向于接受以下何种选择？（　　）（请按重要程度选择三项）

  A. 企业回购　　　　　B. 协议转让　　　　　C. 境内IPO

  D. 境内上市（除IPO）E. 境外上市　　　　　F. 整体收购

  G. 新三板挂牌　　　　H. 清算　　　　　　　I. PE二级市场

  J. 被投企业分红　　　K. 其他（请注明）_____

4. 2021年，对于投资企业的上市退出途径，贵机构倾向于选择：（　　）。（请按重要程度选择三项）

  A. 创业板IPO　　　　B. 中小板IPO　　　　C. 主板IPO

  D. 科创板IPO　　　　E. A股借壳上市　　　F. 香港交易所IPO

  G. 美国交易所IPO　　H. 台湾交易所IPO

  I. 伦敦、新加坡、韩国、澳大利亚等国交易所

  J. 其他（请说明）_____

5. 贵机构 2020 年对于已上市项目的退出时间点选择为：（   ）。（单选）

   A. 上市后解禁就卖出

   B. 上市后根据股价情况择时退出，择时的主要考虑是_____

6. 贵机构从事 PE 二级市场交易的情况：（   ）。

   A. 计划交易 PE 二级市场项目，尚未启动

   B. 目前已有 PE 二级市场项目在交易过程中

   C. 之前交易过 PE 二级市场标的，持续关注 PE 二级市场交易项目

   D. 暂不考虑交易 PE 二级市场项目

7. 贵机构认为投资者作为 PE 二级市场交易的卖方出售基金份额的缘由：（   ）。（多选）

   A. 投资组合管理　　　　　　　B. 资产流动性

   C. 策略变换　　　　　　　　　D. 基金表现

   E. 法规要求　　　　　　　　　F. 其他（请注明）_____

8. 贵机构认为参与 PE 二级市场交易的难点在于（如有其他请注明）：（   ）。（多选）

   A. 交易结构以及投资条款谈判复杂

   B. 估值缺乏相应标准和基准

   C. 对 PE 二级市场缺乏认可度

   D. 买卖双方市场需求暂未形成规模

   E. 无法及时获取有效交易信息

   F. 交易时间周期不易控制

   G. 交易过程中的保密性问题

   H. 缺乏专业中介机构

   I. 其他（请注明）_____

9. 2021 年，贵机构创业投资基金所投项目，通过各退出渠道，预计可实现退出数量范围为：（   ）。（单选）（请在表格的"各退出路径项目数量范围"一栏填写"ABCDEFGH"）

   A. 0 个　　　　　　B. 1—3 个　　　　　　C. 4—5 个

   D. 6—7 个　　　　　E. 8—9 个　　　　　　F. 10—12 个

   G. 13—15 个　　　　H. 15 个以上

退出路径	各退出路径项目数量范围
企业回购	
协议转让	
境内 IPO	
境内上市（除 IPO）	
境外上市	
整体收购	
新三板挂牌	
清算	
PE 二级市场	
被投企业分红	

10. 2021 年，对于募集新创业投资基金币种，贵机构倾向于选择（　　　）。（单选）

  A. 人民币基金   B. 美元基金

  C. 人民币与美元基金均有募集   D. 其他币种_____

11. 贵机构对创业投资基金拟投资企业最重要的判断标准是（　　　）。（请按照重要程度选择三项，在选项后的括号内填写顺序）

  A. 潜在的市场规模（　　　）

  B. 细分领域的领军或垄断地位（　　　）

  C. 产品、技术的创新性（　　　）

  D. 商业模式的创新性（　　　）

  E. 优秀的企业创始团队（　　　）

  F. 较明确的 IPO/并购预期（　　　）

  G. 当前较高的收入与利润（　　　）

  H. 业绩的高成长（　　　）

  I. 行业监管政策带来的机会与风险（　　　）

  J. 新三板挂牌预期（　　　）

  K. 项目所处地区（　　　）

  L. 其他_____（　　　）

第三部分　并购基金篇

一、管理人情况

1. 贵机构的控股股东所属行业：_____。

   A. 建筑/建材/房地产　　　　　B. 运输设备及服务

   C. 钢铁/煤炭/有色/化工　　　　D. 消费品

   E. 计算机　　　　　　　　　　F. 电子（半导体、集成电路）

   G. 通信设备　　　　　　　　　H. 生物医药

   I. 互联网　　　　　　　　　　J. 军工

   K. 高端制造　　　　　　　　　L. 传统制造

   M. 金融企业　　　　　　　　　N. 其他行业（请说明）_____

   O. 个人　　　　　　　　　　　P. 无控股股东

二、募资情况

2. 相较于 2019 年，2020 年贵机构新并购基金募资时长_____。募资难度_____。

   A. 大幅增加　　　　　　　　　B. 小幅增加

   C. 基本持平　　　　　　　　　D. 小幅减少

3. 相较于 2019 年，2020 年募资难度加大的原因包括：_____。（请按重要程度选择三项，并按重要性排序）

   A. 资金面紧张，如缺乏社会资金（上市公司、金融机构）、政府引导基金资金缩紧

   B. 同策略基金过多，同质化显著，LP 与 GP 未有效匹配

   C. 长期资金缺乏

   D. 金融监管政策趋严

   E. 一级市场估值过高

   F. 并购重组市场热度减退，LP 偏好发生转变

   G. 并购基金业绩不及预期、过往基金业绩差、多数 LP 未获得实际收益回报

H. 受新冠肺炎疫情影响，LP 资金紧张

I. 其他（请说明）_____

4. 贵机构预计 2021 年募资环境相较于 2020 年有_____变化。

   A. 资金更加充足，募资预计回暖

   B. 资金将有所小幅增加

   C. 募资环境依然紧张，与 2020 年持平

   D. 资金将小幅减少

   E. 资金更加困难

   F. 其他（请说明）_____

5. 贵机构所募集并购基金的主要 LP 构成中，请选择 LP 出资的比例区间：

	0	(0, 10%]	(10%, 30%]	(30%, 50%]	(50%, 70%]	(70%, 90%]	>90%
政府引导基金							
市场化母基金							
上市国有企业							
上市民营企业							
非上市国有企业							
非上市民营企业							
信托							
证券							
银行或银行理财子公司							
家族财富办公室							
保险							
社保基金/养老金							
高净值个人							
其他（请说明）							

6. 若上一题中，2020 年新募基金前 5 大 LP 中有产业方（上市国有企业、上市民营企业、非上市国有企业、非上市民营企业），请勾选其所在行业：_____。（多选）

   A. 农林牧渔   B. 传媒

   C. 电气设备/机械设备   D. 房地产/建筑材料/建筑装饰

   E. 纺织服装/食品饮料/休闲服务 F. 银行/非银金融

G. 钢铁/化工/有色金属/采掘　　H. 公用事业

I. 国防军工　　J. 计算机/通信

K. 家用电器　　L. 交通运输

M. 轻工制造　　N. 商业贸易

O. 生物医药　　P. 其他（请说明）_____

7. 若第 5 题中，2020 年新募基金前 5 大 LP 中有政府引导基金，请填写该政府引导基金所属地域（省份或填"无"）：_____。

该基金要求反投比例：_____。

A. 0　　B. （0，10%］

C. （10，20%）　　D. （20，30%）

E. （30，40%）　　F. （40，50%）

G. （50，60%）　　H. （60，100%）

三、投资情况

8. 贵机构并购基金的投资方式中，从投资数量上看，有____项目属于参股型并购（持股比例低于50%且不能对被投企业实现实际控制）；从投资金额上看，有____项目属于参股型并购（持股比例低于50%且不能对被投企业实现实际控制）。

A. （0，10%］　　B. （10%，20%］

C. （20%，30%］　　D. （30%，40%］

E. （40%，50%］　　F. （50%，60%］

G. （60%，70%］　　H. （70%，80%］

I. （80%，100%）

9. 贵机构设立的跨境并购基金（开展跨境投资业务的并购基金）的投资方式中，从投资数量上看，有____项目属于参股型并购（持股比例低于50%且不能对被投企业实现实际控制）；从投资金额上看，有____项目属于参股型并购（持股比例低于50%且不能对被投企业实现实际控制）。

A. （0，10%］　　B. （10%，20%］

C. （20%，30%］　　D. （30%，40%］

E. （40%，50%］　　F. （50%，60%］

G. （60%，70%］　　　　　　　　H. （70%，80%］

I. （80%，100%］　　　　　　　J. 未设立跨境并购基金

10. 在所有参股型的并购中，贵机构联合产业投资人一起实施并购的数量占比____，金额占比____。其中，在跨境并购基金（开展跨境投资业务的并购基金）中，贵机构联合产业投资人一起实施并购的数量占比____，金额占比____。

A. （0，10%］　　　　　　　　B. （10%，20%］

C. （20%，30%］　　　　　　　D. （30%，40%］

E. （40%，50%］　　　　　　　F. （50%，60%］

G. （60%，70%］　　　　　　　H. （70%，80%］

I. （80%，100%］　　　　　　　J. 未设立跨境并购基金

11. 贵机构在选择联合投资方时，最重要的三项权衡因素是：_____（按重要性由高到低，请从下列选项中选出3项）。

A. 对方对被投行业的专业度

B. 对方是否在投资领域有创业成功的经历

C. 对方的地理位置

D. 对方的资金规模及出资确定性

E. 对方的声誉

F. 对方过去的业绩、相关交易类型是否有成功案例

G. 对方的社会关系

H. 过去是否与对方合作过

I. 无联合投资方

J. 其他（请注明）_____

12. 评估被投资企业（筛选项目）时，贵机构最看重的前三项内容是，并按重要性从高到低排序。_____

A. 产业内头部企业是被投企业的股东

B. 是否有明确的退出收购方

C. 技术实力

D. 现有业绩

E. 管理水平

F. 估值水平

G. 行业前景

H. 创始人团队

I. 其他（请注明）_____

13. 贵机构的并购基金在投资过程中，是否配套其他金融手段：____

    A. 是   B. 否

- 如有，则其他金融手段包括：_____，若有跨境并购基金，则其他金融手段包括：_____。（可多选，分别选择）

    A. 并购贷款   B. 信托资金

    C. 结构化设计   D. 购买并购保险

    E. 其他（请注明）_____

14. 贵机构若有跨境并购基金，之前主要投向区域为：_____（可多选），第一投资大跨境投资的区域为：_____。

    A. 美国

    B. 欧洲（英国、法国、德国、荷兰等）

    C. 亚洲发达国家和地区（日本、韩国、新加坡、台湾地区等）

    D. 东南亚发展中国家（越南、印度、菲律宾、泰国、印度尼西亚等）

    E. 非洲

    F. 南美洲

    G. 没有跨境并购基金

15. 预计中美政治关系对贵机构2021的跨境并购有多大影响_____。

预计中欧CAI协议对贵机构2021的跨境并购有多大影响_____。

    A. 跨境并购大大缩减   B. 跨境并购小幅缩减

    C. 无显著影响   D. 没有跨境并购基金

16. 跨境并购未来看好的区域_____。（可多选并按看好程度由高到低排序）

    A. 美国

    B. 欧洲（英国、法国、德国、荷兰等）

    C. 亚洲发达国家和地区（日本、韩国、新加坡、台湾地区等）

    D. 东南亚发展中国家（越南、印度、菲律宾、泰国、印度尼西亚等）

    E. 非洲

    F. 南美洲

G. 没有跨境并购策略，不适用

17. 贵机构认为并购基金行业在决策执行的难点在于（　　）。（可多选，按重要程度排序）

  A. 交易过程中受到的政策不确定性带来的影响

  B. 交易过程中受到的参与方不确定性带来的影响

  C. 被并购企业所在地文化、被并购企业管理团队文化能否有效整合

  D. 对拟并购标的创造价值的点的识别和整合

  E. 其他未预期的问题（请说明）_____

四、投后管理

18. 并购基金参与并购后，针对被投企业是否存在以下并购整合措施：（　　）。（可多选）

  A. 改选董事会　　　　　　B. 改选监事会

  C. 改换财务人员　　　　　D. 更换管理层

  E. 资产注入　　　　　　　F. 资产剥离

  G. 债务重组　　　　　　　H. 业务再造

  I. 组织文化再造　　　　　J. 无以上措施（排他项）

  K. 其他（请说明）

19. 并购基金参与并购后，针对被投企业投后增值服务内容包括（　　）。（可多选，并按重要性排序）

  A. 优化资本结构（包括增加授信、注入流动性等）

  B. 提升管理运营效率（包括降低人均费用率、规范制度流程、提高内部效率等）

  C. 改善公司治理水平（包括规范公司治理制度、外派董监高等）

  D. 调整、规划发展战略

  E. 业务资源对接与整合

  F. 资本运作服务

  G. 向被投企业高管及员工实施激励计划

  H. 无增值服务内容（排他项）

  I. 其他（请说明）_____

20. 如有上述增值服务,请与 2019 年相比较,这些增值服务运用频率是:(　　)。

	A	B	C	D
优化资本结构(包括增加授信、注入流动性等)	增长	降低	无变化	从未使用
提升管理运营效率(包括降低人均费用率、规范制度流程、提高内部效率等)	增长	降低	无变化	从未使用
改善公司治理水平(包括规范公司治理制度、外派董监高等)	增长	降低	无变化	从未使用
调整、规划发展战略	增长	降低	无变化	从未使用
业务资源对接与整合	增长	降低	无变化	从未使用
资本运作服务	增长	降低	无变化	从未使用
向被投企业高管及员工实施激励计划	增长	降低	无变化	从未使用
其他(请说明)	增长	降低	无变化	从未使用

21. 贵机构在并购企业后,被投企业的效果是:(　　)。

	A	B	C	D
企业收入	增长	降低	无变化	不清楚
企业负债率	增长	降低	无变化	不清楚
市场占有率	增长	降低	无变化	不清楚
企业估值	增长	降低	无变化	不清楚
用工人数	增长	降低	无变化	不清楚

22. 贵机构在并购企业后,对被投企业是否有激励措施:(　　)。(可多选)

A. 无

B. 对管理团队施行股权激励措施

C. 对核心员工施行股权激励措施(包括技术人员等)

D. 对管理团队施行财务激励措施(如建立在业绩基础上的薪酬奖励)

E. 其他(请说明)_____

23. 投后管理的挑战（　　）。（可多选）

   A. 与被投企业原股东、管理层较难磨合，基金战略理念难以有效执行

   B. 未精准评估分析被投企业的赋能点，投后赋能低效

   C. 跨境并购中，文化融合较难

   D. 被投企业内控水平参差不齐

五、退出情况

24. 贵机构以并购方式退出的项目中，收购方多为_____。（请选三项并按重要性排序）

   A. 境内民营上市公司（非大型互联网公司）

   B. 境外民营上市公司（非大型互联网公司）

   C. 非上市民营企业

   D. 国有企业

   E. 创业公司

   F. 大型互联网公司

   G. 金融机构

   H. 其他（请说明）_____

25. 2020年，贵机构认为影响退出收益的主要原因是：_____。

   A. 市场层面流动性收紧，退出方式选择变少

   B. 项目投资时估值过高

   C. 并购基金投后对项目价值提升有限

   D. 受宏观经济等宏观因素影响，被投企业盈利水平下滑幅度较大

   E. 受行业竞争等中观因素影响，被投企业经营能力不善

   F. 其他（请说明）_____

六、行业问题及发展趋势

26. 贵机构认为注册制的推出对并购基金的运营影响主要在于（　　）。（可多选，并按重要性由高到低排序）

   A. 提高项目的退出效率，增强资金流动和资源配置效率

   B. 重组、分拆决策、定价更市场化

C. 激发存量市场并购重组活力

D. 优质企业上市效率提升，被并购意愿降低

E. 促进上市企业之间的资源互补、优势互换

F. 无影响

G. 其他（请说明）＿＿＿＿＿＿

27. 贵机构认为我国并购基金业务的主要模式是（　　）。（可多选，并按重要性由高到低排序）

A. 上市公司或其控股股东出资参与并购基金

B. 上市公司成立私募基金管理人并参与发起的并购基金

C. 私募基金管理人以控制权收购、重组改造为目标的 Buy-out 并购基金

D. 私募基金管理人以参股投资为主，并购为主要退出方式而设立的并购基金

E. 其他（请说明）＿＿＿＿＿＿

28. 贵机构认为并购基金行业发展现状主要存在哪些问题？（　　）（请选三项，并按重要程度排序）

A. 企业被并购意愿弱

B. 企业债务重组难度较大

C. 并购基金缺乏重组整合专业化人才

D. 并购基金能使用的融资工具较少，使用限制较多

E. 并购基金投资所占比例小，难以对被投企业的实际经营产生重大影响

F. 并购基金发展时间短，积累产业资源有限

G. 受并购基金募资缺乏长期资金影响，持有项目时间短

H. 投资决策及投后管理高度依赖产业方（上市公司、头部企业等）

I. 其他（请说明）＿＿＿＿＿＿

29. 贵机构认为并购基金行业发展未来存在哪些机会？（　　）（请选三项，并按重要程度排序）

A. 高科技产业进入快速发展期，技术更迭使高科技行业并购重组更加活跃

B. 传统产业转型升级，与高科技产业并购重组机会增加

C. 产业整合加速，产业内部收购整合机会增多

D. 混改深化，国有企业与民营企业并购重组机会增多

E. 前沿技术由跨境并购转向本土创新，头部企业需要通过并购基金布局前沿技术领域

F. 经济增速下行，困境资产增多，重组机会增加

G. 其他（请说明）_____

30. 贵机构认为并购基金未来发展模式主要是（　　）。（可多选，并按重要性由高到低排序）

A. 并购基金作为战略投资人，提供产业资源及公司治理增值服务

B. 并购基金独立对产业内企业进行并购整合、出售获利

C. 并购基金加头部企业明星团队平台性并购

D. 联合产业方，产业方布局收购，并购基金提供资本平台服务

E. 其他（请说明）_____

31. 贵机构认为新冠肺炎疫情对并购基金发展的影响是（　　）。（请选三项，并按重要程度排序）

A. 资金募集难度加大，LP出资意愿和能力降低

B. 资金募集难度加大，配套融资活动受阻

C. 涉及商业敏感信息的面对面沟通受到影响，投资项目被迫中断或暂停

D. 项目退出难度加大

E. 基金对投后的管理更加重视

F. 未来不确定性提高，需重新评估基金策略

G. 募资端和投资端向头部机构聚拢的趋势更为明显

H. 上市公司经营环境发生变化，退出方案需要调整

I. 其他（请说明）_____

附录3 中国私募股权投资母基金发展情况调查问卷

（仅供参考，请以问卷系统中的题目为准）

一、母基金基本信息

1.1　母基金机构类型

A. 市场化母基金

B. 政府引导基金

C. 财富管理机构

D. 银行母基金/私人银行

E. 券商私募母基金

F. 外资母基金

G. 其他（请说明）_____

1.2　母基金机构背景

A. 银行

B. 券商

C. 第三方财富管理

D. 中央政府

E. 地方政府

F. 国有企业

G. 民营企业

H. 外企

I. 其他（请说明）_____

1.3　开展的基金业务类型（　　）。（可多选）

A. 私募股权 FOF

B. 私募创投 FOF

C. 私募股权基金

D. 私募创投基金

1.4　基本信息——填空

A. 机构名称_____

B. 管理人登记编号（P 码）_____

C. 联系人姓名_____

D. 联系人电话_____

1.5　母基金管理规模区间（单位：亿元人民币）

A. ［0，5）

B. ［5，10）

C. ［10，20）

D. ［20，50）

E. ［50，200）

F. ［200，500）

G. 500 亿元人民币及以上

1.6　截至 2020 年末，母基金实缴金额除以认缴金额的比例为（填空）

1.7　母基金已经存续时间（单位：年）

A. ［0，1）

B. ［1，3）

C. ［3，5）

D. ［5，8）

E. ［8，10）

F. ［10，15）

G. 15 年及以上

二、募资情况

2.1　贵公司所募基金的主要 LP 构成中，请选择 LP 所投资金的比例区间

	0%	(0, 10%)	[10%, 30%)	[30%, 50%)	[50%, 70%)	[70%, 100%)	100%
政府机构							
银行							
非银金融机构（保险、信托、证券等）							
财富管理机构							
国有企业							
非国有企业							
社保基金/养老金							
高净值个人及富有家庭							
家族财富办公室							
管理人及员工跟投							
其他（请说明）							

2.2 LP 的诉求及偏好（　　）。（可多选）

A. 业绩回报

B. 跟投机会

C. 资源分享

D. 招商引资

E. 资产配置

F. 产业引导

G. 其他（请说明）_____

2.3 贵公司是否和政府引导基金合作？如已经获得政府引导基金的资金，贵公司认为政府引导基金的哪些要求会是基金投资中的难点？（　　）（可多选）

A. 暂未与政府引导基金合作［排他］

B. 基金管理人参股或者注册要求

C. 子基金注册地要求

D. 反投比例要求

E. 投资领域

F. 资金结构化安排

G. 其他（请说明）_____

2.4 贵公司是否有和社保、保险、企业年金合作？如已经获得社保、保险、企业年金的资金，贵公司如何评价社保、保险、企业年金？（　　）（可多选）

A. 资金投资意愿强

B. 资金体量大

C. 资金期限长

D. 资金回报要求高

E. 资金使用过程中受监管限制多

F. 资金使用过程中投资领域限制多

G. 资金使用过程中投资区域限制多

H. 其他（请说明）＿＿＿＿＿＿

2.5 贵公司2021年是否有计划向社保、保险、企业年金募集资金？如有，认为募集难点在哪些方面？（　　）（可多选）

A. 无该项计划［排他］

B. 缺乏基石投资者

C. 投资策略同该资金不匹配

D. 投资期限同该资金不匹配

E. 投资标的同该资金不匹配

F. 监管限制

G. 相关渠道不畅通

H. 其他（请说明）＿＿＿＿＿＿

2.6 就整个募资周期而言，2020年一期母基金的平均筹款周期是多久？（　　）

A. 0—3个月

B. 3—6个月

C. 6—9个月

D. 9—12个月

E. 12—16个月

F. 16—24个月

G. 24个月以上

H. 过去一年内没有募集资金

2.7 就整个募资周期而言，2020年一期母基金的平均筹款周期是多久？
（　　）

A. 放缓

B. 缩短

C. 无明显

D. 其他

2.8 2020年及之前所募集资金是否如期到位？（　　）（可多选）

A. 已如期到位［排他］

B. 受监管政策影响银行资金未能如期到位

C. 受二级市场影响高净值客户或者上市公司资金未能如期到位

D. 无募集资金［排他］

E. 其他（请说明）_____

2.9 贵公司2020年新募集基金从发起到募资结束预计所需时间？（　　）
（单位：月）

A. 2020年无新募集的基金

B. ［0，6）

C. ［6，12）

D. ［12，18）

E. ［18，24）

F. 24个月及以上

2.9.1 基金在首期募集结束后是否会继续开放募集？如有，一般的比例是多少？（　　）

A. 不开放后续募集

B. （0，5%）

C. ［5%，10%）

D. ［5%，20%）

E. 超过20%

2.9.2 与2019年相比，2020年募资团队人员变化情况？（　　）

A. 无变化

B. 增加

C. 减少

2.9.3 2020年募资与2019年相比难度加大原因是（　　）。（可多选）

A. 社会资金（金融机构、上市公司等）缺乏

B. 同策略基金过多、同质化显著

C. 二级市场行情差

D. 一级市场估值过高

E. 前续基金运作业绩不达预期

F. LP 偏好发生变化

G. 金融监管政策趋严

H. 国资监管政策趋严

I. 募资没有受影响〔排他〕

J. 其他（请说明）_____

2.9.4 预计2021年募资环境相对2020年的变化是（　　）。

A. 相比2020年资金更充足

B. 相比2020年资金依然紧张甚至更困难

C. 相比2020年长期资金将有所增加

D. 相比2020年长期资金依然缺乏

2.9.5 2020年募资环境相对2019年的变化是（　　）。

A. 相比2019年资金更充足

B. 相比2019年资金依然紧张甚至更困难

C. 相比2019年长期资金将有所增加

D. 相比2019年长期资金依然缺乏

三、投资情况和投资策略

3.1 贵公司通常如何获得优质私募股权投资基金管理人的资源，并提供各渠道所获资源的比例。（填空）

A. 团队过往积累建立的渠道，占比_____

B. 根据母基金投资偏好从全市场进行筛选，占比_____

C. 中介机构推荐，占比_____

D. 融资会议、论坛等，占比_____

E. 其他（请说明）_____，占比_____

3.2　贵公司在筛选备投基金时，最重要的标准是什么？请按照重要性选3个（　　）。（可多选）

A. 团队背景

B. 所投行业及轮次

C. 策略优势

D. 基金期限

E. 基金规模

F. 过往业绩

G. 利益冲突防范机制

H. 风控制度

I. 交易条款

J. 公司治理

K. 其他（请说明）_____

3.3　贵公司在考察曾经投资团队的新募集基金时，最终不进行再次投资的原因是什么？（　　）（可多选）

A. 过往业绩未达预期

B. 主要管理团队发生变化

C. 基金策略发生重大变化且未能展示出团队在该领域的优势

D. 基金规模过大

E. 基金投资决策机制变化

F. 受其他投资者（如政府引导基金等）相关要求限制过多

G. 组合里已有同策略、同类型基金

H. 其他（请说明）_____

3.4　贵公司从接触子基金到做出投资决定所用平均时间大约为多久？（　　）（单位：月）

A. [0, 3)

B. [3, 6)

C. [6, 12)

D. [12,24)

E. 24 个月及以上

3.5 贵公司在实际投资中,单一子基金最高投资比例为多少?(　　)

A. [0,10%)

B. [10%,20%)

C. [20%,30%)

D. 30% 及以上

E. 未设置子基金的投资比例限制

3.6 贵公司在实际投资中,单一子基金的平均投资规模为多少?(　　)

A. 1 000 万元以下

B. [1 000 万元,3 000 万元)

C. [3 000 万元,5 000 万元)

D. [5 000 万元,10 000 万元)

E. [10 000 万元,30 000 万元)

F. [30 000 万元,50 000 万元)

G. 亿元及以上

3.7 贵公司在实际投资中,主要投向子基金币种为哪种?(　　)

A. 人民币子基金

B. 美元子基金

C. 其他币种子基金

D. 混合币种,请说明比例:人民币子基金_____,美元子基金_____,其他子基金_____

3.8 贵公司在实际投资中,主要投向哪种子基金?(　　)

A. 创投基金

B. 成长型基金

C. 并购基金

D. 母基金

E. 房地产基金

F. 基础设施基金

G. 自然资源基金

H. 债权类基金及其他

I. 具体比例，创投基金_____，成长型基金_____，并购基金_____，母基金_____，房地产基金_____，基础设施基金_____，自然资源基金_____，债权类基金及其他基金_____。

3.9 贵公司在实际投资中，直接投资项目的比例是（　　）。

A. 0%

B. （0%，5%）

C. ［5%，10%）

D. ［10%，20%）

E. ［20%，50%）

F. 其他（请说明）_____

3.9.1 贵公司 2021 年相比 2020 年对直接投资项目的投资比例偏好变化（　　）。

A. 按照基金策略及合同规定保持不变

B. 有所上升

C. 有所下降

3.9.2 据贵公司了解，在投资子基金时，有多少比例的子基金会向母基金推荐跟投项目？（　　）

A. 一般不推荐项目

B. 0%

C. （0%，5%）

D. ［5%，10%）

E. ［10%，15%）

F. ［15%，20%）

G. 20% 及以上

3.9.3 2020 年，贵公司投资的主要细分行业有哪些?（　　）（可多选，最多选择 5 个）

A. 医疗健康

B. IT 及信息化

C. 人工智能

D. 文化传媒

E. 教育培训

F. 高端装备制造

G. 半导体

H. 材料

I. 环保

J. 航空航天

K. 新能源

L. 金融

M. 消费升级

N. 企业服务

O. 区块链

P. 汽车行业

Q. 运输物流

R. 生活服务

S. 体育

T. 旅游业

U. VR/AR

V. 房地产

W. 其他（请说明）＿＿＿＿＿＿＿

3.9.4 2021年，贵公司将重点投资的方向是什么？（   ）（可多选，最多选择5个）

A. 医疗健康

B. IT及信息化

C. 人工智能

D. 文化传媒

E. 教育培训

F. 高端装备制造

G. 半导体

H. 材料

I. 环保

J. 航空航天

K. 新能源

L. 金融

M. 消费升级

N. 企业服务

O. 区块链

P. 汽车行业

Q. 运输物流

R. 生活服务

S. 体育

T. 旅游业

U. VR/AR

V. 房地产

W. 其他（请说明）_____

3.9.5 2020 年，贵公司对私募股权市场项目估值的判断是（   ）。

A. 相对于 2019 年显著上升

B. 相对于 2019 年显著下降

C. 相对于 2019 年略微上升

D. 相对于 2019 年略微下降

E. 相对于 2019 年变化不大

3.9.6 2021 年，贵公司对私募股权市场项目的估值判断是（   ）。

A. 相对于 2020 年将显著上升

B. 相对于 2020 年将显著下降

C. 相对于 2020 年将略微上升

D. 相对于 2020 年将略微下降

E. 相对于 2020 年将不会有太大变化

3.9.7 贵公司 2020 年投资节奏是否放缓？放缓的原因是（   ）。（可多选）

A. 新基金未募集到位

B. 基金出资人未按期到位

C. 一级市场估值调整

D. 未找到好的投资标的

E. 二级市场行情不佳

F. 退出渠道变化

G. 基金投资期结束

H. 未放缓［排他］

I. 投资节奏甚至加快［排他］

J. 其他（请说明）_____

3.9.8 贵公司2021年有无计划募集新一期母基金？新募母基金将采取何种投资策略？（   ）（可多选）

A. 无募集计划［排他］

B. 投资创投基金

C. 投资成长型基金

D. 投资并购基金

E. 投资二手基金份额（S基金）

F. 投资二级市场

3.9.9 截至2020年末，贵公司是否开展过S基金或Secondary二手策略？（   ）

A. 准备开展

B. 已经开展

C. 开展多次

3.9.10 贵公司对于二手策略的看法有哪些？（   ）（可多选）

A. 市场广阔

B. 解决了部分LP的退出问题

C. 操作有难度，缺乏人才

D. 估值难以公允

四、投后管理

4.1 贵公司是否建立了信息管理系统，用于被投基金的日常监测？（   ）

A. 已经建立，自建

B. 已经建立，外购

C. 暂未建立

4.2　贵公司在完成投资后，除定期文件的报送外，与子基金相关负责人通常保持着怎样的沟通频率？（　　）

A. 每月沟通

B. 每季度沟通

C. 每半年沟通

D. 每年或更久

4.3　贵公司对母基金参与子基金的决策持怎样的态度？（　　）

A. 不应干涉子基金的决策，给予子基金充分的决策权力

B. 应加入子基金的投资决策委员会，避免母基金利益受到损害

C. 是否干涉取决于子基金的发展情况和需求

D. 其他（请说明）_____

4.4　贵公司是否跟投？（　　）（可多选）

A. 不跟投（排他）

B. 跟投高收益率项目

C. 跟投互补型项目

D. 跟投具有政策意义的项目

4.5　如果贵公司对所投子基金提供增值服务，具体包括哪些？（　　）（可多选）

A. 不提供增值服务

B. 开拓融资渠道

C. 项目推介

D. 企业战略规划

E. 企业制度搭建

F. 人才推介

G. 退出指导

H. 其他（请说明）_____

五、退出方式

5.1　贵公司 LP 是否有基金份额转让的需求，原因是（　　）。（可多选）

A. 资金流动性需求

B. 调整投资组合

C. 受政策与监管影响

D. 其他（请说明）_____

E. 暂无基金份额转让需求［排他］

5.2　贵公司基金清算退出的主要困难是（　　）。（可多选）

A. 未到基金清算退出期不考虑这个问题

B. 基金清算不存在困难

C. 资本市场退出节奏不好预期

D. 减持新规等政策带来的基金上市后退出期限延长

E. 基金的投资收益及退出安排不及预期

F. 并购基金整体规模太小，并购市场活跃度有待提升

G. 其他 LP 不同意清算资产

H. 其他（请说明）_____

5.3　贵公司基金是否采取/考虑采取 S 基金退出？（　　）

A. 已采取 S 基金

B. 考虑采取 S 基金

C. 不考虑 S 基金

5.4　贵公司认为采取 S 基金退出主要的困难是（　　）。

A. 不了解 S 基金

B. 市场上缺乏专业 S 基金

C. 市场信息不对称严重，缺少了解 S 基金渠道

D. 合规因素

六、合规风控、监管及自律

6.1　贵公司对近几年来监管机构、自律组织推出的相关管理办法的适应程度如何？（　　）

A. 能够理解条例的要点，并进行及时调整

B. 能够理解条例的要点，但需要一定时间才能完成内部调整

C. 对条例理解有一定困难，需要较长时间才能完成内部调整

D. 对条例理解有一定困难，很难满足相关要求

6.2 贵公司在满足监管的合规要求时，存在哪些困难？（　　）（可多选）

A. 公司内部审核流程烦琐

B. 相关材料不完备，提供文件的机构配合度差

C. 难以获得监管要求的规范性解读

D. 满足合规要求的成本较高

E. 缺乏相关经验，需要较长时间摸索

F. 其他（请说明）_____

6.3 贵公司对于基金业协会出台政府引导基金指引文件的看法（　　）。（可多选）

A. 监管文件众多，无需新文件出台（排他）

B. 需要出台文件强化政府引导基金市场化运作

C. 需要出台文件增强政府引导基金投资效率

D. 需要出台文件鼓励政府引导基金多元化投资

E. 需要出台文件弱化政府引导基金的反投要求

6.4 贵公司对监管有哪些方面的诉求？（比如：募资资金相关的政策、行业准入、被投企业上市、监察密度、募资资金相关的政策等）（填空）

_____

6.5 贵公司对基金业协会有哪些方面的诉求？（比如：监管政策解读沟通、行业标准、人才培训、数据库建设等）（填空）

_____

七、行业观点

7.1 贵公司认为近年来我国私募股权母基金行业政策环境方面发生了哪些变化？这些变化对贵机构产生了怎样的影响？（诸如金融监管政策趋严影响基金募资来源、科创板的推出有利于基金退出等）至少列举2点（填空）

A. _____

B. _____

7.2 贵公司认为当前国内母基金投资市场存在哪些问题？（　　）（可多选）

A. 募资来源困难，社保、保险、企业年金等长期资金缺乏

B. 地方政府资金限制因素多，导致母基金运作市场化程度受影响

C. 金融监管政策趋严影响高净值、金融机构资金进入母基金领域

D. 子基金投资策略同质化显著，且以资源型基金为主

E. 基金估值方式不一，账面价值高但现金返回比率低

F. 基金退出不畅，很多存续基金一直在延期

G. 并购基金和 PE secondary 市场未成熟，不利于母基金良性发展

H. 社会资本尤其是大机构资金对母基金配置功能未充分认知

I. 部分政府引导基金的要求和考核机制不利于基金的市场化运作

J. 基金行业税收制度有待完善，税收优惠未惠及母基金

K. 其他（请说明）_____

7.3 贵公司认为未来母基金行业（投资）的发展趋势如何？（　　）（可多选）

A. 资金向头部母基金集中

B. 部分母基金出现 GP 化现象

C. 金融机构发起设立母基金

D. 各区域政府协同发起设立母基金

E. 母基金将退出管理作为重要的投后工作

F. 母基金规模在快速发展后将趋于稳定

G. S 基金兴起

H. 母基金投资由创投、成长型基金向大宗并购基金转型

I. 母基金投资标的多元化，逐步增加对地产基金、自然资源基金、基建基金、困境投资基金的投资

J. 其他（请说明）_____

后　记

　　转眼间，协会自2018年开始，依托私募股权各专业委员会、组织行业力量，研究编撰年度《中国私募股权投资基金行业发展报告》已经4年了。《报告》在协会基金行业数据年报发布体系尚不健全、尚不深入的背景下，应行业呼吁而生、为行业需求而作。一方面，《报告》事实上承担了私募股权基金行业数据发布的部分功能；另一方面，《报告》也通过问卷调查等方式，深入了解并反映了行业机构、行业专家对私募股权基金行业发展的思考及观点。《报告》既是协会为私募行业服务而提供的公共产品，也是反映行业声音的集体智慧结晶，深受行业厚爱并形成了一定品牌效应。

　　随着形势发展，特别是协会内部各部门职责的不断整合、行业数据发布窗口的逐步统一、广大机构对协会私募行业服务需求的变化，我们认为，报告的历史使命已基本完成。下一步，我们将进一步紧扣行业机构需求、紧扣监管部门需求，汇聚行业智慧与力量，积极推进报告研究编撰工作转型、推进私募行业服务工作转型，努力提供更加聚焦需求、质量更高的私募行业服务公共产品。

　　回顾4年来《报告》的研究编撰工作，其中充满了行业的智慧与力量，遇到不少困难与挑战，也积累了更多的有益经验。报告质量离读者期待还有不少差距，但整体上看在不断提升。借此机会，再次对4年来积极参与《报告》研究编撰工作的受托研究机构以及广大行业机构表示衷心感谢！也真诚希望广大行业机构围绕改进私募行业研究服务工作，积极建言献策，提出宝贵意见建议，并发送至协会邮箱pfforum100@amac.org.cn。

中国证券投资基金业协会
2021年10月